더불어
함께 사는
세상

더불어 함께 사는 세상

초판 인쇄 2015년 7월 21일
초판 발행 2015년 8월 10일

지은이 한승진
발행인 윤석현
발행처 박문사
등 록 제2009-11호

주소 서울시 도봉구 우이천로 353 성주빌딩 3F
전화 (02) 992-3253 (대)
전송 (02) 991-1285
전자우편 bakmunsa@daum.net
홈페이지 http://www.jncbms.co.kr

편   집 최현아
책임편집 김선은

ISBN 978-89-98468-68-2 03190   정가 18,000원

더불어
함께 사는
세상

한승진 지음

"삼가 이 책을 드립니다."

지금으로부터 15년 전인가요? 지난 2001년, 서울 변두리에서 살다가 지금 제가 몸담고 있는 황등중학교로 오게 되면서 귀한 분을 만났습니다. 이 분은 당시 채응묵 학교법인 황등기독학원재단 이사장이셨습니다. 2000년 12월 어느 날이었을 것입니다. IMF 막바지로 취업이 어려운 처지에 일자리를 찾으러 온 저를 함박웃음 지으시며 맞아 주셨습니다. 첫인상이 오래간다는데 온화한 미소와 친절과 덕담으로 사람을 편안하게 해 주셨던 채응묵 전 이사장님의 모습이 아직도 생생합니다. 그날 해 주신 학교 이야기나 아이들에 대한 사랑은 큰 감동으로 다가왔습니다. 채응묵 이사장님은 초등학교에서 교직생활로 교장까지 역임하셨고, 교회사립인 학교재단의 이사장으로 추대됐던 분입니다.

늘 한결같이 온화한 미소로 덕담을 잊지 않으셨습니다. 한 번은 제가 지도한 아이들이 글짓기 대회, 독후감 부문에서 큰 상을 탄 것에 대해 칭찬을 아끼지 않으시면서 아이들의 글이 돋보이는 것은, 글에는 그 사람의 인격이 담겨지기 때문이라며 글쓰기 교육의 중요성을 일깨워 주기도 하셨습니다.

채응묵 전 이사장님은 제가 알기로 미수米壽에 가까운 춘추이심에도 몸과 마음이 건강하십니다. 이제는 학교와 교회에서 은퇴하셨지만 늘 학교와 교회를 향한 남다른 애정을 갖고 계십니다. 채응묵 전 이사장님의 깊은 믿음과 사랑을 본받아 살아갈 것을 다짐하면서 삼가 이 책을 드립니다.

책을 펴내며

내면의 변화. 쉽지 않은 일입니다. 독서가 큰 도움이 된다는 조언을 심심찮게 듣습니다. 독서는 간접 체험의 폭을 넓혀 줍니다. 그런데 하루 평균 쏟아지는 국내 신간은 200여 권이 훌쩍 넘습니다. 책의 홍수 속에서 일반인들은 대형서점 혹은 출판사들의 맞춤식 홍보에 따라 자리를 차지한 베스트셀러를 '좋은 책'이라고 판단하기 십상입니다. 그러니 저처럼 이름 없는 작가의 책이 무슨 의미를 갖는가 하는 생각도 해 봅니다. 더욱이 심혈을 기울여 오랜 세월 축적된 학식과 경륜과 습작의 결정체로 내놓는 게 아니라 그저 그때 그때 쓴 잡문을 모아 엮다 보니 이렇게 책을 내는 게 무슨 의미인가 싶기도 합니다. 이런 생각이 몇 번이고 들어 책을 내는 작업을 중단할까 생각하기도 하였습니다. 그러나 누군가에게는 단한 줄의 의미 있는 울림이 되고 공감이 될지도 모른다는 기대감에 부끄러움은 뒤로 두었습니다.

이 책을 보고 이 정도의 글은 나도 쓰겠다고 생각하는 분들이 있기를 바랍니다. '나도 한 번 써 볼까?' 하는 생각이 작가의 길로 인도하는 동기가 된다면 좋을 것도 같습니다.

저는 특별한 사람만 책을 내는 것이 아니라 누구든지 할 수 있다고 생각합니다. 진솔한 삶의 경험을 나누는 글은 거창한 경력을 지닌 사람이나 전문 작가만이 아니라 누구나 쓸 수 있습니다. 이런 글에 감동을 받고 공감하고 그에 따라 삶을 돌이켜 보기도 합니다. 제가 꾸준히 글을 쓰고 책을 내듯이 누구나 자신의 삶을 글로 형상화해 보고 이를 책으로 내는 의미 있는 자기표현을 시도해 보기를 바랍니다.

저는 틈나는 대로 책을 읽고 공부를 하고 사람들과의 사귐을 중요하게 여깁니다. 그리고 고요히 저 자신과 대화를 합니다. 때로는 밤하늘의 별빛을 한참 동안 쳐다보곤 합니다. 꼬불꼬불 논길을 거닐며 사색에 빠져들기도 합니다. 이 모든 일들은 사소한 일들로 그저 그런 일상일 수 있습니다. 그러나 그 소소한 일상이 제게는 소중한 글감이 되어 글샘을 길어올리게 하는 자양분이 됩니다. 그래서 저는 글쓰기가 참 좋습니다.

이 책은 지난 2014년부터 지금까지 월간『기독교교육』, 주간『크리스챤신문』, 주간『전북기독신문』에 연재한 것들을 보완해서 엮은 것입니다. 서툴고 어눌한 글모음이지만 이 글샘에 담긴 어느 작은 농촌 중학교 목사요, 선생의 생각들을 가만히 들여다보는 가벼운 마음으로 읽어 주시기 바랍니다.

책을 내는 작업마다 그랬듯이 이번에도 감사한 분들의 사랑에 힘입어 책을 내게 되었습니다. 상명대학교 국어교육과 동기로 분에 넘치는 추천사를 써 준 디지털서울문화예술대학교 한국언어문화학과 기준성 교수에게 고마운 마음을 전합니다. 글을 연재하도록 해 주신『기독교교육』이상원 편집장님, 주간『크리스챤신문』장석찬 부장님, 주간『전북기독신문』임채영 보도편집국장님에게도 감사한 마음을 전합니다. 또한 제 글의 애독자로서 가정을 이루시어 알콩달콩 예쁘게 사랑으로 살아가시는 오랜 글벗 조소연 출판 편집전문가님과 늘 넉넉한 웃음으로 격려해 주시면서 엉성한 글을 교정해 주신 황등교회 김순자 권사님과 황등중학교 3학년 나한웅에게도 감사의 마음을 전합니다.

이 지면을 빌어 어려운 교육 여건에서도 그 사명을 감당하느라 노고를 아끼지 않으시는 저의 삶의 터전이요, 글의 샘터인 황등중학교 홍석종 교장 선생님 이하 교직원들 그리고 같은 재단 성일고등학교 변정수 교장 선생님과 교직원들에게도 감사의 말씀을 전하고 학교법인 황등기독학원 재단이사회 조춘식 이사장님과 이사님들과 황등교회 정동운 담임목사님과 교인들, 황등교회 중등부 서병학 부장님과 교사들에게도 감사의 말씀을 전합니다. 책을 낼 수 있도록 노고를 아끼지 않으신 도서출판 박문사 윤석현 대표님을 비롯한 여러분의 노고에 감사드립니다. 이 책을 만드는 과정에서 노고를 감당해 주신 노동의 일꾼들께도 진심으로 감사드립니다.

끝으로 매달 연재 글을 쓰고, 단행본으로 엮어내는 작업을 하는 동안 남편으로, 아빠로서 정성을 다하지 못함을 이해하고 용납해 주는 아내(이희순)와 아이들(한사랑, 한겨레, 한가람, 한벼리)에게도 고마운 마음을 담아 사랑을 전합니다. 가족은 제게 늘 큰 힘이 되고 삶의 원천이랍니다.

오늘도 함께하는 분들의 사랑에 감격하면서
한 승 진

추천사

네가 5살 때의 일이지. 그때 아빠와 엄마는 네게 "동생을 한 명 입양하면 어떻겠냐?"고 물었지. 이미 아빠와 엄마는 결정하고서는 말이야. 그때 너는 "좋아."라면서 "그렇게 하자" 하고 좋아했지. 아마 네가 어린 마음에 너 혼자다 보니 심심하기도 하고 외로운데 귀여운 동생이 생긴다고 하니 좋았나 싶어. 그러면서 너는 조건을 하나 걸었지.

"꼭 여동생이어야 해."

그때 아빠도 네 말에 찬성했지.

"당연하지. 우리 집에 방이 두 칸뿐이니 아빠와 엄마가 쓰는 방과 너와 동생이 쓰는 방으로 여동생이어야 해."

이렇게 우리 세 식구가 의견을 나누고 한마음으로 전주 홀트아동복지회에 입양 신청하러 갔었지. 그런데 그곳 소장님이 여자아이들을 원하는 사람이 많고 남자아이를 원하는 사람이 적으니 이왕 입양하시려는 거 남자아이로 하면 어떻겠냐는 말씀에 그 자리에서 남자아이를 입양하는 것으로 해 버렸지. 그때 너는 뽀로통하면서 찬성해 주었지.

(「늘 고맙고 미안한 사랑하는 딸 사랑이에게」 중에서)

처음에 학형이 추천사를 써 달라고 했을 때, 무척 당혹스러웠습니다. 일반적으로 저자는 권위 있는 사람의 추천사를 서두에 실어 책의 중량감을 더하고자 하기 때문입니다. 그러나 이 책을 읽으면서 학형이 왜 미약한 제게 추천사를 의뢰했는지 알 수 있었습니다. 많은 사람과 딸이 원하는 여자아이가 아닌, 남자아이를 세 차례나 입양한 학형은 모든 면에서 세상이 지향하는 가치를 역류逆流하는 사람입니다.

세상이 강함과 높음을 이야기할 때, 학형은 강함이 아닌 약함을 높음이 아닌 낮음을 이 책에서 이야기하고 있습니다. 그리고 지성보다 인성에, 실용 학문보다 인문학에, 결과보다 과정에 가치를 두고 있습니다. 또한 개인이 아닌 공동체에, 학교 안이 아닌 학교 밖에, 엘리트 교육이 아닌 평등 교육에 시선을 두고 있습니다.

세상이 지향하는 가치를 역류해 가는 학형은 역설적이게도, 제가 상명대학교 국어교육과에서 학형을 만나 알고 지낸 15년 동안, 매우 평안해 보였습니다. 일반적으로 흐름을 거스르는 것은 힘들게 마련인데 말입니다.

이 책을 읽어 나가면서 학형이 왜 그토록 평안해 보였는지 알 수 있었습니다. 학형은 세상이 지향하는 가치를 역류하며 살지 않고, 다만 기독교 신앙인으로서 지향해야 하는 가치에 순류順流하며 살았던 것입니다. 이 책에는 세속적인 기준으로 볼 때, 수없이 많은 모순과 역설이 들어있습니다. 그러나 모순과 역설을 통해 학형은 결국 더불어 사는 삶이 더 불어나는 삶임을 보여 주고 있습니다.

학형의 끊임없는 가치 추구와 나눔의 과정 중에 그와 그의 주변에 자녀가 더 불어나고, 이웃이 더 불어나고, 믿음과 소망과 사랑이 더 불어나고 있음을 목격하게 됩니다.

처음 책을 열었을 때는 학형의 삶을 하향지향적인 삶이라고 말하고 싶었습니다. 그러나 책을 닫는 지금, 학형의 삶을 고결한 가치를 향한

10

상향지향적인 삶이라고 말하고 싶습니다.

명품은 혼자 가지고 있을 때 더 빛이 난다고 합니다. 그러나 명저는 많은 사람이 가지고 있을 때 더 빛이 나리라 생각합니다.

많은 사람이 학형의 책과 가치를 공유하기를 바라며…….

2015년 6월

디지털서울문화예술대학교 한국언어문화학과 교수

기 준 성

차례

12

14

행복의
비밀은

혁신과 가치 공유를 통한 조직 활성화

혁신革新이라는 말이 사회 전반에서 쓰이고 있습니다. 혁신 또는 이노베이션Innovation은 사물, 생각, 진행상황 및 서비스에서의 점진적인 혹은 급진적인 변화를 일컫는 말입니다. 그리고 혁신의 결과를 발명이라고 합니다. 예를 들어 예술, 경제, 사업 및 정부 정책과 같은 것을 세상에 내놓은 것을 말합니다. 많은 영역에서 혁신적이라고 하는 것은 이전의 상태보다 확연히 다른 것이어야만 합니다.

경제학에서 쓰는 혁신이란 말은 생산자의 가치 및 소비자의 가치 두 가지의 가치가 증대되어야만 함을 말합니다. 혁신의 목표는 임의의 사람 및 사물의 긍정적인 변화가 수반되어야만 합니다. 생산성의 향상을 주도하는 혁신은 경제적으로 부를 증가시킬 수 있는 기초적인 자원입니다.

혁신이란 사업, 기술, 사회학, 엔지니어링 및 경제학의 연구에서 있어서 매우 중요한 화두입니다. 일반적으로 말해서 혁신이란 종종 업무처리의 결과물과 동일시됩니다. 경제의 중요 요소로서 혁신이 떠오른 후부터 그것을 이끌어나가는 요소들이 정치가들에게까지 영향을 미치고 있습니다.

혁신은 상황이 어려울수록 많이 대두됩니다. 어려운 상황을 돌파하는 최고의 무기가 바로 혁신입니다. 오늘날 혁신은 기업뿐 아니라 모든 최고경영자에게 요구되는 시대입니다. 변화가 없는 조직은 망합니다. 끊임없이 혁신을 통해 조직이 개선되어야 합니다. 혁신에는 공식이 있습니다. 문제가 무엇인지 규정하는 능력Identity, 새로운 걸 찾아내는 통찰Insight, 통찰을 구체화할 수 있는 아이디어를 모아내는 것Idea, 그리고 이를 실행하는 능력Implement. 이 네 가지를 곱해야 혁신Innovation이 탄생합니다. 이 네 개의 'I' 중 하나만 0이어도 결과는 0이 되고 맙니다. 혁신을 원하는 많은 이들은 자꾸 아이디어Idea에만 집착하는 경향이 있는데, 그 어느 하나도 소홀해선 혁신이 이뤄질 수 없습니다.

혁신이 어려운 이유는 기존에 익숙하던 것들과의 끈을 끊어야 하는 일이어서 이에 따른 감정이 소요되기 때문입니다. 혁신을 이루려면 조직이 안고 있는 문제가 무엇인가를 분명하게 규정하는 일부터 시작해야 합니다. 그리고 통찰을 통하여 새로운 것을 찾아내고 아이디어를 모아 실행하는 능력이 진행되어야 합니다. 혁신없이 지속 가능한 조직은 없습니다. 오늘날 모든 조직은 혁신의 가치를 받아들이지 않으면 생존이 불가능합니다.

혁신과 함께 공유가치창출公有價値創出; Ceating Shared Value; CSV은 조직이 발전하기 위한 두 수레바퀴처럼 중요합니다. 공유가치창출이란 경제·사회적 조건을 개선시키면서 동시에 비즈니스 핵심 경쟁력을 강화하는 일련의 기업 정책 및 경영 활동을 의미합니다. 하버드 비즈니스 스쿨의 마이클 포터Michael Eugene Porter와 FSG의 공동창업자 마크 R. 크레이머Mark R. Kramer가 2006년 1월에 하버드 비즈니스 리뷰에 발표한 「전략과 사회:

경쟁 우위와 CSR 간의 연결(영어 원제: Strategy and Society: The Link between Competitive Advantage and Corporate Social Responsibility)」에서 처음으로 등장한 개념이며, 2011년 1월에 발표한 「공유가치를 창출하라: 자본주의를 재창조하는 방법과 혁신 및 성장의 흐름을 창출하는 방법(영어 원제: Creating Shared Value: How to reinvent capitalism-unleash a wave of innovation and growth)」에서 본격적으로 확장된 개념입니다. 이는 기업이 수익창출 이후에 사회 공헌 활동을 하는 게 아니라 기업과 주변 공동체가 대등한 관계에서 함께 가치를 창출한다는 뜻입니다. '공유가치'는 기업의 옳고 그름을 따지는 기준이 아니라 기업이 사회 문제를 해결하기 위한 사업적인 기회를 의미합니다. 기업의 비즈니스와 실질적인 연결 고리를 찾아 사회·경제적 효용을 끌어내야 한다는 개념으로 기업의 특정 상황에 맞춰 정부와 비정부단체 등과의 협력을 통해 지역사회 발전은 물론 기업의 이윤이 선순환되는 것이 목적입니다. '공유가치'를 바탕으로 기업의 사회 문제 해결 능력과 장기적인 이윤 창출 능력을 긴밀하게 연결해야만 합니다.

공유가치 창출은 기업만이 아니라 모든 조직에 필수 요소입니다. 기업이 창출하는 가치를 지역사회와 공유하듯이 조직의 가치도 공개하고 공유해나가야 합니다. 조직의 가치는 내부 구성원부터 공유되고 이해되고 소통이 되어야 합니다. 똑똑한 개인이 정보와 지식을 독점하던 과거의 방식은 더 이상 효율적이지 못합니다. 조직은 지식 공유와 협업을 통해 경쟁력을 확보해야 합니다. 지식 공유와 협업을 잘 실천한 기업으로는 정보기술(IT) 업체인 IBM, 구글 등을 꼽습니다. IBM은 4억 달러의 소프트웨어를 리눅스에 무상 기부하는 대신 리눅스 탑재가 가능한 서버 등 하드웨어 매출을 늘렸고, 운영체제 개발비도 대폭 줄였습니다. 애플이 폐쇄된 생태계를 고수한 대신 다수의 스마트폰 제조 기업을 끌어들여 세력을 확장시킨 구글의 안드로이드도 좋은 예입니다.

급변하는 현실에 우리의 삶은 불안과 두려움과 긴장의 연속입니다. 한치 앞도 내다보기 어려운 세계 정세와 사회 변화에 어리둥절하기도 합니다. 그러다 보니 우리 마음속 깊은 곳에는 변화에 대한 어떤 두려움이 있습니다.

'변화란 무조건 나쁜 것이다.'

세계 2차 대전 중, 독일군 포로수용소에서 회자되던 격언 중 하나의 말이었습니다. 이 말이 회자되는 이유는 그들의 경험으로 볼 때, 우리에게 모든 예측이 헛되다는 것을 수도 없이 보여 주었기 때문이라는 것이었습니다. 그들의 그 어떤 행동도, 그 어떤 말도 미래에 눈곱만큼의 영향도 미치지 않는데, '뭐 하러 고통스럽게 앞일을 예측하려 하겠는가' 하는 생각이었습니다.

이런 생각은 앞일을 예측하기 어려운 포로수용소의 사람들만이 아닙니다. 일반적으로 많은 사람들이 안정을 추구하고 새로운 일에 도전하기를 주저하고 변화된 상황을 두려워하고 자신 없어 합니다. 그러나 우리가 사는 세상은 끊임없이 상황이 변하고, 지식체계가 변하고, 세계관이 변합니다. 이미 평생 직장이라는 말도 사라진지 오래입니다. 그러므로 변화에 대한 적응은 선택의 여지가 없습니다. 이를 얼마나 능동적으로 대처하고 준비하고 적응해 나가는 가가 중요합니다.

어느 정도 미래를 준비하고 변화 수용 능력과 대처 능력은 현대인의 필수덕목일 것입니다. 『삼국지』에 보면 제갈량과 더불어 능히 천하를 설계할 인물로 평가받던 '방통'이 나옵니다. 그는 대세의 변화에 따라 누구도 따라갈 수 없을 임기응변의 지혜를 발휘하였습니다. 결국 유비는 방통의 도움을 받아 익주를 취함으로써 천하삼분의 대업을 이룰 수 있었습니다. 비록 지나치게 변화를 중시하고 인의仁義를 경시했다는 비판을 피하지는 못하였으나, 그의 임기응변이 아니었다면 유비와 촉나라의 운명은 분명 달라졌을 것입니다.

몽고족이 세운 원 제국은 소수 민족이 건설한 중국의 첫 번째 통일 제국이었습니다. 칭기즈칸Chingiz Khan의 후예인 쿠빌라이Kublai 황제에게 방대한 제국의 경영은 엄청난 도전이었습니다. 이 험난한 과제 앞에서 그는 "변화로써 변화에 응한다"는 자신만의 철학을 제국 경영의 해답으로 내놓았습니다. 열강의 침략으로 국가의 운명을 한 치 앞도 내다볼 수 없던 청나라 말기…… 서구 열강과 태평천국의 격전, 자희 태후와의 권력 다툼 속에서 증국번이 보여 준 변화의 모습은 왜 그를 변화와 혁신의 귀재라 부르는지 알게 해 줍니다. 이처럼 변화하지 않고서는 결코 아무것도 이룰 수 없습니다. 조직의 리더는 이왕 변화해야만 한다면 "피할 수 없다면 즐겨라"라는 말처럼 이를 부정하지 말고 긍정적으로 적극적인 자세로 맞이해 나가도록 조직을 촉진해야 합니다.

혼자 걷는 빠른 걸음보다는 조금 더디더라도 구성원들과 소통하면서 지향점을 공유해 나가야 하고 조직을 구성하는 사회구성체에 조직의 가치를 공유하고 협조해 나가야 합니다. 가치를 공유하는 조직의 힘은 집단 지성으로 더욱 큰 힘을 발휘하게 됩니다. 이는 산술적인 수치의 합을 넘어서는 시너지 효과를 말합니다. 여럿이 함께하면 새로운 방안도 나오고 추진할 힘도 생깁니다. 그러므로 리더는 솔선수범하는 자세인 "나를 따르라"의 자세도 중요하지만 "나와 함께하자"라고 제의하는 열린 마음과 너그러움이 더 중요합니다. 말을 잘하고 똑똑한 리더보다는 듣기를 잘하고 덕이 많은 리더가 더 중요합니다.

어느 조직이든 갈등이 없는 곳은 없습니다. 그런데 우리는 너무 익숙해진 빨간색—파란색의 구도나 검정색—하얀색이라는 양자 구도로 다양성을 인정하는 않는 경향이 있습니다. 사람은 생물학적으로는 단성이나 심리사회학적으로는 중성입니다. 남자 안의 여자와 여자 안에 남자가 같이 있습니다. 이를 다른 말로 음악에서 쓰는 용어로 피벗 코드Pivot Chord이라고 합니다. 피벗 코드란 음악에서 둘 이상의 서로 다른 조調를 동시에 표현하는 코드를 말합니다. 하나의 조에서 그것과 다른 조로 탈바꿈하려면 애매성을 지닌 피벗 코드가 필요합니다. 하나의 어떤 상태에서 전혀 다른 어떤 상태로 전환하려고 할 때도 마찬가지로 필요한 게 바로 피벗 코드입니다. 중간층이라고 할까요? 아니면 공유된 축이라고 할까요? 중도라고도 할 수 있습니다.

흔히 회색은 없다고 하고 회색은 나쁘다고 말하는 사람도 있지만 따지고 보면 사람은 회색입니다. 사안에 따라 하얀 쪽으로 사안에 따라 검정색으로 옮겨 가는 것입니다. 그 회색의 정도가 진하거나 옅기에 따라 달라질 뿐입니다. 사안이 무엇이냐에 따라 변화하는 것이 원래 사람입니다. 극단화, 양극화가 이원적 대립은 흑백구도의 선긋기에서 일어난 것입니다. 내 편 아니면 모두가 적이라고 생각하는 구도는 미숙 그 자체입니다. 조직과 단체의 획일화는 선의의 공동목표를 위해서 존재하지만 조직과 단체를 벗어나면 이내 피벗 코드가 되는 것입니다. 물론 이런 피벗 코드의 영역이 넓어져 가려면 배우고 익히고 가진 지식과 경험을 판단의 기준으로 하는 차원 높은 판단과 결정이 필요합니다. 그렇다고 가만히 앉아서, 그냥 중간에 있다고 해서 피벗 코드가 되지 않습니다. 양단의 중간에서 진정한 소신을 갖고 있으면서 오히려 양단을 선회하여 중간지대로 이끌어내는 그런 피벗코드의 능력이 있어야 합니다.

어느 조직이든 피벗 코드의 역할은 조직을 건강하게 합니다. 조직이 자칫하면 절대주의, 획일주의, 극단화로 치닫는 것도 아전인수식의 해석에 길들여진 이원화, 양극화 현상입니다. 동그라미 가위표만 있는 게 아닙니다. 세모도, 네모도 있습니다. 조직 안의 피벗 코드의 확장 또한 조직의 형태일 것입니다. 조직이 더 발전된 상태로 전환하려면, 서로 다름이 이해와 인정을 넘어서서 서로를 긴장시키고 보완하도록 하는 둘의 장점을 활성화시키는 피벗 코드를 활용할 줄 아는 사람들이 있어야 합니다. 서로 다른 두 개의 처지, 입장, 이념을 동시에 표명하고 있는 피벗 코드, 선회축의 개입이 필요합니다.

상급자와 하급자, 남성과 여성, 부자와 가난한 사람, 아는 사람과 모르는 사람, 통제를 주장하는 사람과 자율을 주장하는 사람, 개체주의 주장하는 사람과 전체주의를 주장하는 사람 등 여러 종류의 사람들 사이에서 조직의 발전을 위해서 공헌할 수 있는 회전축 역할을 할 수 있는 사람이 많아지면 많아질수록 조직의 품격은 높아질 것입니다. 의식 개혁의 혁신은 회색 분자가 아니라 차원 높은 의식으로 조직의 소통과 논의 구조가 더욱 풍성해지는 것입니다.

행복한 세상을 위한 작은 실천

오늘 우리가 사는 세상은 지난 시대에 비해 모든 것이 풍족합니다. 의식주의 기본적인 생활조차 불안해서 인사가 '안녕'을 묻는 것이었던 시대에 비해 그야말로 풍요로운 축복의 시대이고 편리한 시대입니다. 갖고 싶은 물건이 있으면 인터넷을 검색해서 얼마든지 구입할 수 있고, 시간과 장소에 상관없이 스마트폰으로 친구들과 소통도 가능합니다. 마음만 먹으면 불가능한 일이 없을 정도입니다. 그런데 우리 삶의 모습은 어떤가요? 세상이 편리해지고 발전한 만큼 행복하게 살아가고 있는 걸까요?

2014년 5월 경제협력개발기구(OECD)는 소득, 교육, 환경, 건강, 삶의 만족도, 일과 생활의 균형 등 11개 세부 평가부문으로 '2014 더 나은 삶 지수'를 발표했습니다. 그 결과에 따르면 우리나라는 삶의 만족도지수가 6.0점(전체 평균 6.6점)으로 36개 조사대상국 중·하위권인 25위를 차지했습니다. 2011년부터 7대 광역시의 행복지수를 발표하고 있는 스마트행복포럼(대표 정성호)은 지난해 행복지수가 5.83점으로, 최근 4년 사이 가장 낮은 수치라고 발표하기도 하였습니다.

이처럼 우리나라의 낮은 행복지수는 높은 자살률로도 확인할 수 있습니다. 우리나라는 '자살률 세계 1위'라는 불명예를 아직도 벗어나지 못하고 있으며, 스스로 목숨을 끊는 사람들이 하루 평균 약 40명에 달합니다. 연간 3조원이 넘는 비용을 자살에 따른 사회경제적 비용으로 지출하고 있습니다. 이는 우리 사회가 얼마나 불행한지 보여 주는 반증입니다.

50대 주부 김 씨는 얼마 전부터 가슴이 답답하고 쉽게 잠을 이루지 못합니다. 감정 기복이 심해졌고 화를 주체하지 못하는 일이 많아졌습니다. 20대 최 씨는 올해 졸업을 앞둔 대학생입니다. 최 씨는 "나도 모르게 갑자기 심장이 두근거리고 숨쉬기가 어렵다"라며 "아무리 가슴을 쳐도 안정이 안 된다"라고 말합니다. 김 씨와 최 씨는 현재 화병을 앓고 있습니다. 화병은 우리나라 문화에서 발생되는 특유의 신경증으로, 1995년 미국 정신 의학회에 우리말 그대로 등재되기도 했습니다.

이러한 화병은 최근 학생과 주부, 직장인까지 폭넓게 확산되고 있습니다. 한 통계에 따르면 국내 인구의 5%가 화병 증세를 보인다고 합니다. 화병의 가장 큰 원인으로 부정적인 감정을 표출하지 못하고 억제하는 심리적인 문제가 꼽힙니다. 보통 심리치료에서는 고통에 저항할 때 그 고통이 더욱 커진다고 합니다. 불안치료를 전문으로 하는 하버드 의대 임상심리학자 크리스토퍼 거머Christopher Germer 박사는 우리가 겪는 95%의 고통이 저항에서 생기게 된다고 말합니다. 하지만 그 저항의 이면에 어떤 것들이 도사리고 있는지를 살펴 볼 필요가 있습니다. 처음에는 화, 두려움, 수치심, 바라보고 싶지 않은 감정들을 짚어보며 친절하게 자기 자신을 이해하는 과정을 반복하는 것이 중요합니다. 자신 안의 두려움, 슬픔, 화를 그냥 거기에 머물도록 허용해 주는 것이 필요합니다.

이렇듯 심리적 영역에서는 돌봄이 치료입니다. 자신의 화를 돌보아 주는 가운데 점차 자신을 이해하게 되고 소소한 일상의 행복들을 받아들일 수 있게 될 것입니다.

독일의 의사이자 코미디언인 에카르트 폰 히르슈하우젠Eckart von Hirschhausen이 쓴 『행복은 혼자 오지 않는다』는 책 제목처럼, 행복은 그냥 얻어지는 것이 아닙니다. 그렇다면 행복을 얻기 위해 우리는 무엇을 할 수 있을까요? 누구나 행복을 갈망하지만 누구나 행복하게 살지는 않습니다. 어떻게 하면 행복하게 살 수 있을까요? 최근 하버드대학교나 서울대학교에서도 행복에 대한 연구와 강좌가 인기입니다. 그러나 행복은 누구나 똑같은 방식으로 이루어지는 것은 아닙니다. 사람마다 상황마다 입장마다 다릅니다. 그저 제 경험으로는 저 자신에 대한 이해와 용서와 만족감이 행복의 열쇠는 아닌가 하는 생각을 해 봅니다.

저는 열등감이 많았습니다. 그러다 보니 저 자신을 좋아하지 않고 제가 갖지 못한 부분을 다른 사람이 갖고 있으면 한없이 부러웠고 스스로가 밉고 싫었습니다. 급기야 저를 낳은 부모님, 주변 환경까지도 싫었습니다. 그러다가 이건 아니다 싶어 조금씩 저를 이해하고 용서하고 사랑하기 시작하였습니다. 그리고 글을 쓰면서 스스로를 정화해 보았습니다. 그냥 글의 논리나 형식에 매임이 없이 생각나는 대로 메모하듯, 일기 쓰듯 하였습니다. 그걸 신문이나 잡지에 발표하면서 다듬고 정리하다 보니 제 생각과 느낌과 의견도 정돈이 되고 좋았습니다.

바쁜 일상에 치여 잊어버린 내면의 자신, 소중한 추억들, 사랑하는 친구들과의 만남과 여운, 행복의 순간을 글로 기록하는 것 역시 행복 찾기의 한 방법일 것입니다. 소소한 일상 안에서 만난 행복, 감사의 감정을 남기는 '행복일기' 혹은 '감사일기'가 한때 유행한 적이 있습니다. 매일 자기감정을 돌아보다 보면 효과적으로 행복에 다가갈 수 있습니다.

행복한 삶은 건강한 정신에서 온다는 사실을 우리는 잘 알고 있습니다. 신체가 아무리 건강하더라도 정신적으로 건강하지 못하면 정상적인 삶을 영위하기 어렵습니다. 최근 WHO는 인간에게 있어 정신 건강이 중요한 이유와 정신 건강 증진의 방법을 소개하는 보고서를 발표하기도 했습니다. 정신이 건강한 사람이 되기 위해서는 우리 스스로가 노력해야 합니다. 그 시작은 내면의 자아가 내는 목소리에 귀를 기울이는 것입니다. 그러나 무한 경쟁과 물질만능주의 시대를 살아가는 현대인들은 내면의 자아와 소통하는 방법을 잊어 가고 있습니다. 과도한 업무와 복잡한 인간관계로 인해 마음의 병을 갖고 살아가는 사람들이 한두 명이 아닙니다. 또한 세상과의 소통창구인 스마트 기기 탓에 혼자 있는 즐거움마저도 만끽하지 못합니다. 내면의 자아와의 대화를 우리 스스로 단절하는 셈입니다.

행복은 우리가 외부에 행사할 수 있는 통제력이 아니라 내면의 조화로 결정됩니다. 내면의 자아와 대화를 시도해야 하는 이유입니다. 마음 속 깊은 곳에서 우러나오는 진심의 소리는 우리가 이 세상을 살아가는 가장 큰 의미이자 우리를 이끌어가는 내적인 힘입니다. 건강한 사회, 건강한 자아를 만들어가기 위해서는 끊임없이 내면의 소리에 귀 기울여야 합니다.

세상은 나를 포함한 모든 요소들이 빠짐없이 연결되어 순환하는 거대한 유기체입니다. 우리가 내면의 소리에 귀를 기울이면서 행복을 찾는 길은 나와 사회와 우주만물이 유기적으로 연결되어 있다는 사실을 아는 데서 시작됩니다. 세상을 떠나 깊은 산속에서 수련하거나 기도만 하는 것이 아니라 진정한 인간적 소통이 사라져버린 극단적인 경쟁사회에서 자신의 마음을 챙기고 피폐해진 육체와 정신을 치유하는 것에서 시작합니다. 요즘 유행하는 영성, 힐링, 치유, 마음공부, 마음 챙김 등의 그럴싸한 개념들도 결국은 다른 사람에게 비춰지고 평가되는 자신의 모습, 일로 역할과 존재감이 주어지는 삶에서 벗어나 나 자신과의 만남부터 시작하라는 것 같습니다. 그렇다고 나르시시즘Narcissism에 빠져 살자는 것은 아닙니다. 이는 자칫 나는 행복할지 모르나 자기 착각 속의 행복으로 남을 괴롭게 할지도 모릅니다.

한때 덴마크가 선진국 대열에 들어선 가장 큰 힘은 'Tak'[Tak]에서 나왔다는 우스갯소리가 돌았었습니다. 그런데 한번 웃고 넘기기엔 꽤나 설득력 있는 말이었습니다. 'Tak'은 덴마크어로 '감사합니다'입니다. 감사하다는 인사가 한 음절의 쉬운 단어이기에 누구나 쉽게, 자주 말하고, 덕분에 사람들은 더 많이 웃고 늘 긍정적인 태도를 유지할 수 있다는 것입니다.

요즘은 도무지 고마움을 모르는 세상인 것만 같습니다. 너나 할 것 없이 감사함을 전하는 데 인색해졌습니다. 게다가 아주 작은 손해라도 보게 되면 그야말로 분노합니다. 이른바 막말녀, 패륜남, 폭행녀, 욕설남, 갑질녀 등으로 대변되는 사건들이 번번이 인터넷 포털사이트와 뉴스 지면을 장식하는 것도 같은 맥락입니다.

대표적인 원인으로는 이웃을 섬기는 마음이 줄어든 실태를 꼽을 수 있을 것입니다. 특히 젊은 세대들 사이에서는 서로 섬기지 않는 것을 '쿨Cool'하다는 그릇된 의식까지 만연합니다.

삶이 헛헛하다고 입으로만 되뇔 일이 아닙니다. 우리는 '초스피드' 과학문명, 물질주의 등이 이웃에 대해서 얼마나 무관심하게 만들고 있는지, 이러한 환경에서 우리의 도덕성과 생명의식은 얼마나 찌그러들었는지 더 이상 외면할 수 없는 현실과 맞닥뜨려 있습니다.

2014년 말 인성교육진흥법이 제정되고 2015년 7월 이 법이 발효된다는 소식에 학교마다 인성 교육이 강조되고 있습니다. 학교에서 인성 교육을 담당하는 입장에서 학교에서 무엇을 중점과제로 추진해 볼까 하다가 '안미감 친절운동'과 '불평제로 운동'을 제안해서 펼쳐 나가고 있습니다. 거창하게 하는 것은 아니고 돈 한 푼 들이지 않고 화려하지 않게 그저 일상생활에서 꾸준히 해 나가는 것입니다.

안미감 친절운동은 생활 속에서 습관적으로 만나면 반갑다고 "안녕하세요?" 인사하고 잘못한 것에 대해 진심으로 "미안합니다" 사과하고 작은 고마움에도 진심으로 "감사합니다" 하는 인사를 생활화하는 것입니다. 그리고 매사에 웃는 얼굴로 친절하자는 것입니다. 예배나 특강 후에도 구호 외침을 합니다.

"안녕하세요?"

"미안합니다"

"감사합니다"

"우리 모두 친절합시다"

다행히 학교재정이 허락되어 교문에 이 행사를 알리는 플래카드를 걸었습니다. 매달 첫날, 등교하는 학생들에게 교장선생님과 이하 전체 교사들이 "여러분을 사랑합니다"라는 글이 박힌 어깨띠를 두르고 등교하는 학생들에게 인사하면서 아침용 김밥과 음료수 나누어주고, 프리허그 Free Hug를 합니다. 매달 마지막 날에는 이 달의 친절왕을 투표로 선정하여 학생 3명을 시상합니다. 그리고 '미·감사데이 주간'이라고 하여 학교 교문과 현관에 입간판을 걸어 알립니다. 한 주간 미안함을 표현하고 감사함을 표현하여 갈등 해소와 감사의 의미를 되새기는 행사를 합니다.

인쇄소에 맡겨 제작한 사과 열매 카드에 미안, 감나무 열매 카드에 감사를 적어 손편지를 보내기도 합니다. 이 중에 우수작은 시상하고, 학교신문에 게재합니다.

그리고 '불평제로 운동'을 해 나갑니다. 이 운동은 쉽게 툭 내뱉는 부정적인 말은 부정적인 생각을 만들고 나아가 부정적인 결과까지 초래함을 깨닫고 이를 없애 보자고 하는 운동입니다. 실제로 미국 미주리Missouri 주에서 목회하는 윌 보웬Will Bowen 목사는 '인간이 겪는 모든 불행의 뿌리에는 불평이 있다'는 사실을 발견하고 불평을 없앨 수 있다면 인간관계가 좋아질 뿐만 아니라 마음의 평화를 찾고 건강하게 살 수 있으리라 생각했습니다. 불평하는 습관은 하루아침에 고쳐지지 않습니다. 그래서 '불평 없는 세상 만들기' 운동을 고안해서 실천에 옮겼습니다.

'불평제로 운동'으로도 불리는 이 운동은 보라색 고무 밴드를 손목에 끼고 21일 동안 불평하지 않는 것입니다. 무의식 중에 불평하면 밴드를 다른 쪽 손목으로 옮기고 처음부터 다시 시작하는 것이 규칙입니다. 그에 따르면 사람들은 하루 평균 15~30번 불평했다고 합니다. 이를 극복하고 21일간 고무 밴드를 옮기지 않을 때까지 보통 4~8개월 걸린다고 합니다. "하루에도 몇 번씩 팔찌를 옮기는 내 모습을 발견하면서 그동안 얼마나 불평불만에 사로잡혀 있었는지 알았어요"라고 말한 경험자의 말처럼 사람들은 옮겨진 고무 밴드를 볼 때마다 자신이 불평하고 있나 되돌아보게 되었다고 합니다.

윌 보웬 목사를 중심으로 한 캠페인은 입소문을 타고 TV 프로그램 〈오프라 윈프리 쇼〉, 〈투데이〉 등 언론에 소개되면서 미국 전역으로 확산됐습니다. 국내에는 2009년 『삶의 기적을 이루는 21일간의 도전, 불평 없이 살아보기』라는 책으로 알려졌습니다. 2010년에는 한건수 대표가 캠페인의 공식 한국본부인 CFW Korea를 설립했습니다. 현재 전 세계 80여 국가에서 천만 명 이상이 이 캠페인에 참여하고 있습니다. 국내에서는 교회와 기업, 군부대, 학교 등 다양한 곳이 참여하고 있습니다. 불평하는 대부분의 사람은 하나님 안에 영원한 생명이 있음을 잊고 살기 때문에 항상 나보다 남을 높게 여깁니다. 불평하는 말과 습관을 고쳐 나가면서 자신을 긍정하고 감사를 하게 됩니다. 불평 없이 살기의 전제 조건은 '감사'입니다. 불평제로 보라색 고무 밴드는 불편제로 한국본부(www.cfwkorea.org)를 통해 신청하면 됩니다. 이곳은 보라색 불평 제로밴드 이외에도 사랑밴드, 감사노트, 불평 없이 살아보기, 평생감사 도서를 제작하여 판매 중에 있습니다. 일상의 작은 불평을 버리고 행복을 찾는 방법, 힐링의 시작입니다.

아름다운 사랑의 힘

아프리카 전설의 식물 '유추프라카치아'는 결벽증이 심하고 예민해 살짝 스치기만 해도 다음날 말라 죽는 꽃입니다. 하지만 매일 사랑을 주면 신비한 생명력으로 다시 살아납니다. 사랑과 스킨십을 갈망하는 '유추프라카치아'의 꽃말은 '나를 사랑해 주세요'. 이 꽃은 이 시대를 살아가는 우리의 모습과 많이 닮아 있습니다. 끊임없이 사랑을 갈구하며 누군가의 사랑에 목말라 있는 우리의 모습입니다.

사람은 누구나 사랑받고 싶어 합니다만 하루가 다르게 변하는 메마른 현대 사회에서 사랑받기란 쉬운 일이 아닙니다. 누구나 한번쯤은 고독과 외로움 속에 방황하며, 고립되고 사람들로부터 외면당한 자신을 발견합니다. 풍요 속의 빈곤이라고 할까요? 아는 사람은 많은데 정말 마음 깊이 속 이야기를 나눌 친구가 눈에 띄지 않습니다. 내면의 아픔을 털어내지 못하다 보니 속앓이만 깊어갑니다.

학교에 몸담는 사람으로, 그것도 기독교사립학교에서 교목과 교사로 살아가는 이로서 사랑을 생각해 보곤 합니다. 제가 학생들을 전문적인 교과 지식으로 잘 가르치고 학교 일을 잘 수행하는 것도 중요하지만 이보다 더 시급하고 중요한 것은 학교에서 학생들을 사랑하는 것입니다. 문득 제가 눈 한 번 더 마주쳐 주고, 주의 깊게 들어 주고 손 한 번 내밀어 준 것을 기억하고 고마워하는 학생들의 모습에 보람을 느끼곤 합니다. 그러면서 진작 더 많이 더 깊이 사랑할 걸 하는 반성을 하곤 합니다. 작은 배려와 말 한마디는 돈 들이지 않고 어렵지 않게 사람을 감동시킵니다. 그러나 어느 때는 나름대로 사랑과 정성으로 학생들을 대했는데 보람과 기쁨이 아닌 황당함과 배신감과 허탈함에 빠져들기도 합니다. 감정대로라면 버럭 화를 내고 매를 들고 싶을 때도 있습니다. 애써 감정을 추스르며 학생들 앞에 서지만 상한 감정은 제 마음에 가시가 되어 아프게만 합니다. 헬렌 켈러Helen Keller가 한 유명한 말입니다.

"어떤 기적이 일어나 내가 사흘 동안 볼 수 있게 된다면 … 먼저, 어린 시절 내게 다가와 바깥 세상을 활짝 열어 보여 주신 사랑하는 앤 설리번 선생님의 얼굴을 오랫동안 바라보고 싶습니다. 선생님의 얼굴 윤곽만 보고 기억하는 데 그치지 않고 그것을 꼼꼼히 연구해서, 나 같은 사람을 가르치는 참으로 어려운 일을 부드러운 동정심과 인내심으로 극복해낸 생생한 증거를 찾아낼 겁니다."

눈도 보이지 않고, 들을 수도 없었던 헬렌 켈러에게 극진한 사랑으로 가르친 앤 설리번Anne Sullivan 선생의 이야기는 감동입니다. 앤 설리번(이하 애니)의 이야기가 주는 감동은 그녀가 헬렌 켈러를 잘 가르쳤기에, 학교를 수석 졸업한 수재였기에 그런 것이 아닙니다. 그녀의 처질린 고통이 그녀를 좌절시키지 않고 이것이 참된 스승의 길로 승화되었기에 감동입니다. 그리고 잘 알려지지 않은 그녀의 스승의 이야기가 있기에 감동입니다. 애니는 헬렌 켈러처럼 시각 장애인이었습니다. 미국 남북 전쟁 직후 태어난 애니는 가난과 전염병으로 부모를 잃고 결핵을 앓고 있던 동생 지미Jimmy와 함께 매사추세츠 종합병원 주민보호시설에 수용 되었습니다. 경제적으로, 사회적으로 힘들었던 시기에 아무도 이 남매 에게 관심을 가져 주지 않았습니다. 어려움 속에 애니는 결국 지미마저 병으로 잃게 되는 슬픔을 안게 되었습니다.

혼자 남겨진 애니는 그 충격으로 '반응성 애착장애' 증세를 보이며 모 든 이의 손길을 철저히 거부하였습니다. 스스로를 고립시키며 심한 폭 력성을 보이는 애니에게 의사는 회복불능이라는 진단을 내렸습니다. 그 리고 척박한 환경 속에 신경질적인 애니의 담당 간호사와 의사는 골칫덩 이 애니를 정신병동으로 보냈습니다.

그 정신병동에는 밝고 명랑한 엄마 같은 간호사 '애니 브라운Annie Brown' (이하 빅애니)이 있었습니다. 빅애니는 상담심리학 전문가나 간호 능력 이 뛰어난 사람이 아니었습니다. 나이는 많은데 고위직도 아닌 그저 일 반 간호사에 불과하였습니다. 때로는 젊고 유능한 간호사들에 비해 일 도 느리고 전문 지식도 부족하였습니다. 그러나 그녀는 그 누구보다 다 정했고 매사에 긍정적이고 사랑이 많았습니다. 돈벌이로 환자를 대하지 않고 진실한 사랑으로 한 사람, 한 사람에게 충실하였습니다. 빅애니는 상처투성이 애니에게 끊임없는 관심과 사랑을 주었습니다. 하지만 애니 는 손끝 하나 대지 못하도록 발작을 일으켰습니다. 애니를 도와줄 방법 을 찾던 빅애니는 애니의 생일날 유추프라카치아를 선물하였습니다. 하 지만 애니는 거부하며 던져 버렸습니다. 빅애니는 그런 애니를 따뜻한 사랑의 마음으로 끝까지 포기하지 않았습니다.

빅애니는 화가 날 때마다 발작을 일으키는 애니를 껴안으며 "마음의 상처를 치유하는 것은 그냥 함께 있는 거야"라고 말해 주곤 하였습니다. 결국 빅애니의 지고지순한 사랑으로 애니는 마음의 상처를 치유 받게 되었습니다. 애니는 빅애니에게 받은 사랑을 가슴 깊이 간직하고는 자신도 그런 교사가 되기로 결심하였습니다. 남보다 열악한 환경이고 뒤처진 공부였지만 자신이 무엇을 해야 하는 지를 분명히 깨닫고 확신하고 하는 공부이기에 즐거웠습니다. 시각 장애인학교 재학시절 그녀는 수술을 받아 시력을 회복하였고, 무사히 학교를 졸업하였습니다. 졸업식 때 그녀는 졸업생들을 대표하여 연설을 하였습니다. 퍼킨스 시각 장애학원의 교장이었던 마이클 애나그너스Michael Anagnos는 애니를 헬렌 켈러의 교사로 위촉하였습니다. 애니는 헬렌 켈러에게 손바닥 위에 알파벳을 쓰는 방법으로 영어를 가르쳤고 둘은 퍼킨스 시각 장애학교에 함께 등교하였으며, 래드클리프 대학에 함께 진학하였습니다. 애니의 극진한 사랑은 헬렌 켈러가 위대한 사회사업가요, 강연자의 삶을 살도록 하였습니다.

헬렌 켈러의 사랑의 삶은 애니 설리번이 있었기에 가능하였고 애니 설리번의 사랑은 빅애니 브라운의 사랑이 있었기에 가능하였습니다. 아름다운 사랑의 힘은 '유추프라카치아'처럼 외로움에 지친 삶의 한 소녀를 아름다운 향기로 가득한 사람이 되도록 하였습니다. 사랑의 힘은 놀랍습니다.

사랑을 하면 사랑이 됩니다

꽃동네의 원장이신 신상현(야고보) 수사가 서울역에서 수많은 노숙자들에게 먹을 것을 나눠주고 이렇게 물었습니다.

"여러분, 무엇을 가장 원하십니까? 돈 입니까, 먹을 것과 입을 것입니까, 아니면 명예입니까?"

노숙자들은 합창을 하듯 대답했습니다.

"사랑을 원합니다. 사랑을 주세요!"

그때 원장은 "여러분이 사랑하면 사랑을 받게 됩니다. 사랑을 하면 사랑이 됩니다. 사랑은 사랑하는 사람의 것입니다."라고 말했습니다. 그 많은 노숙자들이 가장 바라는 것이 사랑이라니 놀랍지 않은지요? 그만큼 사랑이 꼭 필요하지만 사랑 결핍증에 시달리며 허기진 마음으로 신음하는 사람들이 많습니다.

사람이 사랑하게 되면 체내에 엔도르핀이 분비되어 평안과 기쁨 가운데 만족하게 되어 행복을 느끼게 된다고 합니다. 모든 사람이 행복하기를 원하나 안타깝게도 행복한 사람은 매우 드문 것 같습니다. 겉으로 보기에 물질이 풍부하고 좋은 환경 속에서 사는 사람이 행복한 것처럼 보이지만, 사실 가까이 가 보면 그렇지 않습니다. 인간의 행복은 그 소유에 따른 것이 아니기 때문입니다. 아무리 재물이 많아도 서로 사랑하지 않으면 불행할 수밖에 없습니다.

사람은 자신의 욕구가 만족될 때 행복을 느끼게 됩니다. 인간의 욕구는 크게 소유욕과 지배욕, 사랑의 욕구가 있습니다. 지식, 애인, 친구, 돈, 집, 가구, 자가용 등 자신이 원하는 것을 갖고 싶은 이런 소유욕은 끝이 없습니다. 막상 가지게 되면 더 소유하고 싶은 욕심이 생기기 때문에 만족함이 없습니다.

또한 출세하고 성공하여 남보다 더 높은 자리와 권세를 가지고 다른 사람을 지배하고자 합니다. 어느 정도까지 높아지고 지배해야만 만족할까요? 기독교신학에서 배운 내용입니다. 사탄은 하나님의 자리에 앉아 모든 피조물에게 경배 받고 싶어 하는 욕구가 있었습니다. 그 사탄의 지배욕을 닮은 존재가 바로 타락한 인간입니다. 남편은 아내를 지배하려 하고 아내는 남편을 사사건건 자기 뜻대로 조종하려 합니다. 부모는 자기 뜻대로 자녀를 키우려고 하고 자녀는 이에 반발하여 서로 만족함이 없으니 불행합니다. 지배욕은 사탄의 성품으로 불행합니다.

그러나 사랑이 채워지면 만족하여 행복하게 됩니다. 사랑은 내가 먼저 사랑하든지 아니면 누군가 내가 만족할 때까지 계속 사랑하면 채워집니다. 사랑하면 사랑이 됩니다. 행복이란 만족하는 삶입니다. 소유욕과 지배욕은 끝이 없으니 만족함이 없고 불행할 수밖에 없습니다. 하지만 사랑의 욕구는 채워지는 것입니다. 행복한 가정이 되려면 가족 구성원이 서로 사랑하면 됩니다. 부부간에, 부모와 자녀 간에, 형제와 사내간에 서로 사랑하면 서로의 욕구가 채워져 행복한 가정이 됩니다.

세상에 문제없는 가정, 교회, 학교, 조직이 어디 있을까요? 살아있는 사람들이 모인 곳에는 문제가 생기기 마련입니다. 그 누가 십자가를 지고 문제와 결핍된 사랑을 채울 것인가요? 행복한 가정과 삶을 원한다면 내가 먼저 사랑하면 됩니다. 사랑하면 사랑이 됩니다. 내가 먼저 사랑하면 상대방도 그 사랑이 채워져 결국 그도 나를 사랑하게 되고 행복해집니다.

지진과 불안한 정치로 인해 최빈국 중의 하나가 된 아이티. 수도 포르토프랭스Port-au-Prince에도 '꽃동네'가 있습니다. '이파니아'는 온몸이 상처투성이에 다리가 썩어가고, 손가락은 떨어져 나가 한두 개밖에 없는 여인이었습니다. 2013년 11월 어느 날, 무덤가에서 오물에 뒤덮여 죽어가던 이 여인은 발견되어 꽃동네로 오게 되었습니다.

그녀는 포르토프랭스 변두리 지역에서 태어났습니다. 가난했지만 가족들과 함께 단란하게 살아가던 어느 날 보관해 두었던 돈이 없어졌고, 화가 난 어머니는 도둑을 꼭 잡고 말겠다며 부두교 점쟁이를 찾아 갔습니다. 점쟁이는 주술을 통해 범인은 집안에 있다고 했고 악령이 돈을 훔쳐간 사람에게 들어가라고 주문을 외웠습니다. 주문과 함께 악령이 들어갔는지 이파니아는 정신을 잃고 말았습니다. 이후 정신병자가 되어 거리를 떠돌며 공동묘지 인근에서 구걸하며 살았습니다. 옷이 없어 묘지에서 천막조각을 뜯어 몸을 가리고 있었습니다. 지나가는 자동차에 사고를 당했지만 아무도 거들떠보지 않았습니다. 가족들이 멀지 않은 곳에 살고 있었지만 어떤 도움도 받을 수 없었습니다. 언제 감염되었는지 에이즈에도 감염되어 있었습니다. 자연재해가 유난히도 많은 아이티, 태풍이 덮치고 지진에 온 나라가 무너졌지만, 40년 이상 그렇게 살아왔습니다.

아이티 꽃동네에 온 이파니아를 사역자들은 지극한 정성과 사랑으로 치료하며 보살폈습니다. 썩어가던 다리의 상처를 치료하고 닫혀 있던 마음의 문을 열기 위해 노력했습니다. 에이즈 환자라 감염의 위험도 있었지만, 의사와 간호사, 사회복지사 등 많은 이들이 동원되어 그녀를 보살폈습니다. 집이 배정되었지만 집안에 들어가는 것을 거부하고 집 앞에 쓰레기를 주워 모으고 그곳에서 잤습니다. 저녁만 되면 집에 들어가라는 사역자들과의 실랑이가 계속되었습니다. 식사는 보통 사람들의 서너 배는 더 먹었지만 배고프다는 소리를 달고 살았습니다.

6개월이 넘어가자 점차 식사량이 줄어 정상이 되었고, 허기진 마음에 사랑이 채워지자 변화가 일어났습니다. 알고 보니 무척이나 온순하고 수줍어하는 여인이었습니다. 기억도 조금씩 회복되어 가족을 찾아보기로 했습니다. 공동묘지 근처에 데리고 가자 많은 사람들이 몰려들었습니다. 그들은 이런 고백들을 하였습니다.

"이 여인이 바로 그 사람이란 말인가요, 정녕 하나님은 살아 계십니다."

다행히 어머니를 만났는데, 두 모녀의 얼굴에 하염없이 눈물만 흐르면서 긴 세월 동안 겪어온 그 많은 아픔들을 녹아내렸습니다. 오늘도 이파니아는 아이티의 꽃동네에서 살고 있습니다. 무척이나 다정다감하고 수줍음이 많은 그녀는 요즘 기도도 곧잘 하며 평안하게 살아가고 있습니다.

악령에 의해 가족들에게 버림받고 멸시와 천대와 굶주림과 질병에 시달려 죽어가던 여인, 성경에 나오는 엔돌의 군대 귀신들린 사람처럼 무덤에서 살았던 이파니아. 그녀의 굶주렸던 사랑의 마음이 채워지자 치유와 변화가 일어났습니다.

사랑을 하면 사랑이 됩니다. "삶을 가장 아름답게 사는 방법은 사랑하는 것입니다. 사랑의 최고 표현은 시간을 내어 주는 것입니다. 그리고 사랑하기 가장 좋은 시간은 바로 지금입니다." 이 말은 『목적이 이끄는 삶』의 저자인 릭 워렌Rick Warren 목사의 말입니다. 시간을 내지 못하고 마음을 주지 못한 것들이 수두룩하게 우리 앞에 놓일 때가 많습니다. 사랑은 거창한 일이 아닙니다. 내 주변에서 조금만 더 관심 갖고 바라봐 주고, 이해하고, 배려하고, 웃어주면 됩니다. 열 손가락 중 하나를 펴는 것이 어렵지 않듯이, 내가 가진 시간과 돈을 조금이라도 나누면 사랑은 더욱 커집니다.

화학을 전공하는 한 학생이 중간고사를 치르게 되었습니다. 시험 문제는 '석탄으로 알코올을 얻는 방법을 쓰라'였습니다. 그 학생은 아무리 생각을 짜내 보아도 해답이 나오지 않았습니다. 이것을 풀어내는 화학 공식이나 부호가 도무지 떠오르지 않았습니다. 그래서 이렇게 대답을 썼습니다.

"석탄을 팔아서 알코올을 사면 됩니다."

그 후 그 학생은 교수로부터 호되게 야단을 맞고 낙제할 줄 알았습니다. 그런데 담당 교수는 그 학생을 불러서 말했습니다.

"너는 석탄으로 알코올을 얻는 가장 손쉬운 방법을 찾아냈다."

이렇게 말하고는 어깨를 토닥여 주면서 격려하고는 최고의 점수를 주었습니다.

이것은 너그러운 사랑이자 칭찬과 격려였습니다. 한 사람의 인생을 바꿀 수 있을 정도의 힘입니다.

친절한 사회를 꿈꾸며

　언젠가 신문과 방송에서 접한 안타까운 사건입니다. 태국의 언론인이 인천 공항으로 입국을 하려다가 묵뚝뚝하고 불친절한 직원에게 불쾌함을 느끼고는 되돌아갔습니다. 이 사람이 본국으로 돌아가 "한국 여행 결사반대 운동"을 벌이고 있다는 기사였습니다. 그 사람과 그 주변 사람들, 나아가서 우리나라에 대해 객관적으로 접할 기회가 없는 사람들은 길이길이 이 상처를 공유하게 될 것입니다. 너무도 안타까운 사건이었습니다.

　우리는 '경제' 하면 물건을 만들어 파는 것만으로 생각하기 쉽습니다. 그러나 오늘날 선진국들이 '지식·정보'에 구체적인 수치로 가격을 매기기 시작하니까 우리도 부랴부랴 이를 따라하는 모습을 보이기도 하고 있습니다. 그러나 우리의 의식은 아직도 친절과 같은 보이지 않는 정신문화쇠 같은 비물질적 자원의 가치에 대한 인식이 부족합니다. 물건을 만들어 수출하는 것은 훌륭한 경제적 활동으로 보지만, 피상석인 민남에서 외국인에게 베푼 친절이 얼마나 많은 부가가치를 지니고 있는지를 체감하지 못하고 있습니다. 물론 친절까지도 경제적 가치로 계산하는 것이 지나친 경제논리일 수 있고 너무 속물적이라고 생각이 들기도 합니다만, 친절이 경제적 가치를 위해서 베푼 것이 아니지만 이해를 쉽게 하기 위해서 경제적인 가치를 생각해 본다면 마음에서 우러나온 친절이 경제적 가치를 얼마나 크게 창출할 수 있는 지를 생각해 보는 것도 유익할 것입니다.

한 사람을 감동시키면 그것은 쉽게 다른 사람들로 전염됩니다. 마찬가지로 한 사람의 증오는 주변의 수많은 사람들에게 전파됩니다. 이것이 우리가 사는 사회입니다. 이런 의미에서, 인천국제공항 이민국 직원의 불친절은 우리 사회에 심각한 손실을 끼쳤습니다. 수많은 비물질적 수출의 기회를 우리 스스로 포기한 것입니다. 그런데 안타까운 사실은 이런 불친절의 태도가 어느 한 사람에 국한된 것이 아니라는 점입니다. 서양 사람들이 우리를 가리켜 '포커 페이스Poker Face'●라고 지칭하곤 합니다. 이것은 우리를 얕잡아보는 그들의 문화적 편견일까요? 그렇지 않습니다. 우리의 '근엄한' 얼굴이 서양 사람들에게는 불편하고 불친절하게 보입니다.

서양인들은 낯선 사람이라도 얼굴만 마주치면 환하게 웃으며 "하이Hi" 하고 인사를 합니다. 어떤 질문이든지 친절하게 인내심을 가지고 대답해 줍니다. 아마도 우리는 상대적으로 강력한 사회적 권위가 유지되어 왔고 그것이 집단에 의해 충분히 보강되었습니다. 그러다 보니 사회적 지위에 따른 힘을 근엄함으로 이해하는 분위기가 강했습니다. 가정에서도 지나칠 정도로 말이 없고 근엄한 아버지가 당연해 보였습니다. 웃는

● 서양인들의 놀이인 트럼프의 포커처럼 무표정한 얼굴로 속을 알 수 없는 얼굴을 일컫는 말입니다.

얼굴은 가볍게 여겨지기까지 하였습니다. 이처럼 말이 없고 웃지 않는 근엄한 얼굴이 권위로 여기다 보니 증명사진을 찍어도 웃지 않습니다. 이처럼 근엄한 얼굴의 시대는 지난지 오래입니다. 이제 우리도 좀 웃어주고 친절한 습관을 길러 나가야 합니다.

우리나라의 고전소설인 『흥부전』은 제비의 다친 다리를 고쳐준 결과 이듬해에 박씨를 물고 와서 흥부에게 보은한다는 내용입니다. 이런 이야기는 오늘날도 실제로 이루어지고 있습니다. 그 실제 이야기입니다. 한 사람의 개인적인 인사 예절과 관심으로 거액 기부금을 받게 된 제임스 레이니James T. Laney라는 사람의 이야기입니다.

그는 평소에 자전거를 타고 출퇴근하면서 많은 사람들에게 친절하게 인사하고 손을 흔들곤 하였습니다. 그러다가 우연히 알게 된 한 노신사를 발견하였습니다. 그는 퇴직 후 조용히 쓸쓸하게 시간을 보내는 것으로 생각하였습니다. 그렇게 해서 알게 된 노인과 인사도 나누고 이야기도 나누면서 다정하게 지냈습니다. 그러던 어느 날 그는 노인이 보이질 않게 되자 직접 집을 방문하게 되었습니다. 노인은 자신을 소개하면서 자신의 도움이 필요하면 언제든지 연락하라고 하면서 봉투를 하나 주었습니다. 그 봉투에는 1억 5천만 달러가 들어 있었습니다. 그는 아무 이유 없이 이렇게 큰돈을 받을 수 없다고 하였지만 노인은 한사코 받아달라고 하였습니다. 그는 나중에야 그 노인이 세계적인 기업인 코카콜라의 우드러프Woodruff 회장임을 알게 되었습니다. 우드러프 회장은 자신에게 베풀어준 따뜻한 인사와 친절에 감사하다면서 돈을 잘 쓸 것 같은 사람을 만나서 기쁘다고 하였습니다. 우드러프 회장의 간청에 못 이겨 엄청난 돈을 받게 된 그는 아무런 주저함도 없이 에모리대학Emory University에 전액을 기부하였습니다. 이에 대학 이사회에서는 그를 총장으로 선임하였고 그는 16년간 총장을 역임하면서 세계적인 명문대학으로 발전시키고는 후배에게 총장직을 물려주고 자신이 청춘을 바친 우리나라에 대사로 와서 많은 활동을 하였습니다. 에모리대학에는 그의 이름을 딴 '레이니대학원'이 있습니다.

레이니의 성공은 특별한 것이 아닙니다. 평소 생활 습관대로 주변사람들에게 다정한 표정으로 인사하고 친절히 대하고 어려운 사람에게 다정하게 말을 건넨 것이었습니다. 레이니의 친절은 아주 쉬워 보이나 쉬운 것이 아닙니다. 누구나 할 수 있습니다만 아무나 하는 것이 아닙니다. 잠깐의 친절과 의도적인 친절은 쉽지만 삶에서 우러나오는 친절은 결코 쉬운 것이 아닙니다. 레이니의 친절은 남에게 보이려는 것이 아니라 일상생활의 습관이었습니다. 습관은 인격이 되고, 인격은 인생이 됩니다.

우리 모두 누구를 만나든지 웃으면서 인사하고 다정한 말 한마디를 건네는 친절운동을 함께 실천해 보면 어떨까요? 한 번 더 인사하고, 한 번 더 웃어 주고, 한 번 더 다정한 말을 건넨다면 우리 사회는 사랑과 기쁨과 행복이 넘치는 공동체를 이루어가게 될 것입니다.

행복의 비밀은 긍정의 마음이랍니다

조지 베일런트George Vaillant가 지은 『행복의 비밀』이라는 책을 읽었습니다. 이 책은 세계에서 가장 권위 있고 오랫동안 진행되고 있는 '하버드 그랜트 연구'의 결과물을 담은 책입니다. 인간의 발달 과정을 통해 들여다본 행복한 인생의 비밀을 밝힌 책으로 하버드 그랜트 연구의 75년 연구 성과를 한 권의 책으로 담아낸 것입니다. 사람은 일생을 살아가면서 신체적·정서적으로 끊임없이 변화하고 성장합니다.

이 책은 그 과정을 면밀히 들여다보기 위해 1938년부터 75년 동안 2,000만 달러 이상의 비용과 수많은 연구 인력을 투입되었고 그랜트 연구의 성과를 보인 책과 논문은 헤아릴 수 없을 정도입니다. 이 연구는 성장기가 지난 성인도 계속해서 발달하며 성격이 변할 뿐만 아니라 절망적인 중년기를 보냈더라도 노년에 행복한 인생을 살 수 있다는 사실을 완벽하게 입증했습니다. 이러한 메시지를 전하기 위해 이 책은 연구 대상자들 중 24명의 인생을 10종 경기 점수로 매김으로써 흥미신진한 관심을 불러일으키고, 행복의 본질과 어떻게 살아가야 행복할 수 있는지에 대한 깊이 있는 사고와 실질적인 방법을 제시했습니다.

1938년에 시작한 성인 발달에 관한 하버드 그랜트 연구는 268명의 대상자를 선정하여, 대학 시절부터 노년에 이르기까지 신체적·정서적 건강을 어떻게 유지하고 행복한 생활을 영위하는지에 대해 연구했습니다. 75년이라는 긴 연구 기간 동안 연구 방법이 변하기도 하고, 결론이 뒤집히기도 하였습니다. 연구 초기에는 인간의 체형과 인간의 성공에 연관이 있다고 생각하고, 이 점을 중요하게 연구했습니다. 그러나 시간이 지나면서 둘 사이에 연관성이 적다는 사실이 밝혀지고, 연구의 방법과 방향도 달라졌습니다. 조지 베일런트는 10년 전 다른 책에서 "사랑받지 못한 어린 시절은 성인이 된 후의 행복은 물론 건강에도 영향을 미친다"라고 썼습니다. 그러나 10년 뒤 그는 "사랑받지 못하고 자란 대상자들과 사랑받고 자란 대상자들은 최소한 심혈관계 질환을 일으키는 흡연, 고혈압, 과체중, 당뇨병에 대한 관리 면에서 아주 작은 차이밖에 없다는 것이 밝혀졌다."라고 수정하였습니다. 이처럼 세월과 함께 그랜트 연구도 성장하고 변화했고, 인생의 진실에 더 가까워졌습니다.

이 책이 밝히고 있는 인간 성장과 행복의 비밀 중 하나는 '인간은 평생 변하고 성장하는 존재'라는 점입니다. 어린 시절의 경험과 유전적·환경적 요인의 영향을 무시할 수는 없지만, 그런 조건들을 뛰어넘는 인간의 변화 의지, 성장의 방향이 행복에 더 강력하게 영향을 끼친다는 것입니다. 결국 우리가 행복한 인생을 살 수 있느냐 없느냐는 우리가 어떻게 변하고 성장할 것인가에 달려 있는 것입니다. 이 연구한 결과, 인생의 행복을 결정하는 신비한 힘으로 몇 가지가 거론되었습니다. 그것은 인내심, 훈련, 정돈된 생활, 그리고 다른 사람이 의지할 수 있는 소양과 친밀한 인간관계를 형성할 수 있는 능력입니다. 또한 이에 영향을 미치는 것은 고통에 적응하는 자세, 안정된 결혼, 교육, 금연 및 금주 등이었습니다.

이 책에서는 "좋은 일이 나쁜 일보다 인생에 더 많은 영향을 주지만 아동기의 경험이 한 사람의 인생 전체를 결정하지는 않는다."라는 구절이 인상 깊었습니다. 이는 프로이트Sigmund Freud로 대표되는 정신역동심리학◉을 정면으로 비판한 결과입니다. 프로이트가 강조하는 어린 시절의 경험이 평생을 좌우한다는 논리는 어린 시절 이후에는 이제 어쩔 수 없다는 것으로도 이해되기에 지나친 결정론이라는 아쉬움을 갖게 하는데 이 책은 이를 프로이트의 이론이 말하는 아동기 경험의 중요성은 인정하나 이후의 변화가 얼마든지 가능함을 잘 드러내 주었습니다. 더욱이 노년에 이른 사람도 변할 수 있다는 사실도 밝혀냈습니다. 대상자들은 80대에도 90대에도 끊임없이 변화하며 살았습니다.

독일을 대표하는 대문호인 괴테Johann Wolfgang von Goethe 역시 행복의 조건으로 인내, 건강, 희망, 자비심과 경제적인 여유를 강조하였습니다. 그는 누가 가장 행복한 사람인가란 질문에 "남의 장점을 존중해 주고 남의 기쁨을 자기의 것인 양 기뻐하는 사람이다."라고 말했습니다. 행복하기 위해 제일 먼저 해야 할 일은 스트레스와 근심 걱정을 줄이는 것입니다.

스트레스는 우리나라 사람들이 정말 많이 사용하는 단어입니다. 근심 걱정을 버리려면 어떻게 해야 할까요? 우선 문제를 보는 시각부터 바꿔야 합니다. 어떤 문제를 앞에 두고 걱정부터 하는 것은 사람의 자연스런 감정이 아니라 나쁜 습관에 따른 것입니다. 내게 생긴 문제들이 단지

◉ 인간의 정신 활동의 기저에 있는 원초아, 자아, 초자아의 갈등과 투쟁, 타협을 통해 인간의 행동이 결정된다는 이론.

골칫거리가 아니라, 도전하는 힘을 주는 계기라고 생각하면 훨씬 편해질 것입니다. 그리고 기분 좋은 잠과 상쾌한 아침을 위해 잠자리에 들 때, 마음을 편하게 하고 더 나은 내일을 기대해 보면 어떨까요? 아침에 상쾌한 기분으로 일어나면, 어제의 문제들을 냉철하고 객관적인 눈으로 볼 수 있게 됩니다. 긍정적인 말을 습관화하는 것이 좋습니다. 생각에 따라 말이 되지만 말에 따라서 생각이 바뀌기도 합니다.

"큰일이야."

"어떻게 하지."

이런 식의 부정적인 말들을 버리고, 긍정적이고 확신에 찬 말들로 말 바꿈을 해야 합니다. 긍정적인 말은 무의식 중에 창조적인 생각을 만들어내고 적극적으로 행동하게 합니다. 마음에 와 닿는 구절과 명언과 책에서 읽은 아름다운 말들이 나를 성장시켜 주는 밑거름이 되기도 합니다. 요즘 부정의 마음밭◉을 긍정의 마음밭으로 다듬어 가려고 되뇌어 보는 말들입니다.

생각은 우물을 파는 것과 닮았습니다. 처음에는 흐려져 있지만 차차 맑아집니다. 살다 보면 진정 우리가 미워해야 할 사람이 흔치 않습니다. 원수는 맞은편에 있는 것이 아니라 오히려 내 마음속에 있을 때가 많습니다. 마음은 우리 몸의 뿌리 같은 것이라서 뿌리마저 병들면 회생은 어려운 일이 되고 맙니다. 마음은 다이아몬드처럼 순수할수록 더 무게가 나갑니다. 마음은 사고팔지 못하지만 줄 수는 있습니다. 열린 마음으로, 넉넉한 마음씀으로 살아가렵니다. 아침에 일어나면 세수를 하고 거울을 보듯이 마음도 날마다 깨끗하게 씻어 진실이라는 거울에 비추어

◉ 순우리말. 마음을 쓰는 본바탕.

보렵니다.

집을 나설 때 머리를 빗고 옷매무새를 살피듯이 사람 앞에 설 때마다 생각을 다듬고 마음을 추슬러 단정한 마음가짐이 되면 좋겠습니다. 몸이 아프면 병원에 가서 진찰을 받고 치료를 하듯이 마음도 아프면 누군가에게 그대로 내보이고 빨리 나아지면 좋겠습니다. 책을 읽으면 그 내용을 이해하고 마음에 새기듯이 사람들의 말을 들을 때 그의 삶을 이해하고 마음에 깊이 간직하는 내가 되면 좋겠습니다. 위험한 곳에 가면 몸을 낮추고 더욱 조심하듯이 어려움이 닥치면 더욱 겸손해지고 조심스럽게 행동하는 내가 되면 좋겠습니다. 어린아이의 순진한 모습을 보면 저절로 웃음이 나오듯이 마음도 순결과 순수를 만나면 절로 기쁨이 솟아나 행복해지면 좋겠습니다. 날이 어두워지면 불을 켜듯이 마음의 방에 어둠이 찾아들면 얼른 불을 밝히고 가까운 곳의 희망부터 하나하나 찾아내면 좋겠습니다.

호모 루덴스를 생각해 봅니다

서양철학의 거두라 불리는 '플라톤Platon'은 놀이가 성인 활동의 모방이며 그렇기 때문에 아이들에게 놀이를 시켜야 한다고 말했습니다. 같은 동기에서 '아리스토텔레스Aristoteles'는 어린이의 놀이 본능을 길러 주어야 한다고 말했습니다. 원시인들 사이에서 어떤 동물이나 사람의 특징적인 움직임을 흉내 내는 모방 춤, 특징적인 소리를 흉내 내는 모방 언어, 일정한 권위자나 관직자, 법관, 싸움을 흉내 내면서 표현하는 놀이 등을 볼 수 있습니다.

놀이와 예술의 유사성을 강조하다 보면 동시에 양자 간의 경계가 명확해집니다. 동물들도 놀이 본능은 있습니다. 그러나 예술 활동에까지 이르는 본능은 아닙니다. 여기에 놀이와 예술에 본질적인 차이점이 있습니다. 그 차이점은 예술의 종교적 동기 속에서도 표현됩니다. 그것은 다시 인간의 놀이 본능과 동물의 놀이 본능의 다른 점은 도대체 무엇인가 하는 질문과 연결됩니다.

동물의 놀이와 인간 놀이의 부정할 수 없는 유사성은 놀이란 아이들에게 힘의 과잉과 관계가 있으며 다른 한편으로는 성인이 되어 행할 행동에 대한 예행 연습 역할을 한다는 이론을 형성시킵니다.

1. 놀이란 간접적이며 실제적인 목적을 추구하지 않으며, 움직임의 유일한 동기가 놀이 자체의 기쁨에 있는 정신적 또는 육체적 활동입니다.
2. 놀이란 모든 참여자에 의해 인정받는 어떤 일정한 원칙과 규칙, 즉 '놀이 규칙'에 따라 진행되는 활동이며, 거기에는 성취와 실패, 이기는 것과 지는 것이 있습니다.

놀이 활동은 본능적인 맹목적 합목적성에서 어린이의 삶을 해방시켜주고, 어린이로 하여금 다스리고, 스스로를 재발견하게 하는 하나의 세계를 만들어줍니다. 이 사실 안에서 놀이가 즐거운 이유를 찾을 수 있을 것입니다. 교육학의 역사에서 놀이는 의례히 부정적 비관을 받아 왔습니다. 왜냐하면 놀이란 자발적이며 개인적인 에너지를 변호하기 때문입니다. 그러나 교육의 목표가 자립적인 인간성을 추구할 때는 그 반대가 되고 놀이가 깊고 긍정적인 가치를 가졌다는 것이 인정될 것입니다.

심리학과 생물학은 동물, 아이, 어른들의 놀이를 관찰하고, 묘사하고, 설명합니다. 이 학문들은 놀이의 본질과 의미를 결정하고 그것이 일상생활에서 차지하는 위치를 부여합니다.

놀이하기의 '재미'란 어떤 것일까요? 왜 어린이는 기뻐서 소리를 지를까요? 왜 도박에 빠진 사람들은 도박에 몰두할까요? 왜 많은 축구 관중은 죽구 경기를 보면서 열광하는 것일까요? 생물학적 분석으로는 이런 놀이에 대한 열광과 몰두를 설명하지 못합니다. 이런 열광, 몰두, 광분 등에 놀이의 본질 혹은 원초적 특징이 깃들어 있습니다. 자연은 잉여 에너지의 발산, 힘든 일 이후의 긴장 완화, 장래의 일에 대비한 훈련, 충족되지 못한 동경의 보상 등을 위해서라면 기계적 운동이나 반응 등을 그 자녀들에게 제공하고 만족했을 수도 있었습니다. 하지만 자연은 그렇게 하지 않고 그 자녀들에게 긴장, 즐거움, 재미 등을 갖춘 놀이를 제공했습니다.

놀이는 무엇보다도 자발적 행위라는 것입니다. 명령에 의한 놀이는 더 이상 놀이가 아닙니다. 기껏해야 놀이를 모방한 것에 지나지 않습니다. 이러한 자발(자유)의 특징 하나만으로도 놀이는 자연의 과정과는 구분됩니다.

놀이는 자유로운 행위이며 자유 그 자체입니다. 놀이의 두 번째 특징은 '일상적인' 혹은 '실제' 생활에서 벗어난 행위라는 점입니다. 놀이는 '실제' 생활에서 벗어나 그 나름의 성향을 가진 일시적 행위 영역으로 들어가는 것입니다. 놀이의 표현력은 모든 종류의 공동체적 이상을 충족시킵니다. 그러기에 놀이는 양육, 번식, 종족 보존의 생물적 과정보다 더 우위에 있게 됩니다. 이러한 주장은 동물의 놀이(특히 성적 과시)가 짝짓기 계절에 뚜렷하게 벌어진다는 사실에 의해서 반박될 수도 있습니다. 하지만 새들의 노래, 구애, 날갯짓이 우리 인간의 놀이와 마찬가지로 생리적 영역 바깥에 위치한다고 말한다면 너무 어리석은 주장일까요? 아무튼 인간이 하는 놀이의 가장 높은 형태는 언제나 축제와 의례의 영역, 즉 신성의 영역에 위치해 왔습니다.

놀이의 그 장소와 시간에 있어서 '일상' 생활과는 뚜렷하게 구분됩니다. 이처럼 따로 떨어져 있고 시간과 공간의 제약을 받는다는 것이 놀이의 세 번째 특징입니다. 놀이는 시간과 공간의 특정한 한계 속에서 "놀아짐played out"입니다. 놀이는 그 나름의 방향과 의미를 갖고 있습니다.

놀이가 경쟁의 특성을 띠게 되면 더욱 치열해집니다. 그 치열함은 도박과 운동 경기에서 그 절정에 이릅니다. 놀이 그 자체는 선과 악을 초월하지만, 놀이에 내재된 긴장의 요소는 놀이하는 사람의 심성 즉 용기, 지구력, 총명함, 정신력, 공정함 등을 시험하는 수단이 되므로 특정한 윤리적 가치를 부여합니다. 그는 경쟁에서 이기고 싶은 강렬한 욕망에도 게임의 규칙을 준수해야 합니다.

놀이에는 다음 두 가지의 기본적 양상이 있습니다. 첫째, 어떤 것을 얻기 위한 경쟁입니다. 둘째, 어떤 것의 재현입니다. 이 두 기능은 서로 합쳐져서 게임은 (1) 경쟁의 '재현'이고, (2) 어떤 것을 잘 재현하기 위한 경쟁입니다.

"호모 루덴스(놀이하는 인간)"는 '놀이는 문화보다 앞선다'라는 명제에서 시작합니다. 어떤 의미에서 보면 놀이는 문화보다 우월하고, 또 그것에서 떨어져 있습니다. 우리는 놀이를 하면서, 어린이처럼 진지함의 수준 아래에서 노닐 수 있습니다. 하지만 놀이를 통하여 아름다움과 신성함의 영역에 들어간다는 점에서 진지함의 수준을 훌쩍 뛰어넘기도 합니다.

놀이는 특정 시간과 공간 내에서 벌어지는 자발적 행동 혹은 몰입 행위로서, 자유롭게 받아들여진 규칙을 따르되 그 규칙의 적용은 아주 엄격하며, 놀이 그 자체에 목적이 있고 '일상생활'과는 다른 긴장, 즐거움, 의식意識을 수반합니다. 놀이는 일상생활의 필요와 진지함에서 벗어나는 곳에서 그 자신을 드러내고 성취하는 행동이었습니다.

문화는 놀이 형태로 발생했습니다. 문화는 아주 태초부터 놀이되었습니다. 생활의 필수적 요구를 충족시키기 위한 활동들, 가령 사냥도 원시 사회에서는 놀이 형태를 취했습니다. 사회 생활에는 생물학적 형태를 벗어나는 놀이 형태가 스며들어가 있었고, 이것이 사회의 가치를 높였습니다. 사회는 놀이하기를 통하여 생활과 세상을 해석했습니다.

우리의 생각이 시작되는 출발점은 이러합니다. 먼저 어린이 같은 놀이 의식意識이 다양한 놀이 형태 속에서 때로는 진지하게 때로는 장난스럽게 표출되었을 것입니다. 그 놀이는 의례에 뿌리를 박고 있었습니다. 리듬, 조화, 변화, 교대, 대조, 클라이맥스 등을 바라는 인간의 생득적 요구가 충분히 개화開花하도록 허용함으로써 문화를 생산했습니다. 이런 놀이 의식에 명예, 우월함, 아름다움을 추구하는 정신이 결부되었습니다. 주술과 신비 의례, 영웅적 동경, 음악·조각·논리의 예시豫示는 고상한 놀이 속에서 형태와 표현을 얻으려 했습니다.

놀이는 처음부터 문명의 대립적·아곤*적 기반을 그 안에 가지고 있었습니다. 왜냐하면 놀이는 문명보다 더 오래되었고 더 독창적이기 때문입니다. 경기는 곧 놀이를 의미합니다. 이미 앞에서 살펴본 것처럼, 어떤 경기가 되었든 거기에 놀이의 요소가 깃들어 있다는 것을 부정할 수 없습니다. 놀이적이고 아곤적인 것이, 사회의 요구 사항에 맞추어 법률 분야에서는 신성한 진지함의 영역을 확보하게 된 것입니다. 또한 모든

● 구조가 꽉 짜인 희곡의 여러 가지 형식상의 관례 중 하나를 말합니다. BC 487년 디오니소스 축제에서 시작되어 아리스토파네스의 작품으로 남아 있는 그리스 구희극은 약간의 변화를 허용했지만 엄격한 구조를 고집했습니다. 구희극은 줄거리의 딜레마를 약술하는 '프롤로고스'로 시작해 '파라도스' 또는 합창단 입장이 뒤따릅니다. 그 다음에 배우 1명과 합창단 또는 두 배우 사이의 말다툼, 즉 '아곤'이 펼쳐지는데, 합창단은 반으로 나뉘어 각각을 지지합니다. 배우들은 서로 대립하는 원칙들을 주장하면서 플라톤의 변증법적 대화와 비슷한 방식으로 논쟁을 벌입니다. 예를 들어, 아리스토파네스의 〈구름The Clouds〉에서는 옳고 그름의 논리를 따지는 아곤이 나옵니다. 이 논쟁 뒤에는 '파라바시스', 즉 '앞으로 나오기'가 있는데, 이때는 합창단이 앞으로 나와 시인의 이름으로 관객에게 직접 말을 하고, 때로는 저명인사나 사회적·정치적 원칙들을 공격함으로써 관객에게 열변을 토합니다. 아곤과 구희극의 다른 복잡한 형식들은 아마도 희곡을 발생하게 한 모방 의식儀式, 즉 사람들이 재생과 부활이라는 순환의 삶을 모방하려 한 고대의 풍요를 비는 의식에서 비롯된 것으로 보입니다.

시는 놀이에서 태어납니다. 숭배의 성스러운 놀이, 구애의 축제적 놀이, 경쟁의 호전적인 놀이, 허풍, 조롱 그리고 비난의 논쟁적인 놀이, 기지와 신속함의 민첩한 놀이 등이 시의 모태가 됩니다.

'학교school'라는 단어는 아주 흥미로운 역사적 배경을 갖고 있습니다. 원래 이 단어는 "여가"라는 의미를 갖고 있었습니다. 사실 말로 승리하는 기술을 순수하고 합법적인 기술로 만들어 주는 것은 그 기술 자체의 놀이 특성 때문입니다. '소피스트Sophist'가 자신의 화려한 말로써 비도덕적인 목표를 추구할 때만 지혜를 왜곡하는 자가 됩니다.

소피스트와 수사학자의 일상적인 행동에서 주된 목표는, 진실이나 욕망 그 자체에 있지 않고 순전히 자신이 옳다는 개인적인 만족을 성취하는 데 있습니다. 그들은 경쟁의 원시적인 본능, 영광을 위한 투쟁에 의해 움직입니다.

종교적인 기능과는 별개로 음악은 교육적인 오락, 즐거운 기술, 또는 단순히 쾌활한 여흥으로 칭송되었습니다. 음악이 그 가치를 인정받고 공개적으로 고도의 개인적인 체험, 마음 깊은 곳의 감성적인 경험의 원천, 그리고 인생의 가장 훌륭한 축복 중 하나로 인지되기까지 굉장히 오랜 시간이 걸렸습니다. 오랫동안 음악의 기능은 순전히 사교적이고 놀이적인 것이었으며 비록 연주자의 기술적인 능력은 굉장히 찬사를 받았으나 정작 음악가 자신은 경멸당했고 음악은 비천한 일로 분류되었습니다.

춤은 음악적인 동시에 조형적인 까닭입니다. 리듬과 움직임이 주요 요소라는 점에서는 음악적인가 하면, 물질에 묶여 있을 수밖에 없다는 점에서는 조형적입니다. 춤의 실행은 제한적으로 움직이는 인간의 신체에 의존하고 그 아름다움은 움직이는 신체 그 자체의 아름다움입니다.

춤은 조각과 마찬가지로 조형적 창조이지만 어느 한순간의 창조입니다. 춤을 수반하는 필수적 조건인 음악과 마찬가지로 춤은 반복 능력을 통해 생명을 얻습니다.

의례는 성스러운 놀이에서 성장했고 시는 놀이에서 태어났고 길러졌습니다. 음악과 춤은 순수한 놀이입니다. 지혜와 철학은 종교적 경기에서 유래한 말과 형태로 표현됩니다. 전쟁의 규칙, 고상한 삶의 관례는 놀이 양식 위에서 세워졌습니다. 따라서 문명은 초기 단계에서 놀이 중심으로 이루어졌다고 결론 내릴 수 있습니다. 물론 문명이 자궁에서 아이가 나오는 것처럼 놀이에서 나왔다는 얘기는 아닙니다. 문명은 놀이의 정신 속에서 놀이의 양태樣態로 생겨나며 결코 놀이를 떠나지 않습니다.

놀이는 문화의 한 요소가 아니라 문화 그 자체가 놀이의 성격을 가지고 있습니다. 네덜란드 역사학자이자 문화학자인 '요한 호이징아Johan Huizinga'는 모든 형태의 문화는 그 기원에서 놀이 요소가 발견되고, 인간의 공동생활 자체가 놀이 형식을 가지고 있으며, 철학, 시, 예술 등에도 놀이의 성격이 있다고 보았습니다. 생로병사와 관련된 모든 삶의 통과 의례였던 고대인들의 제의는 음악과 춤과 놀이로 이루어졌는데, 인간의 몸과 영혼을 동원해서 사물을 표현하려는 자연스러운 욕구에서 발생한 놀이는 새로운 것을 만들어내는 창조의 원동력이 된다고 호이징아는 진단했습니다.

호이징아는 즐거움과 흥겨움을 동반하는 가장 자유롭고 해방된 활동, 삶의 재미를 적극적으로 추구하는 활동인 놀이가 법률, 문학, 예술, 종교, 철학을 탄생시키는 데 깊은 영향을 끼쳤다고 생각했습니다. 그러나 현대에 이르러서 일과 놀이가 분리되고, 단순히 놀기 위한 놀이는 퇴폐적인 것으로 변질되었다며 고대의 신성하고 삶이 충만한 '놀이 정신'의

회복을 바랍니다. 호이징아에 의하면 놀이에 따르고, 놀이에 승복하며, 놀이를 제대로 이해하는 것이야말로 인간 문명을 빛나게 한다는 것입니다.

　놀이 문화란 우리 인생의 활력소일 것입니다. 특히 자신의 특기나 취미를 살려 의욕충만한 놀이라면 이는 아마도 우리 삶속에 찌들어버린 스트레스를 싹싹 문질러 지워버리는 매우 유용한 치료제가 될 것입니다. 놀이 문화란 건전하면서 자신의 삶을 윤택하게 이끌어주는 온전히 자신만의 만족을 위한 시간을 이름입니다. 온전히 자신만의 시간을 자신만의 보람과 즐거움을 위하여 감당할 만한 자신의 취미 생활을 우리 삶을 의미 있는 삶으로 이끌어 주는 놀이라 말할 수 있습니다. 때론 어떤 사람들은 자신의 직장을 놀이터로 삼아 신명나는 놀이를 통한 업무를 이루어 가기도 어떤 사람들은 자연의 품속으로 들어가 자연을 보살피기도 어떤 사람들은 휴일을 온전히 봉사 활동에 쓰기도 어떤 사람들은 세상을 사랑과 행복으로 물들이는 글을 지어 세상에 바치기도 하는 등 수많은 방법으로 자신만의 놀이 문화를 지어 갑니다. 보람차고 즐거우며 행복한 놀이 문화에 심취한 사람들은 대체적으로 자신의 직장에서 열성적으로 자신의 일을 수행합니다. 자신의 모든 시간이 바로 놀이를 위한 배려입니다.

작전 타임을 즐기는 지혜

스포츠 경기에서 작전 타임을 쓸 때는 선수들이 힘들 때, 경기가 꼬일 때, 선수들이 쉬고 싶을 때입니다. TV 화면으로 경기를 보다 보면 우리나라 선수들이 부진하거나 쉬고 싶어 하는 모습이 역력히 드러날 때 감독은 여러 생각에 잠깁니다. 그러다가 필요하다 싶을 때 작전 타임을 제시하면서 선수들에게 쉼을 주고 선수 교체를 하며 다음 경기를 위한 작전도 지시합니다. 감독의 작전 타임은 참 중요합니다. 작전 타임을 잘 활용하면 경기를 효과적으로 운영하여 승리를 이룰 수 있습니다. 배구와 농구는 더욱 그런 것 같습니다. 선수를 쉬게 하기도 하고, 방향을 바꾸게 하기도 합니다. 완전히 방전된 건전지처럼 에너지가 고갈된 선수에게는 충전을 위한 쉼도 필요합니다. 선수는 스스로 선수 교체 사인을 보내기도 하고 감독이 먼저 사인을 보내기도 합니다. 어떠한 방식이든지 선수 보호 차원에서 쉬게 하는 방법은 중요합니다. 물을 마시면서 땀을 식히며 작전 구상을 합니다. 더 나은 경기를 위하여 고심하고 또 고심하며 다짐을 합니다. 이처럼 작전 타임은 매우 중요합니다.

그런데 가만히 보면 작전 타임은 스포츠 경기에만이 아닌 우리의 삶에서도 중요합니다. 우리 각자가 인생에서 필요에 따라 쉼을 갖는 것이 중요합니다. 이 쉼을 통해 재충전도 하고 재창조의 기틀을 구상해 보는 것도 좋습니다. 현재 주 5일제다 보니 매주 2일의 쉼을 갖습니다. 물론 사안에 따라 여건에 따라 휴일을 제대로 누리지 못하는 경우가 많지만 쉴 때는 쉬는 게 좋습니다. 어떤 이는 쉬는 것을 아까워합니다. 그 시간에 더 많은 일을 해내려고 합니다. 그러나 이러다가는 지나친 과업으로 지치고 맙니다. 정작 과업도 창의력이 뒷받침되지 않습니다. 쉴 때는 쉬는 게 좋습니다. 그 시간에 차분히 반성도 하고 구상도 해 보는 것이 좋습니다. 이때 그동안 덜해 온 자기 계발을 위한 독서와 사색이나 취미 생활도 좋고, 가족과 함께하는 즐거움도 좋습니다. 열심히 일하고 쉴 때는 쉬는 삶이야말로 멋집니다.

현대인의 마음 치유를 위한 산림욕

　현대인들은 빠르고 복잡하게 변하는 일상에 지쳐 몸과 마음의 안정을 위해 산을 찾아 힐링Healing을 하기도 합니다. 산이 힐링하기에 좋다고 인식하는 것은 마음의 치유 효과와 교육 기능이 크기 때문일 것입니다.

　산의 아름다운 경관과 다채로운 볼거리가 마음을 풍요롭게 해 줍니다. 또한 맑은 공기와 부드러운 햇빛, 자연의 소리, 독특한 향기, 음이온 등 숲의 환경 모든 것이 천연 비타민으로 작용합니다. 산속 활동 역시 산의 정기精氣를 호흡함으로써 인체가 쾌적감을 느끼게 되어 심신을 안정시켜 스트레스 해소에 도움이 되며, 이것이 면역력 향상으로 이어져 건강 증진의 효과를 낳습니다. 그래서 '힐링', '산림 치유'라는 말이 유행하나 봅니다. 언론과 방송에서조차 힐링이 하나의 트렌드로 자리 잡아가는 것을 보면 최근의 화두는 단연 '힐링'인 것 같습니다. 건강 전문가들은 자연과 산속 생활의 중요성을 강조하고 또 그런 환경에서 살기를 권합니다. 자연과 접하게 되면 사람들이 건강해지고 즐거워지기 때문일 것입니다.

현재 의학이 크게 발달했으나 만성질환의 완치에는 한계가 있는 것 같습니다. 특히 환자의 질환에 대한 치료도 중요하지만 환자의 삶의 질도 중요하게 생각하여 일부 병원들은 '산림 치유'라는 보완 의학을 도입하고 있습니다. 그러므로 힐링 시대에는 무엇보다 잘 가꾸어진 산이 있어야 겠습니다. 힐링은 환자가 앓고 있는 질병만이 아니라 주변 환경, 대인관계 등 관련 요인들의 문제를 인식하고 해결함으로써 건강한 몸과 마음의 상태를 회복하여 스스로 병을 물리치는 치유 방법입니다. 그래서 힐링은 무엇보다도 스트레스 없는 편안함이 담보되어야 할 것입니다.

요즘에는 지역마다 만들어진 올레길, 둘레길 등을 통해 도보 여행 열풍이 불면서 느림의 미학을 바탕으로 한 휴양 활동이 확산되는 분위기입니다. 최근 산림청의 국민의식조사 결과에서도 산기슭을 걷는 트레킹에 참여하겠다는 응답자가 45.1%에 달하였습니다. 숲길은 바쁜 삶에서 잊고 지내온 내면의 자신과 만나고, 삶을 돌이켜볼 수 있는 소중한 장소입니다. 바쁜 일상을 내려놓고 한 번쯤은 숲 속 오솔길을 걸으면서 자신의 발을 내려다보고 숨결도 느껴보는 여유를 가져 보는 것이 좋습니다. 우리는 늘 뭔가 채워야 한다는 강박관념에 쫓기듯 살아갑니다. 이런 마음을 비우면 참된 자신을 만나고 만족감을 채우기가 수월해질 것입니다.

얼마 전 결혼하여 서울에 사는 여동생이 이사한 집을 자랑하였습니다. 도대체 뭐가 얼마나 좋기에 입에 침이 마를 정도로 자랑을 해대는지 혀를 내두를 지경이었습니다. 동생은 한참을 자랑하더니 백문이 불여일견 직접 와 보라고 간청하다시피 하였습니다. 멀고 먼 전북에서 서울을 오고가기 쉽지 않아 미루고 미루다가 마침 방학이고 하여 가족 모두 동생 집에 가 보았습니다. 동생은 살던 집을 처분하여 조금 더 빚을 내어 서울 외곽으로 이사하였습니다. 가 보니 그 전 집보다 더 외곽이었습니다. 분명 서울이 맞지만 서울과 경기도의 경계선으로 겨우 서울에 붙어 있는 듯한 지역이었습니다. 그러니 아무래도 교통이 불편하고 생활의 편의시설이 부족해 보였습니다. 그러나 장점이 참 많았습니다. 이전 집보다 좀 더 넓어지니 수납공간이나 주차 공간이 여유가 있었고 서울 외곽이다 보니 동네가 조용하고 아늑하였고 공기도 맑은 것 같아 좋았습니다. 동생은 한창 집 구경에 빠져서 감탄하는 저희 가족에게 아주 좋은 게 하나 있다면서 억지로 끌고 나왔습니다. 그리고는 자신을 따라오라는 것이었습니다.

하도 막무가내라 마지못해 따라가 보니 집 바로 근처에 그다지 높지 않고 크지 않은 야산이 하나 있었습니다. 아마도 이 산 덕분에 동네 공기가 좋구나 싶었습니다. 동생은 산에 오르는 게 아주 좋다면서 재촉하였습니다. 그런데 저는 미처 생각지 못한 일이라 등산용 신발이 아닌 구두를 신고 있었고 아내나 아이들도 편안한 신발에 슬리퍼를 신고 있었습니다. 이런 이유로 다음에 가자고 했더니 굳이 산이 크지 않고 산책로가 잘 되어 있다면서 온 김에 가자고 하는 바람에 투덜거리면서 따라나섰습니다. 이렇게 오른 산은 동생의 말대로 생각보다 높지 않아 오를만 하였습니다. 굳이 빨리 가야 할 이유도 없고 시간 제한이 있는 것도 아니고 신발이 불편하고 어린 아이들과 같이 가는 길이기에 천천히 도란도란 이야기 나누면서, 오가며 지나는 사람들과 덕담도 주고받았습니다. 그러다 보니 어느새 산 정상이었습니다. 작은 산이었지만 오르고 보니 정상에 오른 성취감에 기분이 좋았습니다. 숨을 헐떡이면서 내려다보는 서울 광경은 마치 한 폭의 수채화 같기도 하였습니다. 그제야 동생이 자랑한 것이 이해가 되었습니다.

집 근처에 산이 있다는 것이 여간 즐거운 일이 아니었습니다. 멀리

가지 않아도 조용한 시간을 갖고 산의 기운을 만끽하고 나무들과 사귐의 시간을 가질 수 있습니다. 오고가는 사람들과 정다운 이야기꽃을 피우니 신선인양 세상 시름을 다 잊은 듯했습니다. 마치 시간이 멈춰버린 무릉도원이 이런 곳인가 싶었습니다. 제가 하도 감탄을 해대니 동생이 웃으면서 "오빠는 농촌에 사는 데 서울 와서 공기 좋다, 나무가 좋다, 산이 좋다하니 우습다"라고 하였습니다.

그러고 보니 저는 농촌에 살면서도 바쁘게 산다는 핑계로 마음의 여유도 없고 자연 친화의 삶도 잊고 살아왔습니다. 제가 이러니 가족들에게도 이런 삶의 여유를 제공하지 못했습니다. 동생과 이런 저런 이야기를 하다 보니 산이나 자연이 주는 기쁨이 얼마나 소중한 것인지 느꼈습니다. 오랜만에 마음껏 산림욕을 한 것 같아 마음의 배가 부른 것 같았습니다. 가만히 보니 제가 사는 곳에도 가까이에는 산이 없지만 조금만 나가면 산이 많이 있습니다. 산이 저와 먼 것이 아니라 제 마음이 산과 멀어 있었습니다.

산은 언제나 그 자리에서 저를 기다리고 있었습니다. 그러고 보니 예수도 바쁜 3년간의 공생애 기간에 수시로 홀로 산에 오르곤 하였습니다. 한적한 곳에서 기도도 하고 사색에 잠기기도 하였습니다. 현대인의 특징이 바쁘다는 말을 입에 달고 사는 것이고 하도 바쁘다 보니 잘 잊어버리기도 합니다. 사람들의 표정도 웃는 얼굴이 아니라 조금은 화가 난 듯하여 불편하기도 합니다. 이건 우리 기독교 신앙인들도 마찬가지입니다. 한 달에 한 번쯤은 아니 한 주에 한 번쯤은 억지라도 시간을 내어 가까운 산을 벗 삼아 사귐의 시간을 가져 보는 것도 좋을 듯합니다. 언젠가 인상 깊게 본 광고 카피가 지금도 기억납니다.

"열심히 일한 당신 떠나라"

현대인의 특징은 바쁘다는 말을 달고 사는 것 같습니다. 왜 그리도 바쁜지 정신줄 놓고 사는 것만 같습니다. 현대인들의 갈망은 쉼입니다. 바쁜 삶을 뒤로하고 아무 일도 안 하면서 쉬고 싶습니다. 어쩌면 쉼을 기대하고 열심히 일하는 지도 모릅니다. 쉼은 더 열심히 일하기 위해서도 꼭 필요한 삶의 과정입니다. 쉼은 시간을 허비하는 것이 아닙니다. 열정을 갖고 소망을 이루고자 달려가는 사람들은, 쉬면 큰일이라도 나는 줄 아는 경우가 많습니다. 쉼을 모르고 성과에 매달리다 보면, 과부하에 탈진하게 될지 모릅니다. 과로에 따른 사망에 이를 수도 있습니다. 그러니 강제로라도 멈추지 않으면 안 됩니다. 쉼은 선택이 아니라 필수입니다.

나부터 시작하는 마음

최첨단 과학기술 시대를 살아가는 오늘날 우리에게 운명론은 깊이 생각해 볼 주제입니다. 흥행에 성공했던 영화 〈관상〉이나 KBS2 드라마 〈왕의 얼굴〉을 보면서 은연중에 우리의 삶이 보이지 않는 거대한 질서와 운명대로 흘러감을 말하고 있다는 생각이 들었습니다. 물론 불교에서는 전생, 윤회라는 개념 등이 이를 뒷받침하는 것 같고 기독교에선 하나님의 예정 교리도 그런 것으로 이해할 수 있습니다. 그러나 이런 세계관에 따라 우리의 삶이 정해진 운명대로 진행되니 우리의 노력이나 열정이 불필요하다거나 무의미하다고 생각해서는 안 됩니다. 더욱이 이를 핑계 삼아 게으름을 정당화해서는 안 될 일입니다. 물론 인간의 노력을 넘어서는 하나님의 섭리가 있습니다. 그러나 그것은 우리의 몫이 아니기에 그저 우리에게 주어진 삶의 현장에서 최선을 다해야 합니다. 이런 점에서 저는 '팔자소관', '재수없다'는 말을 참 싫어합니다.

저는 '운명'이라는 말을 오랫동안 생각해 보았습니다. 국어 선생으로 문학을 공부하고 가르치는 입장으로 수많은 사람들의 운명을 책 속에서 만났고, 그것이 '격파'될 성질의 조건이 아니라는 것을 알기도 했습니다. 운명은 우리의 육체와 같고 우리가 딛고 선 땅과 같습니다. 나 자신이면서 늘 내 의지에서 벗어나는 육체는 제가 요구할 것을 요구하고, 땅은 우리에게 많은 것을 베풀지만 죽음 뒤에까지도 우리를 저 자신에게 얽어 묶습니다.

그리스 신화에서 오이디푸스는 "제 아버지를 죽이고 제 어머니와 결혼할 것"이라는 신탁을 받고 출생하였습니다. 그의 부모도, 그 자신도 이 신탁에서 벗어나기 위해 온갖 노력을 다하지만, 그 노력이 도리어 신탁의 실현을 돕는 꼴이 되고 말았습니다. 그는 여행길에 친아버지를 만나 죽이고 자신을 낳은 어머니와 결혼하여 고향으로 돌아와 왕이 되었습니다. 이에 패륜을 저지른 왕 덕분에 나라는 기근이 들고 역병이 들끓었습니다. 결국 그는 이 사실을 알고는 도저히 견딜 수가 없어 자신의 두 눈을 뽑고는 운명을 저주하면서 온 세상을 떠돌게 다녔습니다.

소포클레스Sophocles는 이 전설로 비극 「오이디푸스 왕」을 만들었습니다. 내용은 동일하나 이야기하는 방법이 같지는 않습니다. 물론 비극의 삼단일 법칙, '단일한 장소'에서 하루 이내의 '단일한 시간'에 '단일한 사건'을 다뤄야 한다는 규칙을 지키기 위해서였습니다. 연극은 가뭄과 역병에 시달리는 나라 테베의 궁정에서, 오이디푸스 왕이 백성들의 탄원을 받아들이는 것으로 시작하며, '제 아버지를 죽이고 제 어머니와 결혼'하여 나라에 재난을 불러온 추악한 범인을 찾아내는 수사과정을 거칩니다. 결국 왕이 바로 자신이라는 범인을 색출하고 처단하는 것으로 끝납니다.

소포클레스는 신화로 비극을 만들기 위해 주어진 규칙을 지키고 이용하기 만한 것은 아니었습니다. 신화 속의 오이디푸스는 시종 운명에 쫓기는 인간이었지만, 비극 속의 오이디푸스는 운명을 성찰하는 사람이 됩니다. 그에게 운명은 신탁으로 미리 정해진 것이 아니라 그의 수사에 따라 재조직됩니다. 그는 자신이 범인으로 밝혀지려는 상황에서도 수사를 고집하고, 진상이 밝혀진 이후에도 그에 대한 책임을 전가하지 않습니다. 그의 이 의지는 신탁에 없던 것이며, 그가 자신의 운명에서 벗어나는 것도 이 짧은 순간이었습니다. 그는 패배하면서도, 운명의 농간에 덧붙이는 이 작은 행위에 의해 거대한 운명의 폭력 위에 인간의 위엄을 세우고, 마침내 운명 앞에 선 인간의 패배를 인간의 위엄으로 바꿉니다. 운명론은 미개한 시대의 이야기가 아닙니다. 오늘날의 운명론은 신화의 그것보다 훨씬 더 정교해서 운명론처럼 보이지 않을 뿐입니다. 사회생물학자들의 주장에 따르면, 우리의 삶은 DNA의 자기복제 프로그램을 수행하고 있을 뿐이라고 합니다. 과학의 목소리를 빌리고 있지만 극단적 운명론입니다.

자기계발서의 저자들이라면 여전히 '운명격파'나 그와 비슷한 말에서 영감을 찾겠지만, 이 새로운 운명론은 인간과 운명의 관계가 그렇게 단순한 것이 아님을 알게 합니다. 그렇다고 패배로만 끝나는 것은 아닙니다. 가령 우리의 이타적 행위나 문화 창조 등의 행위까지도 모두 유전자의 전략에 따른 것이 사실이라 하더라도, 거꾸로 우리의 이타적 행위나 문화 창조 행위 등이 유전자의 전략을 역이용한 것은 아닌지 물을 수 있는 여지는 여전히 남습니다. 운명에 패배하면서 운명 위에 인간의 위엄을 세운다는 것이 불가능하지 않습니다.

많은 사람들은 자신의 모자람을 따라 마음이 흔들립니다. 죄를 짓거나 삶을 선택할 때는 몰라서 그렇게 하기도 하고, 혹여 안다고 해도 이기적인 욕심과 습관에 이끌려 어쩔 수 없이 행하고는 후회하기도 합니다. 그리고 보면 욕심과 습관도 자신의 모자란 모습에서 비롯된 것입니다.

우리는 사람을 대할 때, 자신도 모르게 자신의 모자란 모습으로 인해 귀멀고 눈 멀어버리곤 합니다. 하나의 예로 '자신의 키가 작다' 싶으면 키 큰 사람이 좋아 보여, 그 외의 다른 부분을 제대로 살피지 못하곤 합니다. 그러다 보니 중요한 것을 바라보지 못하여 큰 낭패를 보거나 불필요한 자기비하에 이르기도 합니다. 이런 자신의 단점때문에 속절없이 끌려서 선택한 행동과 결정의 대부분은 나중에 후회를 낳습니다.

가만히 자신의 공허한 마음을 바라보고 그 마음에서 한 발짝 떨어져 자신의 모자람을 채우려는 자기욕심에서 벗어나 참다운 것을 바라보려는 노력이 필요합니다. 우리가 함께할 사람을 선택할 때도 그 사람을 통해 우리 자신의 모자람을 보완하려는 것보다는 함께 바라볼 수 있는 곳을 공유하고, 그 사람의 모자람을 나의 장점으로 덮어주고 보완해 주려는 자세로 나아가야 합니다. 그 사람을 소유하기보다는 존재로 바라보고 서로의 성장과 행복을 위해 노력해야 합니다. 자연의 이치 가운데 비슷한 것이 붙어 상승작용하려는 원리처럼 말입니다. 더 나아가서는 내가 그를 품고 그를 섬기려는 자세로 바라보아야 합니다.

제가 가끔 아이들에게 하는 이야기입니다. 어느 어머니가 자신의 마음에 안 드는 친구를 집으로 데려오는 아들에게 이렇게 말했습니다.

"좋은 친구를 사귀어라."

그러자 아들이 물었습니다.

"내가 그 친구에게 좋은 친구가 되면 안 돼?"

그 순간 어머니는 무엇에 얻어 맞은 듯한 신선한 충격에 휩싸였다고 합니다. 자신이 생각한 좋은 친구라는 기준은 사회적으로 인정된 가정적인 분위기와 성적 등을 갖춘 아이로 내 아이에게 유익이 되어야하는 것이었습니다. 아들의 친구 사귐마저도 세속의 가치로 재단하고 내 아들에게 보탬이 될 것인가를 가늠하고 저울질하는 엄마에게, 나이 어린 아들은 '좋은 친구'가 무엇인지를 분명하게 알려준 것이었습니다.

몸의 건강 못지않게 마음의 건강도 참으로 중요합니다. '일체유심조一切唯心造', 모든 것은 나의 생각의 변화로 재창조됩니다. 신라의 의상과 원효가 불법을 구하기 위해 당나라로 향했습니다. 어느 날 들판에서 잠을 자다가 원효는 목이 말라 캄캄한 밤중에 더듬거려 물이 담긴 바가지를 발견하고 단숨에 들이켰습니다. 한줄기 청량제처럼 달고 맛있었습니다. 날이 밝자 그 물이 어떤 물이기에 그리도 맛있었을까 확인하는 순간 구토가 나오고 말았습니다. 해골에 담긴 물이었습니다. 이 순간 원효는 모든 것이 마음에 달려 있음을 깨달았습니다. 그는 의상에게 "당나라가 최선이 아님을 알았으니 신라로 돌아가겠다."라고 말했습니다.

한 청년이 알프스 산을 구경하고 있었습니다. 그는 가져간 물이 떨어져 심한 갈증을 느꼈습니다. 그때, 알프스 계곡 사이에 있는 맑고 깨끗한 호수를 발견하였습니다. 이 청년은 단숨에 물을 꿀꺽꿀꺽 마셨습니다. 몹시 시원한 물이었습니다. 물을 실컷 마시고 발길을 돌리는 순간, 그는 '포이즌Poison(독)'이라고 적힌 경고판을 보았습니다. 그것을 본 순간, 청년의 몸에서는 열이 나기 시작했고, 심한 구토를 하였습니다. 온몸이 떨리고 얼굴은 창백해졌습니다. 그는 병원으로 달려갔습니다. 모든 이야기를 들은 의사는 이렇게 말했습니다.

"당신은 게시판을 잘못 보았군요. 그것은 포이즌Poison이라고 쓴 것이 아니고 포이죤Poisson(낚시 금지)이라고 쓴 것입니다."

이 청년은 '포이죤'을 '포이즌'으로 잘못 보고 야단을 떤 것입니다. 의사의 말을 듣자마자 청년은 열이 떨어지고 구토도 멈춰, 깨끗이 나았습니다. 이것이 마음의 힘입니다. 그런데도 많은 사람은 내 마음의 변화를 시도하려 하기 보다는 주위 여건과 환경, 제도와 인연들에 의해 나의 삶이 좌우되는 듯 그들이 변하기를 기대하고, 고치려 하는 경우가 많습니다. 관습과 고정관념에 갇혀 살다보면 우리 삶의 발전적 변화는 어렵습니다.

　요즘 기업에서 선호하는 인재는 성공만을 거듭한 인물이 아니라 실패를 경험해 본 사람이라는 말이 있습니다. 실패의 경험 위에서 새로움을 창출해 낼 수 있기 때문입니다. 우리는 늘 깨어 있는 성숙한 삶을 원합니다. 알을 깨고 나와야 병아리가 되듯이 고정관념에 사로잡힌 마음을 깨뜨려 버릴 때 새로운 삶을 살아갈 수 있습니다. 한곳에 묶여 있는 기울어진 마음이 아니라, 가장 균형 감각이 있는 마음이 중요합니다. 고정관념에 사로잡힌 사고에서 벗어날 때 마음의 자유를 얻어 창조적인 삶을 살 수 있습니다.

　많은 사람들이 사회구조에 대해 이야기하고 자신이 속한 조직과 사회를 비난합니다. 어쩌면 그렇게들 똑똑한지 조목조목 문제점들을 잘도 지적합니다. 이런 비판정신은 필요합니다. 건강한 비판은 조직과 사회를 견제하고 썩지 않게 합니다. 그러나 조직과 사회를 바꾸는 첫 번째는 바로 나 자신을 바꾸는 것부터입니다. 물론 제도와 조직으로 구성된 사회를 변화시키기에 개인의 힘은 분명 미약합니다. 제도와 조직을 이끌어 나가는 것은 그 일을 하는 사람들입니다. 사람이 먼저입니다. 그러므로 변화의 출발도 사람이 먼저입니다. 세상을 바꾸기 전에 먼저 나를 바꿔야 합니다. 세상을 바꾸려고 밖으로 나가는 모든 에너지를 내 안으로 방향을 돌려 먼저 나를 바꿔야 합니다.

　어떤 사회에서든 그 사회에서 살아가는 사람들은 그 사회체제를 반대하는 사람들조차도 이미 그 사회의 가치관에 물들어 있습니다. 우리 자신은 어떤가요? 그저 되는대로 적당히 살고 있지는 않은가요? 세상이 변화되려면 사회구조도 변화되어야 하고 그 사회의 구성원인 나도 변화되어야 합니다. 갈등이 생길 경우 우리는 상대가 변화해야 문제가 해결된다고 생각해서 상대를 변화시키려고 노력합니다. 상대방을 변화시키는 것은 어렵지만 내가 변화하는 것은 오히려 쉽습니다. 내가 먼저 변화되면 의외로 갈등도 쉽게 해결되고 상대가 바뀌기도 합니다.

세상을 바꾸는 가장 쉬운 방법은 먼저 자신이 변화되는 것입니다. 내 밖의 적과도 싸워야 하고 내 안의 적과도 싸워야 합니다. 내 밖의 적과 싸우는 일이 사회혁명, 사회변혁이라면 내 안의 적과 싸우는 일이 바로 영성혁명, 자기변화입니다. 그렇다면 변화는 어디서부터 어떻게 해야 가능할까요? 가장 먼저 나 자신과 나를 둘러 싼 여러 공동체, 국가에 이르기까지 무엇이 문제인지를 정확히 파악해야 합니다. 더 나은 삶을 위해, 더 나은 세상을 만들기 위해 사람들은 다양한 방안을 내놓습니다. 그러나 세상은 고상한 논의나 말만으로 바뀌지 않습니다. 참으로 이 세상이 오늘보다는 내일이 더 낫기를 바란다면 우리 각자가 나 자신부터 작은 것을 실천해 나가야 합니다. 내가 먼저 좋은 사람이 되고, 좋은 이웃이 되고, 공동체의 좋은 구성원이 되어야 합니다.

욕심내지 않고 늙어가기

나무는 해마다 하나의 나이테를 만듭니다. 우물처럼 샘처럼 둥글게 목걸이를 하나하나 제 속에 걸어 단단하게 맞물려 놓습니다. 그렇게 확실하게 세월을 하나하나 잡아둘 수 있다는 건 놀랍습니다. 그러나 우리는 그럴 수가 없습니다. 나이 든다는 건 좋든 싫든 주어진 우리의 삶입니다. 노을이 아름다운 까닭은 무엇일까요? 많은 노인들이 노년을 거의 아무 것도 하지 않으면서 보내는 데 만족하는 듯 보입니다. 노년을 당연한 대가로 주어진 휴식 기간이라고 생각하거나 너무 피곤하고 건강이 좋지 않아서 책임감 있는 일을 꾸준히 수행하기 어렵다고 생각하기 때문입니다.

보편적이고 뿌리 깊은 편견 중 하나가 노인은 책임 있는 일을 맡기에 능력이 부족하다는 생각입니다. 하지만 다른 모든 일과 마찬가지로 여기에서도 마음가짐이 가장 중요합니다. 도대체 노인이 책임감 있는 일에 부적합하다는 믿음은 어디에서 유래했을까요?

오늘날 점점 저출산·고령화 사회를 체감하고 있습니다. 어린아이보다 노인들이 더 많은 세상이 곧 온다는 말입니다. 젊은이가 노인을 봉양하고, 모시는 사는 우리나라 고유풍습도 과연 지켜질지 의문이 듭니다. 그렇다면 이제는 심각하게 고령화에 대한 인식변화와 준비가 필요하지 않을까요?

나이 드는 것에 대하여 두려워 할 필요 없습니다. 늙는 것은 자연스런 인생의 모습입니다. 그 누구나 늙음을 그리고 죽음을 피해 갈 수 없습니다. 그런 사실을 인정하고 받아들이고 노화를 부정하지 않으면서 즐기면서 그 안에서 할 수 있는 삶을 찾아야 합니다.

박범신의 소설 『은교』에 나오는 명언입니다. "너의 젊음이 너의 노력으로 얻은 상이 아니듯, 내 늙음도 내 잘못으로 받은 벌이 아니다." 젊은이들도 그들의 쇠약한 근력과 에너지를 이해하고 활로를 찾아 같이 노력해야 합니다. 아프리카에 이런 말이 있다고 합니다. "노인의 죽음은 도서관 하나가 사라지는 것과 마찬가지다." 현대에 미래는 항상 젊은이들의 문화적 전유물이라고 생각하면 안 됩니다. 그들의 삶을 발전시키고 최고의 지혜를 준 사람은 바로 과거의 힘을 가진 노인들일 수도 있습니다. 서로 상생하고 살아가는 지혜를 발휘해야 합니다. 또 노인들도 품격 있는 노년을 살기 위해 죽음을 두려워말고 남은 생을 보다 열정적으로 살도록 노력해야 합니다.

인생의 종착역을 향해 준비하는 삶을 산다는 것은 참으로 멋진 일이 아닐까요? 괴테의 말입니다. "가고 있는 목적지를 알기 전에는 한 걸음도 간 것이 아니다." 앙드레 모루아Andre Maurois는 『나이 드는 기술』에서 능숙하게 나이 들어가는 것의 두 가지 방법을 소개했습니다. 그 하나는 열정을 다해 살아가는 것이고, 또 하나는 자연현상을 받아들이는 것입니다. 문정희 시인의 시구입니다. "강물 위에 저무는 저녁 노을이 아름다운 것도 이제 하루해가 끝났기 때문이다." 사회적으로 준비해야 할 걱정은 정부가 하더라도 개개인의 준비는 마음먹은 사람의 순서일 것입니다. 노력하고 준비하며 살아야 행복해 질 수 있습니다. 미래의 삶은 준비된 사람만이 누릴 수 있는 특권입니다. 그렇게 하려면 멋지게 나이 드는 기술과 지혜가 필요할 것입니다. 이런 점에서 노년기와 은퇴를 준비하는 것은 중3, 고3 학생들이 자신의 삶에서 매우 중요한 상급학교를 준비하듯이 중요한 인생의 과업입니다. 그런데 사람들은 지금 당장의 삶이 분주하다 보니 이를 제대로 준비하지 않는 경우가 많습니다. 준비는 빠를수록 좋고 제대로 할수록 좋습니다.

'미국의 샤갈'로 불리는 리비안이라는 화가가 있습니다. 그는 81세에 그림 공부를 시작했습니다. 폴란드 출신인 리비안은 9살 때 단돈 5달러를 들고 미국에 이민가서 맨해튼에서 과자가게를 운영하던 평범한 사람이었습니다. 그는 74세에 은퇴한 후 노인정에서 바둑을 두며 소일했습니다. 그런데 하루는 바둑 파트너가 약속을 어겨 혼자서 무료한 시간을 보내고 있었습니다. 그때 한 젊은 봉사 요원이 말했습니다.

"그림을 한번 그려보시지요."

그는 화실을 찾았고 그때부터 10주간 교육을 받고 놀라운 재능을 발휘했습니다. 그는 일약 '원시의 눈을 가진 미국의 샤갈'로 불렸습니다. 그림은 불티나게 팔렸습니다. 그는 101세에 22번째 개인전을 열어 세상을 놀라게 했습니다. 심장의 고동이 멈추기 전까지는 그 어떤 것도 늦지 않았습니다. 다만 우리가 시도하지 않고 있을 뿐입니다.

지자체나 시민단체나 종교계에서 실시하는 노인대학을 보면서 아쉬움을 갖습니다. 노인들에게 무료 식사를 제공하고 무료함을 달래는 소일거리나 취미 활동 교육에 그치는 경우가 많아 아쉽습니다. 그리고 문맹자나 컴맹자들을 위한 한글교실과 컴퓨터 기초교실이 많습니다. 이런 것도 중요합니다. 여기에 더한다면 이제는 노인들의 경우에도 고학력자들도 많고 사회 생활의 경력자들이 많습니다. 학식과 경륜을 활용할 교육과 여건 조성의 노력도 함께 모색해 보면 좋을 것 같습니다. 이는 노인들도 마찬가지입니다.

저는 노인이 되면 하고 싶은 게 참 많습니다. 비록 지금보다 일의 속도는 더디겠지만 잘 준비해서 의미 있게 살고 싶습니다. 제가 노년을 준비하는 것은 지금과 다른 새로운 인생을 살려는 것은 아닙니다. 지금 하고 있는 것, 제가 덜 못하고 더 잘하는 것을 발전시켜 나가려 합니다. 저는 지금은 주어진 일과 아이들 뒷바라지에 치이다보니 글을 쓰고 봉사를 하는 것에 제약이 많습니다. 언젠가 은퇴를 하고 노인의 반열에 이르게 되면 그동안 축적된 글쓰기 역량을 멋지게 발휘해 나가렵니다. 또한 그동안 경험을 쌓고 공부한 상담 공부도 꽃을 피워보고 싶습니다. 축적해 온 교육학과 상담학 지식과 풍부한 교육 경험을 발휘해 보고 싶습니다. 이런 계획이 아직은 구체적이지는 않지만 미리미리 노년을 준비하면서 오늘을 살고자 합니다. 오늘날은 고령화 사회요, 평생교육 시대로 열심히 자아실현하고 사회에 봉사하면서 살 수 있고 그래야 합니다.

노년기를 멋지게 보내려면 그때 가서가 아니라 미리 제 몸에 습관화되도록 해야 합니다. 그런 점에서 '7가지의 업'은 지금도 되새겨보는 생활지침입니다.

7가지의 업UP

➢ 첫째, 클린 업Clean Up입니다. 몸을 깨끗하게, 아울러 생활 주변도 청결을 유지합니다.

➢ 둘째, 리슨 업Listen Up입니다. 내 주장만 고집하지 말고 상대방 말을 듣는 자세로 전환합니다.

➢ 셋째, 셧 업Shut Up입니다. 가능한 입을 다물고 가능한 한 말을 아낍니다.

➢ 넷째, 드레스 업Dress Up입니다. 옷이 날개라는 말처럼 옷차림은 중요합니다. 아무렇게나 입지 말고 당당하게 잘 차려 입습니다.

➢ 다섯째, 쇼 업Show Up입니다. 자기를 사회에 적당히 노출시킵니다. 일이나 모임이 있을 때마다 사양하지 말고, 가능한 한 참석해서 사교적인 인간관계를 유지합니다.

➢ 여섯째, 오픈 업Open Up입니다. 다른 사람과의 관계에서는 마음도 열고 지갑도 열 줄 알아야 합니다.

➢ 일곱째, 기브 업Give up입니다. 세속의 가치에 지나친 미련과 집착을 갖지 않습니다. 풍요롭고 멋지고 행복한 인생은 선택하여 실천한 만큼 주어지는 것입니다. 긍정의 생각은 삶의 기본이 되는 것입니다. 비전 있는 삶은 항상 업Up해야 합니다.

늘 고맙고 미안한 사랑하는 딸 사랑이에게[*]

오랜만에 편지를 쓰려니 쑥스럽고 어색하네. 우리 딸 사랑이가 벌써 초등학교 4학년이라니 꿈만 같다. 정말 '세월이 빠르구나' 싶다. 아빠 눈에는 아직도 920그램의 초극저체중조산아로 태어나 대학병원 신생아 중환자실에서 기도삽관을 하고 여기저기 주사바늘을 꽂고 있던 네 모습이 생생한데 말이야. 벌써 십여 년이 넘게 지났는데도 그 기억이 또렷한 것은 그만큼 그때가 너무도 강렬했기 때문일 거야. 아빠가 이런 얘기해 봐야 너는 기억이 없지만 말이야. 그런데 가끔 어느새 훌쩍 커버린 너를 보면 그때, 그 시절의 가냘픈 몸으로 힘겹게 삶을 이어가던 네가 맞나 싶어. 이런 생각은 아빠만 그런 것은 아닐 거야. 엄마도 그럴 거야. 그리고 사랑이 너의 태어날 때를 기억하는 분들은 비슷한 느낌들을 가지실 거야. 그러니 사랑이 너의 건강하고 생기발랄한 모습은 그냥 그런 모습이 아니라 아빠와 엄마와 너를 아끼는 모든 사람들에게는 감동이요, 감

---

[*] 이 글은 2014년 딸 사랑이의 담임 선생님께 학급 문집 제작을 위해 학부모로서 글을 써 달라는 부탁을 받고 쓴 것입니다.

격이야. 사랑이, 고마워. 이렇게 건강하게 잘 자라줘서. 네가 안아 달라고 놀아 달라고 하면 아빠 이렇게 말하곤 했지.

"아빠가 이제 늙었잖아. 동생들 돌보는 것도 힘들어."

"학교 일과 교회 일로 지쳤어."

"아빠 일해야 해. 글도 써야 해."

작년엔 네가 친구들 다니는 영어나 수학 학원 보내 달라는 걸 안 된다고 하면서 말했지.

"아빠 혼자 벌어서 여섯 식구가 사니까 돈을 아껴 써야 해. 공부는 학원에서 말고 네가 알아서 해 봐."

사실 아빠는 이렇게 말하고는 속으로 마음이 많이 아팠어. 사랑이 네가 태어났을 때는 하루가 멀다 하고 찾아가 눈을 마주쳐 주고 살짝 손 잡아 주고 기도해 주었는데 지금은 뭐가 그리도 바쁜지 아빠가 다정하게 놀아 주지 못했지. 네가 태어났을 땐, 너를 위해서라면 그 무엇도 아끼지 않고 너를 최우선으로 하리라 마음먹었었는데 어느 순간 네가 아빠의 우선순위에서 최우선이 아니게 된 것 같아. 사실 아빠가 동생들 핑계대고 돈 핑계를 댔지만 이건 순전히 아빠가 욕심이 많아서 공부도 하고 글도 쓰고 일도 많이 하다 보니 그런 건데 말이야. 뭐가 그리도 중요하고 시급하다고 네가 조금만 놀아 달라는데 시간이 없다고 말했는지. 이 편지를 쓰면서 가만히 생각하니 아빠가 참 미안해.

사실, 네 남동생들이 없었다면 더 많이 너를 사랑해 주고 너를 위한 학원도 보내줄 수 있을지 모르는데 그렇게 되었네. 사랑이 넌 어찌 보면 동생들 때문에 손해가 많은데도 늘 사랑하고 돌봐주는 게 참 고마워. 네가 5살 때의 일이지. 그때 아빠와 엄마는 네게 "동생을 한 명 입양하면 어떻겠냐?"고 물었지. 이미 아빠와 엄마는 결정하고서 말이야. 그때 너는 "좋아."라면서 "그렇게 하자" 하고 좋아했지. 아마 네가 어린 마음에 혼자다 보니 심심하기도 하고 외로운 데 귀여운 동생이 생긴다고 하니 좋았나 싶어. 그러면서 너는 조건을 하나 걸었지.

"꼭 여동생이어야 해."

그때 아빠도 네 말에 찬성했지.

"당연하지. 우리 집 방이 두 칸뿐이니 아빠와 엄마가 쓰는 방, 너와 동생이 쓰는 방으로 여동생이어야 해"

이렇게 우리 세 식구가 의견을 나누고 한마음으로 전주 홀트아동복지회에 입양 신청하러 갔었지. 그런데 그곳 소장님이 여자아이들을 원하는 사람이 많고 남자아이를 원하는 사람이 적으니 이왕 입양하시는 거 남자 아이로 하면 어떻겠냐는 말씀에 그 자리에서 남자아이를 입양하는 것으로 해 버렸지. 그때 너는 뾰로통하면서 찬성해 주었지. 그렇게 해서 우리 집에 온 너의 첫 번째 동생이 '겨레'야. 결국 너는 네가 원하는 대로가 아닌 남동생을 맞이하게 되었지만 매우 귀여워했지. 한번은 네가 다니는 피아노 학원에서 잘 했다고 주신 사탕 하나를 안 먹고 동생 주겠다고 챙기는 모습에 피아노 학원 선생님이 감동하셨다고 하셨지. 어린 너도 먹고 싶은 것을 꾹 참고 집에 있는 동생을 주려는 그 마음이 너무도 곱고 예뻤지. 그로부터 2년 후 같은 기관에서 너의 남동생을 맞이하였고, 또 2년 후에도 남동생을 맞이하였지. 결국 너는 여동생의 꿈은 이루지도 못하고 남동생이 무려 셋이나 되었지.

이러다 보니 우리 집은 늘 난장판이고 네가 원하는 학원도 제대로 못 보내고 집에서는 차분히 앉아서 책을 볼 여유도 쉽지 않게 되었지. 사랑이 너도 사랑과 관심 받고 싶은데 동생들이 어리다는 이유로, 장녀라는 이유로 사랑받음에서 밀려나 버렸지. 네가 의젓한 큰딸로 아빠와 엄마를 이해하고 동생들을 돌봐주는 게 참 고맙고 미안해. 사실 아빠는 미안함도 잘 모르고 살았어. 이 편지를 쓰면서 그냥 너에게만 집중하고 보니 네가 얼마나 소중한 딸인지⋯⋯. 그 무엇으로도 바꿀 수 없는 귀중한 딸인지⋯⋯. 그동안 네가 착하다 보니 참아 주고 이해해 주니까 아빠가 깊이 생각을 안 한 것 같아. 너도 속으론 사랑에 목말라하는데 말이야.

　가끔 아빠 학교에 불쑥 찾아와 용돈도 달라고 하고 아빠를 안아주는 네 모습이 참 좋아. 아빠가 널 사랑하는데 좀 게으르고 바보 같지만 분명한 건 아빠는 널 정말로 사랑한다. 이것만은 꼭 알아주렴. 아빠의 마음 깊은 곳에서는 너를 향한 사랑으로 가득한 것을⋯⋯. 그동안 아빠가 참 미안하고 고마웠어. 생각해 보니 아빠가 '정말 중요하고 시급한 일을 놓치고 살았구나' 하는 생각이 들어. 학교 일이나 교회 일이나 봉사하는 것이나 글쓰기나 연구는 조금 더디게, 조금 덜해도 되는데 말이야. 말로만이 아니라 이제는 네가 태어났을 때 아빠가 다짐한 그 생각을 떠올리면서 너를 위한 사랑을 약속할게. 늘 고맙고 하나밖에 없는 소중한 딸 사랑아. 아빤 널 진심으로 사랑한다는 걸 잊지 마.

이야기 둘

소통의
사회로

마음인문학 연구를 요청하는 시대

오늘 우리나라는 '자살공화국'이라는 오명汚名이 있을 정도로 자살률이 심각합니다. OECD 회원국 중, 출산율 최저란 수치는 우리의 실질적인 삶의 질이 낮고, 우리의 삶과 방향성을 잃고 있음을 반증해 주는 단적인 예일 것입니다. 현재 우리는 어른, 아이 할 것 없이 모두 무한 경쟁의 광풍 속으로 내몰리고 있습니다. 입시, 취업, 노후 등 각자의 생존이 문제 속에 힘겹게 하루를 살아가고 있는 것이 우리의 현실입니다. 하지만 심각한 것은 예전에 비해 어려운 상황에 직면하게 되면 곧 바로 삶을 포기하고, 극단적 선택을 하는 경우가 훨씬 더 많아졌다는 것입니다. 왜일까요? 그것은 우리가 이전에 비해 삶의 가치를 훨씬 낮게 보기 때문이기도 하겠지만, 무엇보다도 행복한 삶을 물질적 풍요나 소비를 통한 만족에서 찾으려는 경향이 낳은 결과라 말할 수 있습니다.

지금 우리는 삶의 진정한 가치가 무엇인가에 대한 진지한 물음을 다시 한 번 던져 보아야 합니다. 삶에 대한 관점의 전환이 절실히 요구되는 시점에 서 있습니다. 즉 생존을 위한 몸부림도 중요하지만, 남과 더불어 살아가는 공존의 도리를 회복해야 하고, 사람을 단순한 도구가 아닌 목적 자체로 대우하려는 태도의 전환이 절실히 요구되고 있습니다.

최근 현대사회에서 사람들이 직면하고 있는 진정한 정신적 위기의식을 극복하기 위하여 '마음'에 대한 연구가 다양한 각도에서 활발하게 진행되고 있습니다. 마음은 몸을 조정하는 중심일 뿐만 아니라, 인류 정신 문명을 이루는 핵심입니다. 인류문명사에 있어서 평화의 공존, 전쟁과 파괴 또한 마음의 작용에 의해 이루어져 왔습니다. 첨단과학의 발전과 정보산업, 기술, 경제 등 외형적이며 물질적인 과학문명이 우리의 생활을 편리하게 하지만, 현대 인류사회의 인간성 사실의 문제를 해결하지 못했습니다. 인간의 소외 현상과 인간성 상실은 개인뿐만 아니라 가정, 사회, 국가, 세계에 있어서 전쟁과 폭력을 유발시키며 인간 갈등 현상을 증폭시켰습니다.

이러한 위기 상황을 '인문학'을 통해 극복하려는 움직임이 일어나고 있습니다. 지금까지 인문학은 인간의 현실적 고통과 갈등의 상황을 외면한 채 상아탑 속에 안주해 왔습니다. 그래서 일반 대중들로부터 외면당하고, 그 실제적 기능과 역할에 대해 의심을 받고 있었습니다. 이에 최근 인문학이 인간의 현실적 고충의 문제에 대하여 구체적이고 적극적인 질문을 던지고, 그 해결 방향을 모색해야 한다는 자성의 목소리가 일어났습니다. 물음이 없는 인문학은 죽은 인문학입니다. 과거처럼 어떤 사상가의 철학적 사유를 전달하는 것으로 끝나는 것이 아니라, 삶의 방향성과 시대의 문제에 대하여 주체적으로 질문을 던질 수 있도록 인문학 교육의 내용도 전환되어야 합니다.

사람은 몸과 마음의 조화를 통하여 다양한 생명 활동을 합니다. 몸은 구체적인 현상을 가진 것이지만, 몸을 운용하는 마음은 현상화하기 어렵습니다. 마음은 인간이 주변 환경을 인지하고 복합적으로 반응하는 고도의 정신작용인 동시에, 그러한 정신 작용을 일으키게 하는 근원적인 차원의 무의식의 세계입니다. 그러므로 마음은 인문학뿐만 아니라 모든 학술의 근본이 되는 연구 대상입니다. 이러한 마음에 대한 연구가 대학과 종교계 등에서 활성화되고 이를 열린 강좌로도 제공해 주면 좋겠습니다. 최근 힐링, 치유, 위로라는 말이 유행인 것도 오늘날 마음에 대한 연구가 절실해짐을 보이는 결과일 것입니다.

배움에 대한 욕심으로 다양한 인문학 분야의 공부를 했고 교사와 목사로 비교적 안정적인 위치에 있습니다. 그러니 학업이 질실히 필요한 입장은 아닙니다만 새롭게 심리학 전공으로 학사학위를 시작하였습니다. 그 이유는 중년을 넘게 살아오면서 마음에 풀리지 않는 갈증에 대한 학구열이 작동하였기 때문이고 제가 나름 두루 공부한 인문학적 소양이 마음으로 연계가 될 듯하기 때문입니다. 평생학습 사회라 그런지 학점은행제로도 공부가 가능해서 좋습니다. 그리고 마음에 대한 연구서와 자료들도 작은 농촌에 거주하면서도 구하는 데 어려움이 없을 것 같습니다. 마음에 대한 공부와 연구는 이론에 그치는 것이 아니라 스스로에게 적용이 가능하고 학교에서 제가 맡은 업무가 상담이기에 더욱 요긴할 것 같습니다.

최근 사람의 마음이나 정신을 보다 깊이 바라보는 연구가 몇몇 대학에서 진행되고 있습니다. 어느 대학은 행동 심리 구조를, 어느 대학은 사회 문화를, 어느 대학은 인문 정신 문화를, 어느 대학은 뇌를, 어느 대학은 종교와 과학을 연구하는 등 다양한 논의들이 활발합니다. 이러한 연구는 보다 마음을 깊이 연구하여 이를 통한 우리의 삶을 깊이 바라보게 할 것입니다. 그러나 이런 연구가 많지 않아 아쉬움이 많습니다.

실용적이고 즉각적인 돈벌이 위주의 연구와 인문학의 위축이 그 원인입니다.

제가 사는 지역은 지방의 작은 중소 도시입니다만 비교적 규모가 큰 종교계가 설립하여 운영하는 사립대학이 있습니다. 이 대학은 국가 연구 기관인 한국연구재단 프로젝트 사업의 일환으로 대학 내에 '마음인문학연구소'를 만들어 마음의 인문학적 깊이를 연구하고 이를 프로그램으로 만들어 교육계와 군대와 사회복지기관에서 활용하도록 시도하고 있습니다. 인근에 위치해 있다 보니 이곳에서 열린 강좌와 교사 연수와 학술대회에 자주 갑니다. 분주한 일상에 깊이 이해하지는 못하지만 귀동냥으로라도 접하는 깊이에 뇌가 녹슬지 않는 것 같아 좋습니다. 마음은 보이지 않습니다. 보이지 않는 것을 연구한다는 것이 뜬구름 잡는 것 같다보니 쉽게 단기간에 성과를 내기가 어렵습니다. 그럼에도 꾸준히 연구 성과를 내고 지역민과 소통하고 이론을 실제화하는 작업을 해 나가는 모습에 탄복하곤 합니다. 그러면서 이런 연구가 여러 대학과 인문학자들에게도 확산되어 보다 깊이 보다 많이 연구되면 좋겠다는 생각을 해 보곤 합니다. 이 연구소에서 접한 마음인문학의 연구 성과와 자료들을 보면서 나름대로 쉽게 마음인문학에 대한 것을 정리해 본 것입니다.

사람은 마음과 몸으로 구성되어 생명을 유지하고 활동합니다. 몸은 구체적으로 보이는 형상이지만, 몸을 조정하는 마음은 형상화하기 어려운 존재입니다. 마음은 인간이 주변 환경을 대할 때 작용하는 생각, 인지, 기억, 감정, 의지, 상상력의 복합체이며 다양한 환경을 인지하고 복합적으로 반응하는 고도의 정신 작용이며, 그러한 정신 작용을 일으키게 하는 근원적 무의식의 세계를 통칭하여 사용할 수 있습니다.

이러한 마음을 중요한 학문적 연구대상으로 삼고 동서양의 철학, 종교, 의학, 과학 등 다양한 분야에서 독립적으로 이루어져 왔습니다. 마음과 관련하여 이성理性, 정신精神, 영혼靈魂, 신명神明, 성품性稟, 불성佛性, 심心, 의意, 식識, 영성靈性, 의식, 잠재의식, 무의식, 인지認知, 시냅시스Synapsis, 뇌파, 정신신경 등 다양하게 표현되었습니다. 최근에는 몸과의 상호관계, 사회적 관계, 물리적 세계와의 관계 등에 대해 조명을 하고 있습니다.

마음과 몸은 서로 다른 이원론적 성격을 지니면서도 일원론적 관계를 지닙니다. 마음은 홀로 존재하는 것이 아니라, 몸과 함께 존재하며 서로 소통합니다. 개인의 몸 건강 상태가 마음에 영향을 끼치며, 마음의 건강 상태가 몸에 영향을 끼칩니다. 마음의 작용에 따라 몸의 반응이 다르게 나타나며, 마음이 존재를 어떻게 인식하고 작용하는가에 따라 관점의 차이가 나타나기도 합니다. 마음은 인간의 삶의 방식을 결정하며 정신 문명을 이루는 축입니다. 마음은 사회집단의 심리현상에 영향을 끼치며 사회집단과 민족의 정신문화를 형성하는 중요한 단위 구성체입니다. 따라서 개인적 마음은 사회집단과도 밀접한 관계를 지닙니다. 사회집단, 민족, 또는 인류 전체의 마음의 집단적 '원형原型, Archetype'을 규명하는 작업이 분석 심리학 또는 사회과학적 관점에서 이루어져 왔습니다.

개인의 마음의 병病은 가정에 직접적인 영향을 끼치며, 사회 구성원에 영향을 끼쳐 사회 집단적 증후군을 불러일으킵니다. 사회 경제적 위기 현상이 곧 사회구성원들의 몸과 마음에 극복하기 어려운 스트레스를 주어 사회적 질병을 유발하기도 합니다. 세계화 시대에 개인은 더 이상 개인에 머무르지 않으며, 사회적 심리현상에 깊은 영향을 주고받는 상태에 이르게 되었습니다. 최근 분석 심리학, 정신 과학, 신경 과학, 뇌 과학, 인지 과학Science of Cognition뿐만 아니라 물리학계의 물리 세계와 연관한 마음 체계의 연구는 마음이 개인적 차원에 머무르지 않고 사회집단,

자연현상, 물리 체계와도 밀접한 관계를 지니고 있음을 밝히고 있습니다. 현재의 동양의학과 서양 의학은 개인의 마음과 몸에 나타난 병을 치유하는 데 집중되고 있는 것은 마음의 사회적 현상을 소홀이 생각하기 때문입니다. 개인의 마음에 대한 정확한 진단과 집단적 사회병리현상에 대한 종합적인 연구를 하지 않고는 사회 문제를 해결할 수 없습니다.

이처럼 마음과 몸, 마음과 사회, 마음과 치유, 마음과 문명, 마음과 세계 질서 등 마음과 관련한 다양한 존재의 양태를 연구하고 인류사회의 정신문화를 형성하기 위한 단초를 만들기 위한 학문으로 '마음인문학 Mind Humanities'을 지칭해 볼 수 있습니다. '마음인문학'은 동양과 서양의 철학, 종교, 의학, 과학 등 다양한 분야에서 독립적으로 전개되었던 '마음'에 대한 연구 결과를 통시대적으로 소통하며, 분석철학적이며 응용적인 연구를 통해 새로운 융합학문 체계를 형성함으로써 인류 정신 문명의 발전을 실현하는 보편적 학문을 말합니다. 인문학을 중심으로 연구되었던 마음담론은 인지심리학이나 진화심리학의 성과를 수용되면서 자연과학 분야에서도 최근에 각광을 받고 있습니다. 마음에 대한 인문학적 연구를 토대로 신과학과 동서양 의학의 학문적 성과를 비판적으로 성실하게 수용하여 새로운 인문학의 지평을 여는 학문이 마음인문학입니다.

마음인문학은 마음에 대한 독립적 분야의 전문적 연구결과를 소통시키고 인문학적 비판과 융합을 통해 새로운 학문 체계를 구축하고자 합니다. 종합적으로 동서양이라는 공간적 차이와 과거와 현대라는 시간적 차이를 넘어서, 동양과 서양의 철학, 종교, 사상을 역사적으로 비교분석하고, 동양의학인 한의학을 중심으로 마음과 몸의 관계에 대한 분석과 치유의 방식을 마음 인문학에 접목하는 노력이 필요합니다. 또한, 서양 학문 가운데 분석 심리학, 정신 과학, 신경과학, 뇌 과학, 인지 과학, 물리학에서 추구하는 마음의 정체성과 기능에 대한 연구를 인문학적 연구를 토대로 비판적으로 비교 분석하고 소통시켜 새로운 융합학문으로서의 마음인문학을 이루는 작업이 중요합니다.

이러한 마음인문학의 독창성은 다음과 같습니다. 첫째, 마음인문학은 동서양의 마음담론을 소통하고 융합하는 새로운 인문학입니다. 마음인문학의 독창성은 동서양의 마음담론의 한계를 넘어 각 전문분야의 연구를 수합하고 경험적이며 분석적이며 비판적 수용을 통해 이루어지는 융합 학문이라는 점에서 찾을 수 있습니다. 동양과 서양의 마음담론도 자신의 사상적 영역에서만 발전시키기에 학문의 결과는 매우 제한적일 수밖에 없으며, 학문의 깊은 통합적 발전이 이루어지기 어려운 상황입니다. 또한, 인지 과학과 뇌 과학 등 서양 의학은 뇌파와 인지 작용에 대한 분석을 통해 마음의 작용과 뇌의 구조와 작용에 대한 연구 성과를 보이고 있으나, 동양과 서양 사상의 깊은 인문학적 토대위에 이루어진 것이 아니며 기능적 측면에 치중하고 있습니다. 동서양의 마음담론에 대한 전문적 연구 성과를 소통시키는 가운데 학문의 시너지 효과를 불러오는 창의적 마음인문학을 형성하는 것이 중요합니다. 융합적 학문으로서 마음인문학의 발전은 마음에 대한 종합적이며 체계적인 연구 결과를 도출하여 인류사회의 정신 문명을 새롭게 구축하는 중요한 학문적 토대가 될 것이라 전망합니다.

둘째, 마음인문학은 인류 정신 문명을 발전시켜 새로운 세계질서를 형성하는 학문입니다. 마음의 작용에 따라 문명이기인 과학, 기술, 정보가 올바르게 사용될 수도 있으며, 악용될 수도 있다는 사실을 인식해야 합니다. 인류는 현실 속에서 겪는 크고 작은 전쟁의 참화, 기아, 질병 등 고통의 세계를 넘어선 평화의 이상 세계를 동경하여 왔으나 갈등 현상이 세계 곳곳에서 일어나고 있는 상황입니다. 다양한 문명의 대립과 충돌은 세계화와 더불어 극심해지고 있으며, 인류사회는 문명의 새로운 전환점에 서 있습니다. 인간중심주의의 발상에서 비롯한 자연 정복과 절대적 배타주의를 넘어서 자연을 존중하고 서로를 존중하는 관용의 정신이 성숙되지 않고서 민족적 갈등과 종교적 배타주의를 넘어설 수 없습니다. 이러한 갈등과 대립현상은 마음에 대한 본질적 이해와 어떻게 사용할 것인지에 대한 조절 능력을 갖추지 못한 마음의 미성숙 상태에서 나오는 현상입니다.

동서양의 철학과 사상을 역사적으로 연구하여 인문학의 토대를 이루고, 동양의학과 서양의학의 마음에 대한 구체적 분석과 치유의 방법을 교육 프로그램으로 정착시켜 심신 수련과 명상을 통한 구체적인 효과가 사회적으로 파급될 수 있도록 해야 합니다. 마음에 대한 인문학적 연구 성과와 치유의 효과를 이루었다고 해도 마음인문학이 도야를 위한 교육 프로그램으로 정착하지 못하고 사회적으로 실천되지 못한다면 이론에 그치기 말 것입니다. 따라서 마음진단과 상담치유 프로그램, 마음교육 프로그램, 사회실천 프로그램, 동서의학을 통한 마음분석과 치유 프로그램 등 다양한 도야 과정을 교육 커리큘럼화하여 인재 양성을 꾸준히 해 감으로써 학문적 성과가 실제적인 효과를 볼 수 있습니다.

따라서 마음인문학은 마음에 대한 본질을 규명하고, 마음의 상태를 진단하여 마음의 병리현상을 치유하고, 도야 프로그램 등을 통해 마음을 상황에 적절하게 사용하는 능력을 갖게 함으로써 사회에 실질적인 치유 효과를 가져 오게 하며, 결과적으로 인류의 정신 문명을 발전시켜 새로운 조화의 세계질서를 형성하는 학문입니다.

기존의 마음 담론은 오랜 역사를 지니고 있으며 전문적인 영역에서 학문적 성과를 이루어왔습니다. 지역이 서로 소통하기 못하고 오랜 연구의 결과들이 소통하지 못하는 상태에서 동서양의 마음담론을 자신의 학문영역에 머물러 왔으며 국지적인 한계를 벗어나지 못하였습니다. 세계가 소통하는 시대에 각 전문영역별 성과를 소통시키고 창의적으로 융합하는 과제를 안고 있습니다.

동양의 인문학은 몸을 조종하는 중심으로서 마음을 파악하고 마음은 곧 하늘과 통하는 원리로서 중요시 여겼습니다. 동양 사상은 유교 사상, 도교 사상, 불교 사상, 그리고 한국종교 사상으로 크게 대별하여 볼 수 있습니다. 유교 사상은 공자의 인仁 사상을 중심으로 맹자의 성선설, 순자의 성악설, 법가사상 등으로 발전하여 중국을 통치하는 정치 사상으로 발전하고 교육 체제와 사회 제도를 형성하는 중요한 역할을 하였습니다. 마음과 관련하여, 12세기 남송南宋의 주희朱熹는 마음을 성性과 정情의 2가지 요소로 이루어진 것으로 보고 그 가운데 만물의 이치는 성에 구현된다는 성즉리설性卽理說을 주장하여 성리학性理學의 체계를 이루었습니다. 반면, 왕수인王守仁은 인간의 마음이 이理를 낳았으며 성과 정을 모두 포함하는 마음 자체가 곧 천리라고 주장하는 양명학陽明學을 발전시켰습니다. 양명학의 심학心學은 맹자의 학문을 계승 발전시켜 불교 선종의 불성론佛性論을 비판적으로 수용하면서 주자의 학설을 비판한 학문입니다. 양명학陽明學은 조선 중기 이래 우리나라에 전래되었고, 이후 정제두 鄭齊斗가 양명학을 깊이 연구하여 심즉리心卽理 사상 등 왕수인의 학설을 독자적으로 체계화했습니다. 정제두의 학문적 영향은 강화학파를 형성하였고 정인보 외에 김택영金澤榮, 박은식朴殷植, 신채호申采浩 등 한말 일제하의 민족운동가사상가들에게도 적지 않은 영향을 주었습니다. 이런 면에서, 주자학, 양명학 위주의 학문 체계에서 조선 유학 사상의 강화학

파에 대한 연구를 통해 우리나라의 근대 민족주의 원류 가운데 하나를
살펴보는 것도 중요합니다.

또한, 13세기 초 남송 시대 주자학파인 진덕수眞德秀는 '마음을 다스리
는 글'이란 뜻으로 유교 경전의 마음과 관련한 글을 모아『심경心經』을
발간하였습니다.『심경』은 인간 심성의 원리를 밝히고 수양하기 위한
글로서 후대 유학자들에게 영향을 주었으며, 15세기 말 명나라 초기 성
리학인 정민정程敏政은『심경부주心經附註』를 지어 주렴계 정명도, 정이
천, 장횡거, 주자 등이 밝힌 마음의 원리와 수양의 방식을 존덕성尊德性과
도문학道問學을 중심으로 체계적으로 드러내고 있습니다.

『심경』과『심경부주』는 우리나라에도 영향을 끼친 것으로 보입니다.
퇴계의 이기이원론理氣二元論과 율곡의 이기일원론理氣一元論은 중국의 정
주학程朱學을 수용하여 발전시킨 사상이며, 심성이기心性理氣에 대한 연구
가 집대성되었습니다. 16세기 중후반기 기대승奇大升과 퇴계가 논쟁을
벌였던 사단칠정론四端七情論은 구체적으로는 맹자 성선설의 근거가 되는
사단 즉, 측은지심惻隱之心, 수오지심羞惡之心, 사양지심辭讓之心, 시비지심是
非之心을 말하며, 각각 인의예지의 실마리가 되었습니다. 칠정은『예기禮
記』예운禮運 편에 나오는 희喜, 노怒, 애哀, 구懼, 애愛, 오惡, 욕欲 등 사람이
가진 7가지 감정을 말합니다. 기대승과 퇴계의 사단칠정론에 대한 논쟁
은 마음과 감정의 관계 즉 마음의 이치와 기운과의 관계를 밝혔습니다.

퇴계는『심경부주』를 읽고 난 후, "비로소 심학心學의 연원과 심법의
정미精微함을 알게 되었습니다. 그런 까닭에 저는 평생 이 책을 믿기를
신명神明처럼 하였고, 이 책을 공경하기를 엄한 아버지처럼 하였습니다."
라고 심경을 표현하였으며, 후에『심경후론心經後論』을 지어 마음의 원리
와 수양의 방법을 밝혔습니다. 퇴계 이후, 영남학파를 중심으로 다양한

마음에 대한 주석서가 나옴으로써 우리나라 유교 사상의 한 축을 이루었습니다.

도교 사상은 노자의 『도덕경』과 장자의 『남화경』을 비롯해 『옥추경』, 『음부경』, 『주역참동계』, 『황정경』 등의 저술을 통해 발전되었습니다. 도교 사상은 마음을 독립된 별개의 존재로서가 아니라 정·기·신精·氣·神의 종합적 관점에서 이해하고 있습니다. 도교는 일신상에 있어서는 마음을 다스리고 기운을 다스려 몸의 건강을 유지하는 기본적 수행을 통해 불로장생不老長生을 넘어 불로불사不老不死를 얻고자 합니다.

몸은 곧 신神이 머무는 집입니다. 여기서, 신이란 절대적인 신에서부터 신령한 존재 그리고 생명적 존재에 이르기까지 다층적 의미를 지닙니다. 이러한 내용은 노자 『도덕경』에서 몸에 대한 하상공河上公의 해석과 깊은 연관성이 있습니다. 『노자도덕경하상공장구老子道德經河上公章句』에 의하면, 인간 신체의 장기 내에 존재하는 다섯 종류의 신神이 있다고 합니다. 곡신불사谷神不死에 대해 "신神은 오장의 신을 말합니다. 즉 간장은 혼魂, 폐장은 백魄, 심장은 정신神, 신장은 정기精, 비장은 지志를 각각 간직하고 있습니다. 오장이 상하면 이 다섯 신은 떠날 것입니다."라고 설명하고 있습니다. 우리 몸을 건강하게 지킬 때에 오장신五臟神이 머물게 되고, 우리 몸이 상할 때에 오장신도 떠나게 된다고 보고 있습니다. 이러한 오장신 사상은 『태평경太平經』과 『황정내경경皇政內景經』 등의 도교 문헌에도 나타납니다. 인간과 신은 서로 상통하는 존재이며 인간의 몸은 신령이 머무는 집과 같습니다. 몸에 있는 정기精氣는 생명을 유지하는 힘이 됩니다. 몸에 정기를 어떻게 유지하느냐가 생명의 지속성과 깊은 연관이 있습니다.

우리나라의 도교 사상은 마음을 몸과 기운에 연계하는 이론과 기철학적 관점에서 심신수련의 방법을 체계화하였습니다. 마음은 모든 몸의 행동기능을 주관하는 축이며 중심입니다. 마음의 근원인 본연의 양심으로 돌아가는 것이 중요합니다. 마음을 어떻게 쓰느냐에 따라 선과 악이 결정됩니다. 마음은 천지의 중심이며, 선과 악이 들고 나는 문이며, 도의 길이기에 신령과 인간을 연결하는 가장 중요한 매개의 역할을 담당하고 있습니다. 따라서, 마음은 도를 실천하는 주체이며 예법을 실현하는 길입니다. 마음은 하늘에도 작용하고 땅에도 작용하며 사람에게도 작용하는 천지의 중추로서 기능합니다. 이러한 도교 사상과 수행 방법을 토대로 무위자연 사상과 내단內丹 사상을 심화시키고 심신수련의 구체적인 방법을 제시하여 건강한 몸과 마음으로 불로장생을 추구하는 사상 체계를 발전시켰습니다.

불교 사상은 고타마 싯다르타Gautama Siddharta 때부터 마음에 대한 깊은 이해를 토대로 깨달음과 해탈을 추구하였습니다. 존재론적 차원에서 용수Nagarjuna의 중관철학과 인식론적 차원에서 무착Asanga 세친Vasubandhu 등이 유식 사상을 발전시켰습니다. 마음에 대한 우리나라 불교의 사상에 있어서 원측의 해심밀경소 등은 유식학을 새롭게 발전시켜 티베트까지 영향을 주었으며, 원효의 일체유심사상, 보조 지눌의 수심修心 사상을 크게 발전시켰습니다.

또한, 우리 사회에 있어서, 19세기 최근세에 이르러 동학東學을 일으킨 최제우의 사인여천事人如天 및 인내천人乃天 사상은 인권평등 및 사회평등 사상을 발전시켰으며, 우리나라 신종교의 마음에 대한 깊은 이해와 인존人尊 사상을 크게 진작시키는 중요한 역할을 하였습니다. 인간 본성에 대한 민중의 깊은 자각은 조선조 계급 차별과 신분 차별의 사회 불평등 제도를 타파하고 인권 평등의 사상과 제도를 실현시키는 주체가 되었습니다. 우리 역사에 있어서 매우 중요한 민중사상이며 운동임에도, 인간의 본성인 마음에 대한 인식과 마음의 사회성에 대한 역사적 연구를 새롭게 하는 과제가 남아 있습니다. 마음인문학을 통해 전통적인 사상뿐만 아니라 근현대 한국사회의 변동과 함께 일어난 새로운 사상과 운동에 대한 연구를 통해 우리나라의 전통 사상과 동양 사상의 독창성과 세계적 보편성을 드러내는 작업이 이루어지면 좋겠습니다.

동양인문학의 마음담론은 문헌의 내용을 중심으로 분석하고 경험적 세계를 인문학적으로 해석하고 담는 특징을 지니고 있으며, 마음의 현상에 대해 임상적인 실험을 통해 분석한 것은 아닙니다. 동양인문학의 마음담론은 철학과 사상의 중심에 위치하고 있음에도 마음에 대한 경험적 분석이 매우 약한 상태입니다. 오히려, 동양 사상의 마음에 대한 연구보다 최근 미국과 유럽을 중심으로 마음에 대한 임상적인 실험과 뇌파검사 등 비주얼 그래픽Visual Graphic을 통해 분석하고 정신분석적 입장에서 다양한 자극에 대한 서로 다른 반응을 임상적 실험을 통계적으로 보여 주는 특징을 지니고 있습니다.

동서양에 있어서 근본적 마음은 무엇인가에 대한 논의가 다양하게 전개되었습니다. 그 가운데 한 가지를 언급하면, 본연의 양심이란 편벽됨이 없는 본래 마음을 말합니다. 편벽된 마음에 대해 철학과 종교 사상에서 다양하게 언급하고 있습니다. 자기중심적 사유가 편견偏見 또는 관견管見이 될 수 있습니다. 편견은 한쪽에 치우친 생각이며, 관견은 대나무 구멍으로 세상을 보는 좁은 견해를 의미합니다. 불교 선종에서의 살불살조殺佛殺祖의 의미나 초기 불교에서 강조하고 있는 지관止觀, śamatha- vipaśyanā의 의미도 이와 같습니다. 근대 영국의 철학자인 프란시스 베이컨은 신리의 인식을 방해하는 것으로서 선입적 유견先入的 謬見인 이돌라(우상,

Idol)의 제거를 요구하고, 종족種族의 이돌라(인간의 본성 속에 잠재하는 선입관), 동굴의 이돌라(개개의 인간에 부수된 선입관), 시장市場의 이돌라(사회생활을 통하여 생겨나는 선입관), 극장의 이돌라(학파나 체계에 부수된 선입관)를 잘못된 인식의 대표적인 사례로 꼽고 있습니다. 따라서 철학에서는 판단중지의 의미를 지닌 에포케Epoche를 통해 가치중립을 지키는 것을 과제로 삼고 있습니다. 이를 인류 문화적인 측면에서 살펴보면, 자민족自民族 또는 자문화自文化 중심주의Ethnocentrism는 자신이 속하는 민족, 종족, 또는 문화내의 도덕, 윤리, 사회, 위생 등에 대한 독특한 기준을 가지고 타문화에 속하는 사람들을 평가하는 경향이 강하여 문화적 편견을 지니게 됨을 조심해야 합니다. 반면, 문화상대주의Cultural Relativism는 문화의 각 특질을 그 문화 전체 속에서 이해하려는 입장을 지닙니다.

동양의 인문학은 한의학이라는 동양의학의 기초를 제공하였습니다. 한의학의 고전인 허준의 『동의보감』에서도 마음의 조절과 음양의 기운을 조화롭게 잘 조절할 때 몸이 건강해질 수 있다는 경험적 치료의 의술도 동양 사상의 기철학氣哲學을 근간으로 발전한 것입니다. 한의학을 중심으로 발전한 동양 의술이 경험적으로 분석하고 있는 마음과 기운과 몸의 상관관계는 어떤 것이며, 몸의 질병을 치유하기 위해 어떻게 마음과 기氣를 조절하도록 하고 있는지에 대한 경험적 연구결과를 인문학과 다시 심층적으로 연결하는 작업이 필요합니다.

최근, 한의학에서도 서양의학의 분석적인 방법을 수용하여 뇌파검사, 신경검사, 내시경 등의 서구의학의 기술을 활용한 침술 치료 등을 일부 시도하고 있습니다. 그러나 분석 심리학, 뇌 과학, 신경 과학, 인지 과학 등에서 마음에 대한 분석과 마음의 기능에 대한 연구 성과를 충분하게 수용하지는 못하고 있습니다. 마음과 몸과 기운의 상관관계에 있어서,

각각의 마음상태에 따른 몸의 변화와 기운의 변화 그리고 건강에 미치는 영향 등에 대한 임상을 통한 경험적이며 분석적인 자료를 수합하고 인문학과 연계하여 종합적인 연구의 성과를 내는 과제를 안고 있습니다.

마음담론에 대한 서양 인문학과 서양의학의 한계는 동양의 경우와 경향이 다릅니다. 동양 인문학이 직관적Intuition 사유의 체계를 중심으로 분석이 이루어졌다고 한다면, 서양 인문학은 경험적 분석Analysis의 방법을 토대로 이루어졌습니다. 이러한 경험적 분석은 오늘날 서구 과학과 의학을 발전시키는 동력이 되었으며, 인식의 주체인 마음과 모든 현상의 존재를 세밀하게 해부함으로써 그 구조를 파악하고 있습니다.

유럽의 철학자들은 '마음Mind'과 '의식Conciousness'을 거의 같은 말로 사용하고 있습니다. '마음'이라고 표현할 때는 존재철학적인 접근을 한다고 할 수 있고 '의식'이라고 표현할 때는 인식철학적인 접근을 할 수가 있습니다. 한편 '정신Spirit'의 개념도 '마음'의 개념과 혼용하는 경우가 일반적입니다. 그러나 유럽 철학에서 정신과 물질의 관계, 즉 몸과 마음의 관계는 가장 오래된 논쟁점의 하나입니다. 유럽 철학의 발생지인 기원전의 그리스 사람들은 사물에 대한 신화적 해석을 거부하고 사람을 그자체로 알려고 하였습니다. 마음에 대한 서양 사상의 담론은 소크라테스Socrates, 플라톤, 아리스토텔레스 등 고대 그리스 철학에서 비롯하였습니다. 그 결과 물질의 실체성을 찾아내기도 하였지만 '이성Logos'의 독자성을 발견하였습니다. 이것이 정신, 또는 마음에 대한 탐구의 시작이라고 할 수 있습니다.

로마 시대에 접어들어 그리스 철학과 기독교 사상을 접목하여 유럽의 지성사회를 형성하고 정신 문명을 발전시키는 토대가 되었습니다. 기독교 사상의 영지주의靈知主義와 신비주의는 동양의 신비주의와 함께 일반적으로 감춰진 진리나 지혜를 영적으로 추구하는 것이며, 인간의 심성 또는 영성을 신神 또는 신성한 존재(초월적인 영역)와 합일하는 것에 목적을 둡니다. 예를 들면, 영혼과 신성의 일치를 추구하고 종교철학적 관점에서 영적 체험, 신비 체험에 대한 언어분석을 통해 규명하고자 합니다. 불교의 명상과 관조는 열반涅槃, Nirvāṇa을 체험하기 위한 방법이며, 기독교의 신비주의와 이슬람교의 수피Sufi 신비주의는 절대적 존재와 그를 인지하는 인간의 영지주의적 탐구를 중요시 여기고 있습니다.

서구 철학은 고대의 모든 지적 노력을 포함시켰으며, 순수 수학과 물리학, 천문학, 생물학을 포함하는 자연 과학도 17세기 무렵까지 자연철학의 범주에 속하였습니다. 서양 철학은 르네상스, 계몽주의 사상을 거쳐 분석 철학과 대륙 철학이라는 두 가지 주요한 전통을 지니면서 존재론과 인식론에 대한 사상 체계를 크게 발전시켰습니다. 따라서 마음에 대한 적극적인 탐구를 시작한 것은 근대철학의 시기부터 볼 수 있습니다. 그것은 인식론적인 탐구와 더불어 수행한 것입니다. 영국의 경험론자들은 감각한 것을 인식하는 주체로서 '의식'에 대하여 탐구하였습니다. 독일 관념론자들은 감각을 넘어선 실체로서의 의식에 대하여 탐구하였습니다. 유물론자들도 '의식적'인 것이 동물과 사람의 다른 점이라는 것을 전제하고 유물사관을 구성하였습니다. 예를 들어, 칸트의 순수 이성 비판과 헤겔의 세계 정신에 대한 변증법적 논의는 현대철학에 까지 크게 영향을 끼치고 있습니다.

20세기에 이르러 현상학파들은 의식의 '지향성'에 대하여 집중적으로 탐구하여 이 문제에 대한 새로운 탐구 영역을 열었습니다. 독일 철학자 니콜라이 하르트만Nicolai Hartmann은 비판적 존재철학의 견지를 확보하며 정신과 물질의 다원적 구조에 대하여 말할 뿐 아니라 '정신'과 '의식'을 구별하였습니다. 즉 의식은 심리학의 대상이 되는 것으로 과학적 접근을 할 수 있는 부분이고, 정신은 그러한 의식을 토대로 하여 성립하는 것이라고 합니다.

인지 과학의 영역은 몸과 마음의 관계에 대하여 미세한 부분까지의 논의를 하고 있습니다. 그들의 심신관계론은 사람의 마음이 어떻게 작동되는가 하는 것입니다. 이러한 논의의 중심에는 전통적인 논쟁점인 '마음' 또는 '의식'이 실체인가, 속성인가 하는 등의 토론을 계속하고 있습니다. 인지 과학에서 접근하는 마음에 대한 탐구는 생각하는 컴퓨터, 즉 로봇을 만드는 기초학문이 되는 것으로 진지한 탐구를 계속하고 있습니다.

유럽의 근대인들이 수행한 마음에 대한 탐구는 마음의 자연 상태를 윤리적으로 분석하며 국가의 형태를 만드는 데 응용하였습니다. 예컨대 영국의 정치사상가 존 로크John Locke는 마음의 자연 상태를 평화로운 것으로 보고 경찰의 역할만 하는 최소 정부론을 주장하였다면, 토마스 홉스Thomas Hobbes는 마음의 자연 상태를 자기 보존을 위해 서로 싸우는 상태로 보고 강력한 권위를 가진 정부를 구성해야 한다고 말했습니다.

이처럼 어느 시대든지 마음에 대한 연구는 동시대 사람들이 해결하려는 삶의 문제에 대한 토대를 제공하였습니다. 이러한 점에 비추어 기술의 정점이라고 할 수 있는 '생각하는 로봇'을 개발하는 데 마음에 대한 탐구가 기초가 된다는 것은 당연한 일입니다. 다른 한편으로 '인간 복제'의 문제에 대해서도 '마음'의 실체와 관련하여 제기한 논점에 대하여 탐구는 계속되고 있습니다.

최근 현대철학에서 마음에 대한 연구가 집중적으로 이루어져, 김재권의 수반 이론Supervenience 등이 비판적 성찰을 통해 깊이 논의되고 있습니다. 서구학계는 철학과 정신 과학이 만나면서 의식하는 마음에 대한 연구가 활발하게 이루어지고 있습니다. 이러한 마음에 대한 철학적 연구가 인식론적 차원을 넘어서 현대 뇌 과학과 신경 과학 등에서 연구되어진 실증적 결과들을 비판적으로 수용하고 인문학적인 관점에서 마음에 대한 담론이 보다 폭넓게 이루어져야 할 것입니다.

철학의 영역이었던 심리학, 경제학, 사회학, 언어학은 세분화가 이루어졌으며, 20세기 후반에는 인지 과학과 인공지능이 심리철학에서 서서히 분리되어 독립적인 연구의 영역으로 발전하였습니다. 철학은 현대 과학의 산실이었습니다. 서구 철학은 현대 언어 분석 철학, 분석 심리학, 정신 과학 등에도 깊은 영향을 끼쳤습니다. 철학 분야의 존재론에 대한 연구는 자연 철학, 자연 과학, 물리학을 형성하는 중요한 토대를 마련하였으며, 인식론에 대한 연구는 분석 심리학, 사회 심리학, 언어 철학, 인지 과학 등을 형성하는 기초를 제공하였습니다.

서양 심리학과 정신 의학에 있어서, 프로이트와 융C.K. Jung의 분석 심리학 이후, 최근 발전하고 있는 인지 과학, 뇌 과학, 정신 과학 분야는 철학 분야 및 불교학 분야와 공동으로 몸과 마음에 대한 상호 연관성에 대한 연구가 활발하게 전개되고 있습니다. 뇌 과학, 정신 과학, 인지 과학 등 의학과 과학 분야에서 형상화하기 어려운 보이지 않는 마음의 세계를 조명하는 연구가 이루어져 각기 다른 환경에 대한 뇌파의 작용, 뇌의 구조에 대한 분석 등 구체적인 경험적 연구 성과가 이루어지고 있습니다. 그러나 서양 철학적 사유 체계를 근간으로 분리되어 나간 자연 과학, 정신 의학은 서양 철학의 마음에 대한 연구에 크게 관심을 갖고 있지 않으면서 독립적으로 마음을 경험적으로 분석해 나가고 있습니다. 정신 의학에서 밝힌 마음에 대한 연구 성과를 비판적으로 수용하고 소통하는 작업이 서양 철학이라고 하는 인문학적 토대 위에 다시 설 수 있어야 합니다.

물론, 동양과 서양에서 마음담론을 보다 넓은 영역에서 소통시키려는 노력을 하고 있으나, 제한적입니다. 예를 들면, 불교심리학은 불교의 인식론과 서양의 분석 심리학을 융합하려는 노력을 하고 있으나, 불교문화의 전통과 사상이라는 제한적인 범위에서 정신 과학과 연계시키려는 노력을 하고 있습니다. 융과 같은 분석 심리학자는 동양의 사유 체계와 상징 체계를 활용하여 정신적 분열 증세를 치유하려고 하였으며 정신 치유에 효과를 보았습니다. 또한, 최근 동서의학이 협동진료와 치료를 모색하고 있으나, 기술적인 부분에 그치는 경우가 많습니다. 예를 들면, 달라이 라마Dalai Lama를 중심으로 '마음과 생명 협의회Mind &Life Institute'가 1987년 이후 지난 20여 년 동안 불교 심리학과 연계하여 신경 생물학, 인지 생리학, 인공 지능, 두뇌 발달, 진화를 포함한 인지 과학에서 다양하고 광범위한 주제에 대해 매년 담론은 전개하였습니다.

우리나라에서도 정신과학회가 활동하면서 서구의학의 정신에 대한 연구와 동양의 사상과 접목시키려는 학문적 시도가 이루어지고 있어 고무적인 현상이라 볼 수 있습니다. 그러나 동서양 사상의 전반적인 연구를 토대로 하는 마음에 대한 본질적 접근이라기 보다는 마음작용의 기능을 중심으로 연구가 이루어지고 있어 표피적이며 대중적 인식의 수준을 넘어서지 못하고 있습니다. 아직 동서양의 학문적 체계를 통합적으로 엮어나가는 데 있어서는 오랜 시간이 걸릴 것입니다.

서구의 정신 과학의 뇌파 연구 등, 임상실험에 의한 기술 분석은 매우 발전하였으나 인문학적 연구를 기반으로 삼고 있지 않기 때문에 심층적이지 않습니다. 따라서, 인문학자들은 정신 과학 및 뇌 과학의 연구가 동서양의 인문학적 토대위에 수용 발전될 때, 보다 더 융합적인 학문으로 발전할 수 있을 것입니다.

마음인문학은 동양 사상의 특징인 직관적 해석과 서양철학 및 서양의학의 분석적 특성을 소통하여 통합적이고 유기적인 관계를 가지고 새로운 학문의 지평을 열어나가야 합니다. 사상적 관점에서, 마음의 본질과 작용에 대한 연구 영역이 제한되거나 편파적이지 않도록 하기 위해, 동서양의 철학, 종교, 사상을 망라하고 인식과 존재에 대해 학문적으로 성립시킨 인식론Epistemology과 존재론Ontology의 연구 성과를 면밀하게 검토하는 작업이 중요합니다. 마음에 대한 연구 성과들이 철학적 사유체계와 깊은 교감과 소통이 이루어질 때, 독립성을 유지하면서 융합적 사상체계를 발전시킬 수 있습니다. 동서양 사상을 비교 연구하면서, 우리나라의 사상 체계를 분석하고 종합하는 과정이 매우 심도 있게 이루어져야 합니다.

우리가 우리 사상의 특수성과 세계 보편성에 대해 규명하는 데 소홀한 것은 우리나라의 인문학을 동양과 서양 인문학의 아류에 지나지 않도록 방치하는 것과 같습니다. 우리의 경우, 단군 신화에 나타난 홍익인간의 정신에서부터 근현대사에 형성된 독창적 사상들을 종합하고 체계화하여 세계 정신사에 확고한 자리매김을 하기 위한 인문학자들의 소명의식이 필요합니다. 신화는 단순한 이야기가 아니라 의미 깊은 심층적 내용을 담고 있습니다. 곰과 호랑이 등 토템 신앙과 신단수, 쑥과 마늘 등 나무와 식물의 신비한 힘, 단군이 산신이 되었다고 하는 산신 신앙 등에서 우리 정신 문화의 원형을 찾아볼 수 있습니다. 신화는 허구적 이야기로 머물지 않고 역사적 사실과 당시 사람들의 정신적 세계와 종교 문화를 유추할 수 있는 중요한 토대를 마련해 줍니다. 홍익인간의 정신은 인류의 기원과 다양한 인종의 기원이 모두 한임*으로부터 비롯한 것이며, 근본적으로 모든 인류가 한 동포임을 강조하는 보편적 세계정신을 구현하고자 한 것으로 볼 수 있습니다.

또한, 19세기 이후, 동학을 비롯한 우리나라 신종교 사상과 운동에서 마음담론에 대한 우리 이해가 조명되어야 합니다. 서양 철학 위주의 마음담론과 유불선을 중심으로 한 동양철학의 마음담론에 그치지 않고 우리의 토양에서 발생한 동학 운동, 정역 사상, 단군 사상, 증산 신앙, 원불교 사상 등에서 인간의 본성인 마음의 본질을 어떻게 보았기에 새로운 민중의 자각과 함께 목숨을 걸고 시민운동이 전개되었는지 깊이 조명하고 국제사회에 우리의 독창적 사상이 보편적 가치를 수반하고 있음을 드러내는 작업이 이루어져야 합니다.

대학의 아카데미적 특성이 지적 능력을 함양하는 곳이지만, 지식의 파편화가 이루어지고 기능화에 치중되어 있어, 인문학의 위기가 도래하고 있습니다. 마음인문학 연구는 다양한 전문적 연구의 성과들을 인문학적 철학과 사상의 연구를 토대로 상호 소통시키고 새로운 학문의 발전을 형성시키는 주도적인 역할을 해야 합니다. 국가와 국가, 민족과 민족, 종교와 종교, 문명과 문명이 지구화 시대를 맞아 충돌하고 흡수되고 소멸되는 과정에서 어떻게 문명 간의 충돌을 막고 전쟁의 갈등을 넘어설 수 있을 것인지에 대한 제 3의 대안이 철학과 사상적 측면에서 연구가 종합적으로 이루어질 수 있습니다. 갈등과 대립을 넘어설 수 있는 새로운 성숙한 정신 문명에 대한 철학적 사상적 탐구가 소통, 비판적 성찰, 학문적 융합을 이루는 작업이 이루어져야 합니다. 마음인문학은 철학과

◉ 대종교에서, 조화를 맡은 한얼님을 이르는 말.

사상 분야에서 마음의 본질과 기능에 대한 동양과 서양의 철학적, 종교적, 사상적 연구를 비교연구를 집중적으로 하여 동서철학의 마음연구에 대한 성과를 종합하고 새로운 대안을 제시하는 인류정신사의 중요한 축을 이룰 것입니다.

동양 사상과 서양 사상의 전문가들의 지속적이며 생산적인 대화가 필요합니다. 예를 들어, 동양 사상에 유교 사상, 도교 사상, 불교 사상, 동양 철학 전공자와 서양 사상에 서양 철학, 기독교 사상, 독일 철학 등의 전공자들이 참여하며, 사회학자와 역사학자들은 마음인문학의 지평을 마음과 관련한 사회현상에 대한 분석과 역사적 측면에서 마음과 관련한 사상이 어떻게 사회 역사적 운동으로 전개되었는지에 대한 다각적이며 심층적인 연구가 이루어져야 합니다.

마음은 몸과 더불어 존재하며, 마음과 몸의 상태가 서로에게 영향을 줍니다. 현대인의 병리학적 마음 구조에 대한 진단과 처방은 현대 문화와 그 안에서 살아가는 인간의 상태에 대해 정확하게 묘사하고, 이를 통해서 병리적인 마음의 상태를 넘어서는 지점을 모색할 수 있습니다. 개인적 차원의 마음의 상태가 어떻게 몸에 영향을 주고, 몸의 상태가 어떻게 상호 영향을 주고받는지에 대한 진단을 통해 치유의 방법이 구체적으로 제시할 수 있습니다. 동서 의학을 막론하고 마음의 병이 몸의 병을 야기시키며, 몸의 병이 마음을 병들게 합니다. 건강한 몸과 마음이 곧 가정과 사회를 건강하게 만듭니다. 한의학을 중심으로 한 동양 의학, 그리고 신경 과학과 뇌 과학을 중심으로 한 서양 의학의 협동 연구가 같이 이루어지도록 하는 작업이 필요합니다.

현대사회는 사회적 병리 현상이 두드러지게 나타나 사회 문제로 파급되고 있습니다. 물질이 풍요로운 가운데, 정신은 가난해지고 감정은 과

격해져 스스로 조절할 수 있는 능력을 상실해 가고 있습니다. 정보산업이 발전해 가는 가운데, 어린이 및 청소년들은 인터넷 중독에 빠지게되고 사회적 관계가 직접적이지 않고 간접적인 상태에서 보이지 않는상대방에 대한 공격적 성향이 심해지고 있습니다. 또한, 젊은 부부가인터넷상의 어린이를 양육하는 게임에 빠져 자신들이 낳은 자식은 굶어죽는 사태가 일어나고 있습니다. 정신 분열 현상과 정신 폐쇄현상이 강하게 사회적 문제로 대두될 수 있습니다. 사회적 환경과 마음 상태에대한 종합적인 진단과 구체적인 치유의 노력이 개인적 차원이 아니라사회적, 국가적 차원에서 이루어져야 하며, 이를 위해 마음인문학은 종합적인 연구결과를 도출해 낼 수 있습니다.

동양 의학과 서양 의학은 마음과 몸의 밀접한 상관관계를 규명하여마음의 치유가 곧 몸의 치유를 이룰 수 있으며, 몸의 치유가 곧 마음의건강을 회복하는 중요한 치유 학문입니다. 그러나 동서 의학적 치유가개인에 국한된 치유에 그치고 있습니다. 개인의 마음의 병과 문제는 개인일로만 치부되어서는 안 될 것입니다. 가정이라는 최소 단위와 사회전반적인 환경이 개인의 정신과 육체에 큰 영향을 끼칩니다. 개인적 마음과 몸의 불균형은 가정과 사회집단의 불균형을 초래하며, 결국 사회의집단적 정신의 병을 유발시키는 결과를 초래할 수 있습니다. 따라서 개인뿐만 아니라 사회구성원의 마음의 갈등 현상과 질병의 요인을 찾아내고 치유하는 작업이 중요합니다.

마음인문학이 치유에 실질적인 성과를 이루기 위해 다양한 분야의 전문가들의 참여가 이루어져야 할 것입니다. 예를 들어, 동양의 요가 수련과 마음 치유, 동양 의학인 한의학의 몸과 마음에 대한 분석과 치유,서양 의학인 정신 신경에 대한 분석과 치유 등 각 분야의 전문가들이 각각 전문 영역을 맡으면서 협동 연구를 진행하는 작업이 필요합니다. 인문학과 한의학 그리고 서양 의학이 함께 있는 곳이며, 동양 의학과 서양 의학의 협진 효과를 극대화시킬 수 있습니다. 이러한 연구의 결과는 자신의 마음에 대해 진단하고 치유할 수 있는 힘을 갖추게 할 것이며, 사회 병리 현상에 대한 근본적인 처방이 이루어져 건강한 사회를 이루는 중요한 연구 토대를 제공할 것입니다.

마음인문학은 덕성 교육과 인격 도야라고 하는 도야(교육)적 효과를 가져 올 것이라 예상됩니다. 마음인문학은 마음의 본질과 기능, 마음병의 원인과 치유 방법에 대한 연구를 토대로 교육적 차원에서 구체적인 프로그램을 실행하여 인격이 도야될 수 있도록 하는 학문입니다. 마음의 본질과 기능에 대한 교육, 각 개인의 마음상태에 대한 진단, 마음의 상태에 따른 감정과 기운과 몸에 끼치는 영향, 마음 수련과 명상 프로그램, 마음의 사회적 실천 등 구체적인 도야 프로그램을 통해 각 개인의 마음을 단련시키고 보편적 도덕윤리를 사회에 실천하는 지도자로 육성하게 됩니다.

마음은 자신의 몸과 기운에만 영향을 끼치는 것이 아니라 폭넓게 다른 사람의 관계에 깊은 영향을 끼치는 것으로 나타납니다. 예를 들면, 최근에 회자되고 있는 작가 론다 번Rhonda Byrne의 『시크릿』이라는 책과 영상 매체에서 강조하고 있는 내용과 공통점을 가지고 있습니다. 사람이 좋은 것을 생각하고 행동하면 좋은 기운과 좋은 일들이 밀려오게 됩니다. 반면에, 나쁜 생각을 가지고 행동하면 나쁜 기운과 일들이 쇳가루가 자석에 달라붙듯 합니다. 따라서 몸과 마음과 기운을 어떻게 작용하느냐에 따라 주위 환경이 변화되는 것을 보여 주고 있습니다. 이러한 통찰적 인식이 분석적이며 임상을 통한 경험적 연구 결과로 나올 때,

일반인들은 이를 실천하기 위한 노력을 기울일 것입니다.

또한, 이러한 마음인문학 도야 프로그램은 학생들로 하여금 자신의 마음을 조절할 수 있는 능력을 갖출 뿐만 아니라, 개인 또는 사회의 집단적 스트레스와 정신 문제를 해결하는 전문가를 양성할 수 있습니다. 이들은 어린이 및 청소년, 노인 등에 대한 상담 치유와 정신 이상 치유를 기초적인 차원에서 담당하며, 심각한 정신 병리현상은 전문 의사에게 안내해 주는 역할을 할 수 있습니다. 이러한 역할은 개인, 가정, 사회의 집단적인 정신 질환을 진단하고 치유하는 실질적인 효과를 볼 수 있습니다.

마음인문학은 동서양의 융합적 사상 체계를 이루고 그 연구 과정과 결과를 문화적 관점에서 동서양 사상에서 논의되어 왔던 마음의 본질과 현상에 대해 쉽게 자료를 제공할 수 있습니다. 마음과 몸, 그리고 감정(기운)은 서로 밀접하게 소통하는 것이기에 마음과 몸과 감정 상태에 대한 3차원적인 지도가 그려져 상호 연관된 고리를 찾아내는 데 매우 용이합니다. 또한, 개인의 마음에 그치지 않고 사회집단의 마음에 대한 정신문화를 연구합니다. 개인과 사회집단의 정신적 불균형과 병을 치유할 수 있는 단계적 치유 프로그램을 제시하고 건강한 사회를 이루는 학문적 체계를 구축할 수 있습니다. 따라서 마음인문학은 마음의 본질과 기능에 대한 독립적인 학문연구를 소통시키며 융합하는 역할을 하게 됩니다.

마음인문학이 새롭게 형성될 때, 새로운 평화의 정신 문명을 이루고 세계의 보편적 윤리와 가치질서를 제공하게 될 것입니다. 현시대에 겪는 다양한 문제들이 개인적, 국지적 문제에서 범세계적인 문제로 확산되었고, 인류공동체가 다함께 풀어내야 할 과제로 다가오면서 세계보편윤리의 필요성이 대두되었습니다. 인류공동체가 겪는 위기를 극복하기 위한 하나의 노력이 종교계와 UN과 NGOs(비정부기구) 등의 기구에서 활발하게 전개되고 있습니다.

인류역사는 이러한 강과 약의 대립적 구조 속에서 인간과 인간, 인간과 자연, 종교와 종교의 관계가 설정되어 왔다고 볼 수 있습니다. 특히, 강자는 강·약의 대립구조 속에서 약한 존재를 마음대로 탈취를 하여도 되었습니다. 이러한 대립적 구조는 헌팅턴Huntington의 『문명의 충돌Crash of Cultures』에서도 잘 나타나고 있습니다. 기독교를 중심한 서구 문명과 이슬람교를 중심으로 한 아랍 문명과 새롭게 발전하고 있는 동양 종교를 중심으로 한 아시아 문명 간의 대립 속에서 강한 문명이 약한 문명을 흡수 통합하게 되고, 약한 문명은 사라지게 된다는 그의 논리는 인류 사회의 새로운 위협을 문명 간의 충돌로 설명한 것입니다.

또한, 현대사회는 인류의 역사 이래 그 어느 시대도 누릴 수 없었던 물질문명의 혜택 속에 살아가고 있습니다. 여태껏 인간의 삶을 제한시켜 왔던 생존의 문제와 물질문명의 부족에서 분명 인간은 자유롭게 되었습니다. 그럼에도 현대인의 삶은 물질적인 만족을 느끼기는커녕 더욱 물질적인 것을 추구하는 경향을 보이고 있습니다. 1972년 「로마클럽」의 연구보고서에서는 서양 물질문명의 한계를 스스로 고백하면서 환경파괴, 공해, 자원고갈 등으로 인한 인류의 파멸을 경고하였습니다. 이 로마클럽의 창설자인 아우렐리오 페체이Aurelio Peccei는 "인류문명의 장래는 인간의 자질을 어떻게 개선해 나가느냐 하는 데 있다."라는 점을 실토하고 있습니다. 패륜적이며 반인륜적인 살인 행위, 우리는 삶의 터전 한 복판에서 무너지고 터지는 안전사고, 권력을 이용한 공공기관에서의 비리와 부정, 반통일 지향적인 사상공세, 교육 문제, 여성 문제, 환경 문제, 교통 문제 등 수없이 쏟아지는 위기의 징후들을 느끼며 살아가고 있습니다.

물질적인 면에서 우리는 현재 엄청날 정도의 풍요를 누리고 있으나, 물질의 발전이 정신적인 풍요로 이어지지 못하고 있습니다. 물신주의와 이기주의의 병폐로 우리 사회가 황폐화하게 된 데는 잘못된 우리의 근·현대사가 자리하고 있음을 직시해야 합니다. 물질문명의 발달이 정신문명의 성숙으로 이어지지 못하고 물신화의 늪에 타락의 길로 걸어가고 있는 우리 사회의 모습은 분명 우리가 숨 가쁘게 걸어온 우리의 발자취를 더듬어 볼 필요가 있습니다.

산업화·대중화·도시화·정보화가 극도로 발달된 과학 문명 시대에 살고 있는 우리는 관심이나 정열을 지나치게 외부로 향하고 있습니다. 주체성과 내면성이 없이 외향성에만 취하다 보면 자기의 내부가 사막처럼 공허해지기 쉽습니다. 지금 세상은 물질문명의 발전을 따라서 수많은 직업과 학식과 기술이 많이 진보되어 화려한 물질에 눈과 마음이 황홀할 정도입니다. 반면, 과학 문명 이기를 수용하며 활용해야 할 인간의 마음은 극도로 쇠약하여 주인된 마음이 오히려 이를 이용하여 환경 파괴를 일삼고 테러와 전쟁이 끊임이 없는 실정입니다. 아무리 좋은 물건이라도 사용하는 마음이 바르지 못하면 오히려 악용되고 맙니다. 마음 하나로 이 세상을 좋게도 하고 나쁘게도 할 수 있습니다. 칼을 든 어린아이가 자신 또는 상대방을 의도치 않게 찌를 수 있는 경우처럼, 육신 생활에 편리를 주는 물질 위주의 과학 문명에만 치우치고 평화를 이룰 수 있는 마음 문명을 등한시할 때 언제든 폐해가 일어날 수 있는 위험한 상황입니다. 마음 문명만 발전하고 과학 문명이 없는 세상은 정신은 완전하나 육신이 병든 것과 같고, 과학 문명만 발전하고 마음 문명이 없는 세상은 육신은 완전하나 정신이 병든 것과 같습니다.

이러한 문제를 해결하기 위한 지구 보편 윤리의 필요성에 대해 공감하지만 "어떻게 세계 보편 윤리가 가능한가?", "무엇을 위한 세계 보편 윤리인가?" 하는 질문을 먼저 던질 수밖에 없습니다. 보편 윤리란 보편성을 지녀야 하며, 누구나 지켜야 하는 절대성 내지는 최소한 대다수가 공감하고 지킬 수 있는 틀을 제공하여야 합니다. 한스 퀑Hans Küng은 『세계윤리구상』에서 공동의 가치·규범·태도에 대한 최소의 요구가 있어야 하며 목적의 실현을 위해 모든 수단을 신성시하는 결과윤리 또는 고립적으로 이해되는 가치 이념(정의, 사랑, 진리)을 지향하면서 오로지 행위자의 순수한 내적인 동기만을 관심의 대상으로 여기는 지향 윤리는 결코 미래를 위한 가능성을 제공하지 못한다고 봅니다. 유네스코를 비롯한 세계의 양식 있는 학자들의 지구 윤리 또는 세계 보편 윤리에 대한 추구와 노력은 강·약의 구조에서 나타나고 있는 인류 문명의 충돌, 핵 위협, 환경의 위협, 종교 간의 대립적 갈등을 넘어설 수 있기 위한 제3의 원리를 마음인문학을 통해 찾는 과정이 필요합니다. 현대 문명의 위기는 서구 중심적 문명관에 치중되어 나타나는 현상이기도 합니다. 중세 유럽 사회의 개척주의와 연관된 식민주의, 유럽의 미국이주와 더불어 나타난 인디언 학살에서도 대립적 구조의 문명사회가 갖는 폐단입니다. 또한, 사회적 극단주의Extremism의 위험성은 2001년 9·11 테러에서 보듯 민간인에 대한 살상까지도 '성전聖戰, Holy War'으로 치부되고 사회는 극도의 혼란에 빠지게 됩니다. 개인에게 엄격히 적용되는 '도둑질' 또는 '살인' 등의 국가 법률은 인류 역사의 세계 질서에는 제대로 적용되지 않았습니다. 강대국의 약소국 침략과 식민지 건설, 전쟁을 정당화하는 살인적 행위 등은 올바른 인류의 문명이라 볼 수 없습니다.

새로운 문명사회에 필요한 제3의 원리는 강약의 대립 구조가 아닌 강약의 조화, 강약이 서로 발전할 수 있는 강약진화의 논리가 필요합니다. 또한, 인간중심주의에서 생명 중심주의로 전환되고 있음을 보게 됩니다. 마음인문학은 우리 전통사상과 동양 사상의 가치를 중심으로 세계 보편적 가치와 사상을 밝혀내려는 시도이며, 인류가 안고 있는 문제를 풀기 위한 조화의 정신 문명을 실현하는 객관적이며 경험적이며 분석적인 학문으로서 세계질서에 큰 역할을 주도적으로 할 수 있을 것입니다.

마음에 대한 연구는 동양과 서양의 철학, 종교학, 분석 심리학, 그리고 의학과 과학 분야에서 집중적으로 다루어 왔습니다. 동양에 있어서 유교, 불교, 도교 등에서도 마음과 몸에 대한 사상을 토대로 구체적인 심신 수련이 다양하게 이루어져 왔습니다. 동양 사상은 마음과 몸의 관계를 주종의 관계로 설정하고 마음을 몸의 근원이자 만물의 중심이라 여기고 있습니다. 서양 철학에 있어서도 '인식론'이 발전하였으며, 인식의 주체인 이성을 중요시 여겨 왔습니다.

현대 정신 의학 및 인지 과학 등에서 분석적이며 임상적 실험을 통한 마음 및 뇌의 인지 작용에 대한 연구 성과에 대한 객관적인 입장에서 인문학적 비판적 이해와 수용이 필요합니다. 서양 철학계가 현대 정신 의학 분야의 성과를 연계시키려는 노력이 다양하게 이루어지고 있음을 유의할 필요가 있습니다. 의학 분야와 과학 분야에서 이루어지고 있는 새로운 연구 성과를 비판적으로 수용하지 않는다면 인문학은 고리타분한 학문으로 전락하고 말 것입니다.

마음인문학에 대한 토대 학문의 구축이 필요합니다. 인문학적 토대를 심층적으로 바탕하지 않은 의학 분야와 과학 분야에서 이루어지고 있는 새로운 연구 성과는 마음에 대한 심층적 이해의 단계에 이르지 않으며, 매우 단층적이며 기능적인 측면에 기울어져 있습니다. 따라서 마음에 대한 심층적 인문학의 토대를 구축하면서 새로운 현대의학과 과학에서 발견된 마음의 기능에 대한 심층적이며 다변적으로 논의가 이루어질 때, 정신 의학 분야와 인문학이 융합한 새로운 학문으로 발전되어 인류의 정신 문명을 이루는 중요한 계기를 이룰 것입니다. 이렇게 볼 때, 최근 마음, 심리, 상담, 뇌 과학 등에 대흔 연구를 다양한 학제 간 융합으로 논의의 폭을 넓혀가는 노력은 주목해 볼 일입니다. 이런 연구에 국가기관의 지원이 이어지기를 기대해 봅니다. 또한 영성적 가치를 추구하는 종교들이 이에 대한 관심을 갖고 추진해 나가기를 기대해 봅니다.

전자 미디어 시대에 따른 의식의 전환

우리가 사는 세상은 한마디로 '스마트 미디어 시대'라고 말할 수 있습니다. 텔레비전, 컴퓨터, 인터넷 그리고 전화가 스마트폰이라는 이름의 하나의 단말기에 묶였습니다. 이들 미디어는 지구를 생명체의 신경망처럼 연결하고 우리가 사는 세상과 정신세계 자체를 송두리째 바꾸는 거대한 잠재력을 안고 있습니다. 이에 따라 우리는 전자 미디어가 중심이 되는 세상이 밖으로는 하나의 지구를 네트워크로 연결되고 빛의 속도로 정보를 주고받는 새로운 세상을 만들고 있음을 주목해 볼 필요가 있습니다. 또 동시에 이 미디어는 동양의 사고방식, 우뇌 중심 그리고 다원성이 중심이 되는 새로운 정신세계를 열고 있음을 상기해 볼 필요가 있습니다. 스마트 미디어는 인쇄 미디어보다 부족 사회 청각미디어(말)를 닮았습니다. 그래서 비논리적인 느낌으로 하는 커뮤니케이션이 중심이 되는 사회는 외부 모습이나 사람들의 정신세계가 부족 사회와 유사한 미래를 지구촌으로 이름 지은 것으로 보입니다. 이처럼 인쇄 미디어 문명 중심에서 전자 미디어 문명 쪽으로 물질과 정신이 거대하게 이동 중입니다.

전체 사람들이 전지구적 신경망인 인터넷에 연결된 지구촌에서는 부족 사회처럼 개인주의가 약화되고 개인의 전문성 또한 중요한 가치가 될 수 없습니다.

많은 사람들이 제2차 세계대전을 계기로 근대성과 서양 문명을 성찰하고 기존질서에 대한 비판에 관심을 기울이고 있습니다. 인쇄 미디어의 선형적이고 논리적인 특성이 인간의 이성을 발전시키고 개인주의를 낳아 근대문명을 발전시켰습니다만 서구 중심성과 이성 중심이 지나친 나머지 동양과 감성이 약하게 되었습니다. 객관성에 바탕한 과학의 편협성과 논리에 근거한 서구문명의 한계가 바로 인쇄 미디어의 산물과 같습니다. 이에 반해 전자 미디어가 중심이 되는 사회는 동양문화에 뿌리를 둔 우뇌 중심의 공시적이고 청각적인 공간 문화로 변화합니다. 즉 인쇄술의 발명이 인간의 원형적 커뮤니케이션 능력을 상실하게 했지만 전기의 발명과 도래한 전자 미디어는 인간의 복합적 감각을 회복시키고 부족 사회처럼 다원성이 존중되는 지구촌 시대를 열게 되었습니다. 그러므로 구두 커뮤니케이션 부족 시대, 인쇄 미디어 근대문명 시대에 이어 전자 미디어 지구촌 시대는 거대한 문명사적 전환을 가져 온 것입니다. 이와 같은 서구문명의 전환에 대한 예측은 근대성의 성찰에 따른 결과이기도 합니다.

14세기와 15세기에 일반 대중이 대량으로 책을 받아들이기 시작한 뒤 서구사회에서 분류될 수 없는 모든 지식은 민간 설화와 신화라는 새로운 무의식으로 취급되었습니다. 무속, 토착신앙, 취향, 본능, 마음, 청각적 공간 구조의 인식 방법이 이에 해당됩니다. 하지만 스마트 미디어의 확장으로 논리 중심의 서구문명은 위협을 당하고 있습니다. 시각적 공간의 논리성에 바탕한 초연하고 객관적인 자아가 소멸되고 있습니다.

마치 부족 사회에서 개인의 정체성보다 부족의 정체성이 중시된 것처럼 지구촌에서는 개인 정체성이 약화된 것과 같습니다. 거짓된 나, 구성된 주체의 개인 정체성이 약화되는 것은 로봇과도 같습니다. 개인주의를 당연하게 받아들이는 서구문명적 사유는 지각력 없는 자동 조작으로 삶의 의미를 부정하는 문제가 있습니다. 그러나 동양적 관점에서 보면 거짓된 개인의 정체성을 버리고 자신이 살아가는 세상과 조율하며 내면의 나를 추구하는 다른 의미를 담고 있습니다.

1. 스마트 미디어는 영상화, 정보처리, 네트워크 접속을 강화 확대시킵니다.
2. 스마트 미디어는 우리의 오프라인에서 대화, 인간관계 그리고 미디어 특성에 따라 논리성을 약화시킵니다.
3. 스마트 미디어는 부족 사회 이후 약화되었던 우뇌, 감성, 전체성, 모자이크 사고, 지구촌을 부활시킵니다.
4. 스마트 미디어는 잠재력이 한계에 도달했을 때 영화 〈아바타〉에서처럼 새로운 커뮤니케이션 방식으로 역전될 수 있습니다. 또 개인의 정체성이 약화된 사람들은 공동체 정체성과 조율하면서 훨씬 더 자연적인 존재로서 자신의 정체성에 가까이 다가서는 기회를 얻을 수 있습니다.

서양 문명과 근대를 이룬 뇌의 좌반구 중심 인쇄 미디어 문명은 전자 시대의 도래로 그 운명을 다하게 되었습니다. 동양 문명과 유사성을 갖는 우뇌 중심 문화가, 전자 미디어 특성을 반영하는 이러한 문화가 미래에는 주류 문화가 될 것입니다. 그 시대의 중심 커뮤니케이션 양식이 시대적 특성을 결정한다는 입장에서 중심 미디어로 부상하는 스마트 미디어는 지구촌 시대를 열 수 있습니다. 지구촌 아래 인류의 삶은 부족

시대와 유사한 삶이 될 것입니다. 지구촌은 전세계가 하나의 촌락처럼 인터넷, 컴퓨터, 텔레비전 그리고 전화망, SNS로 연결되는 변화가 진행되고 있습니다. 개인주의에 근거한 개인 정체성이 약화되는 것이 부족 사회와 유사하다는 의미에서 지구촌이라는 상징이 주목을 끕니다.

인쇄 미디어 문명이 추구해 온 논리성, 개인성, 경쟁주의 그리고 파괴적 힘과 달리 전자 미디어 문명은 부족 사회처럼 개인과 전체가 균형을 이루고 개인의 감성과 평화를 존중하는 그런 미래를 기대하게 합니다. 하지만 스마트 미디어가 논리 중심의 좌뇌의 주요 기능을 대체할 수 있다고 해서 좌뇌 영역에 해당하는 읽고 쓰는 인간의 능력이 당장에 무용지물이 되는 것은 아닙니다. 하루 아침에 우리 사회가 감성 중심의 사회로 전환되는 것도 아닙니다. 인쇄 미디어와 전자 미디어, 좌뇌와 우뇌, 시각적 공간과 청각적 공간, 그리고 서양적 사고와 동양적 사고가 공명하고 상호작용이 이루어져야 합니다.

전자 미디어가 중심 커뮤니케이션 양식이 되는 지구촌이 복락원이 될지 실낙원이 될지는 전자 미디어에 달린 것이 아닙니다. 결국 미래의 인식 주체인 우리의 사고가 보다 열린 자세여야 가능할 것입니다.

새로운 소통에 따른 윤리

　인터넷을 비롯해 IT Information Technology의 발전은 굳이 설명이 필요 없을 정도입니다. 세계에서 우리나라를 IT 강국이라고 부를 정도로 우리의 인터넷 문화는 급속도로 발전했습니다. 인터넷은 우리나라를 IT 강국으로 이끈 성장 동력이자, 미래사회를 이끌어갈 매체로서 역할을 단단히 하고 있습니다.

　인터넷은 30여 년 전 전화연결망에서 지금의 스마트폰에 이르기까지 빠른 속도로 발전하고 있습니다. 정치, 경제, 사회, 문화 등 생활 방식을 바꿔 놓았으며 특히 정보화 시대에 진입하면서 사람들은 인터넷을 통해 시야를 넓히고 정보를 습득하며 다른 이들과 소통을 합니다. 인터넷으로 지식을 쌓고 쇼핑을 하며 교육을 받는 등 생활의 일부로 받아들이고 수용하고 있습니다.

　그러나 지난 30년간 인터넷의 발전이 긍정적인 효과만 가져 온 것은 아닙니다. 소셜 미디어의 등장으로 인터넷 신문을 통해 정보를 획득함으로써 종이 신문 같은 아날로그 매체들이 점점 설 자리를 잃어가고 있습니다. 또한 불법 다운로드, 잘못된 정보들의 범람, 익명성을 이용한 악플 등 부정적인 피해 또한 막대합니다. 그뿐만 아니라 인터넷을 이용한 게임 중독, 바이러스, 해킹, 개인정보 침해 등이 심각한 사회 문제로 대두되고 있습니다.

그동안 우리나라는 빠른 속도로 인터넷 발전과 IT 발전을 위해 힘써왔습니다. 이제는 발전을 위해 앞만 보고 달려가기 보다는 다시 한 번 뒤돌아봐야 할 때입니다. 인터넷연결 30년을 맞이한 지금, 더 나은 미래를 위해 부정적인 영향들을 해소할 방법을 찾고, 인터넷 문화 정착이 필요한 시점이라고 생각합니다.

요즘 장소불문, 남녀노소 모두가 한번쯤은 들어보고 접해 봤을 핸드폰이 있습니다. 바로 '스마트폰'입니다. 그중에서도 애플사의 아이폰은 단순히 많이 팔린 스마트폰을 넘어 그야말로 모바일 빅뱅을 일으켜 스마트폰 혁명을 촉발시킨 매개체 역할을 했다고 보입니다.

스마트폰은 다양한 사회 시스템과 융합해 경제, 국민생활, 공공 행정 시스템 등 국가와 사회전체를 혁신적으로 변화시켰습니다. 또한 스마트 혁명은 스마트 비즈니스, 스마트 라이프, 스마트 워크, 스마트 정부로 점차 확대되고 있습니다. 또한 이용자들도 많아지다 보니 학교뿐만 아니라 카페 등, 공공장소 대부분에 와이파이존을 설치하는 추세입니다.

요즘 스마트 혁명이 일어나다 보니 스마트 기능이 들어 있는 TV도 출시되고 있습니다. 스마트 TV는 스마트폰의 장점만을 모아 그대로 TV에 옮겨 놓은 것입니다. 스마트 TV를 직접 사용해 봤더니 마치 스마트폰을 그대로 옮겨 놓은 것 같았습니다. 또 그 안에 앱스토어가 있어 이를 통해 다양한 콘텐츠를 TV로도 즐길 수 있으니 참 신기했습니다.

언제부터인가 우리는 SNS와 관련된 소식을 접하는 것을 자연스럽게 받아들이고 있습니다. 아침에 눈을 뜨자마자 스마트폰을 집어 들고 밤새 온 메시지를 확인하는 것은 현대인들의 습관입니다. 아침에 눈을 뜨고 잠자리에 드는 순간까지 소셜 네트워크 서비스(SNS)에 잠겨 살아가고 있습니다. 우리가 사는 이 시대는 전 세계 사람들과 실시간으로 정보를 교환할 수 있는 시대입니다. SNS는 소셜 네트워크 서비스Social Network Service의 약자로 웹상에서 이용자들이 인적 네트워크를 형성할 수 있도록 해 주는 서비스를 일컫는 말입니다. 인터넷에서 개인의 정보를 공유할 수 있게 하고, 의사소통을 도와주는 1인 미디어라고 말할 수 있습니다. 대표적인 SNS로는 우리나라의 싸이월드, 미투데이를 비롯하여 트위터, 페이스북, 마이스페이스 등을 말합니다. 이러한 SNS의 국내가입자 수는 기하급수적으로 늘어나 관련 업계에 따르면 2015년 3월 말 기준으로 페이스북이 370만 명, 트위터가 320만 명, 미투데이가 500만 명을 돌파했다고 합니다. 여기에 싸이월드 2,500만 명에 달한다고 합니다. 또한 SNS를 자유롭게 사용할 수 있는 스마트폰 사용자가 2,000만 명을 넘어섰습니다.

SNS는 말 그대로 의사소통의 장이기 때문에 이를 통해 발생된 정보는 빠르게 퍼져 나가고 확대되어 어느 매체보다 파급효과가 큽니다. 이러한 특성으로 기업이나 대중의 관심이 필요한 유명인들이 중요한 홍보 수단으로 삼고 있습니다. 그렇다고 해서 SNS는 단순한 홍보 수단만으로 사용되고 있지는 않습니다.

지난 2008년 12월 미국 덴버 공항에서 여객기가 이륙하다 미끄러져 38명의 승객이 크고 작은 상처를 입었습니다. 잠시 후 불과 몇십 분 만에 방송카메라와 기자들이 공항으로 들이닥쳤고 이를 숨기려 했던 공항 측이나 항공사는 놀랐습니다. "어떻게 알았느냐?"는 관계자의 질문에 기자들의 대답은 간단했습니다. 그것은 "트위터"였습니다. 이같이 급박한 사건이 일어났을 때 현장에 있는 사람은 누구나 기자가 될 수 있고 나아가 미디어의 역할을 할 수 있습니다. 이러다 보니 기존 언론사들이 이러한 트윗 내용을 기사화하고 형국이기도 합니다. 스마트폰 사용자가 증가하면서 SNS(사회관계망서비스) 이용자 수도 꾸준히 늘어나 그 영향력은 날로 커지고 있습니다. 우리나라에서 페이스북의 월 활동 사용자는 2014년 12월 기준으로 1,300만 명, 일 활동 사용자는 780만 명에 이르렀다고 합니다. 트위터는 대형 재난이나 선거 등에서 속보를 전달하는 데 언론사보다 더 효과적이어서 정통 미디어 보도의 환경 변화를 주도하고 있습니다. 최근 수년간 지속되는 튀니지, 이집트, 리비아, 중국 등지에서 벌어지는 시민 민주 혁명의 시시각각 소식과 사진, 동영상을 전송해 주고 있는 것도 SNS입니다. 일본대지진 당시에 전화가 불통인 상황에서도 SNS를 통해 가족의 생존을 확인하고 현장의 상황을 어떤 매체보다도 먼저 전달하는 미디어로서 역할도 하고 독재자를 몰아내기 위한 시위에서도 중요한 역할을 했습니다.

우리나라에서도 지방선거에서 자신의 투표 모습과 투표소 분위기를 전달해 주거나, 사건 현장을 동영상으로 찍어 방송국에 전달해 주는 일은 이제 새로운 일이 아닙니다. 얼마 전에도 유명인의 트위터 문자가 그 자체로 뉴스의 속보가 되고, 네티즌들은 언론보도가 아닌 트위터를 통해 사건을 먼저 접하는 경우는 늘어나고 있습니다. 이처럼 소셜 미디어가 기존 미디어 시장의 변화를 예고하고 있고 언론사 역시 그 흐름을 타지 않으면 뒤쳐질 수밖에 없게 되었습니다.

더 이상 언론사의 일방적인 정보에만 의존하지 않고 누구나 자신의 생각과 정보를 전달 할 수 있는 1인 미디어, 이른바 SNS를 기반으로 한 소셜 미디어 흐름에 언론사들이 참여하기 시작했습니다. 대부분의 언론사들이 홈페이지를 SNS와 연동시켜 트위터, 페이스북과 연결해 운용하고 있습니다. 미국의 뉴욕타임스는 '소셜 에디터'를 두어 SNS만을 전담해 온라인에서 사람들과 신뢰를 쌓고 정보를 교환하는 일을 맡도록 하고 있습니다. 발 빠른 정보를 제공해 주는 SNS는 다양한 장점을 갖고 있습니다.

하지만 좋은 것도 어떻게 활용하느냐에 따라 독이 될 수도, 약이 될 수도 있습니다. 스마트폰이 발전할수록 사람들은 기계에 의존하게 됩니다. 가장 문제가 되는 것은 '스마트폰 중독자'입니다. 수업시간에 핸드폰 만지는 학생들, 대화에 집중하지 않고 핸드폰만 보는 사람들, 핸드폰 화면을 보느라 제대로 걷지 못하는 사람도 있습니다. 요즘 아이들이 울 때 그치게 하는 효과적인 방법 중 하나도 '스마트폰'입니다. 그러다 보니, 미취학 아동들도 스마트폰 중독이 되어가고 있습니다.

이처럼 스마트폰에 빠지게 만드는 원인 중 하나가 '모바일 메신저 연동 게임'입니다. 얼마 전 미국의 월스트리트 저널에서는 "'애니 팡'이라는 게임이 한국인을 사로잡는다."라고 소개하면서 모바일 메신저 연동 게임이 국내에서 널리 확산되고 있는 현상에 대해 보도한 바 있습니다. 아동이나 청소년을 대상으로 시행된 스마트폰 중독 및 사회적 관계형성에 대한 부작용 연구들에 따르면 '강박증, 우울, 정신증, 불안, 대인예민증, 편집증, 신체화, 적대감, 공포불안' 등이 나타날 수 있으며, 특히 '강박'과 '우울증' 현상이 심각하다는 보도가 잇따랐습니다.

몇 년 전부터 사이버 범죄가 빈번히 일어나고 있는 가운데 그 현상은 스마트폰에서도 대두되고 있습니다. 일명 '카카오톡 피싱'입니다. 카카오톡은 스마트폰 이용자끼리 무제한 메시지를 보낼 수 있는 어플리케이션Application을 말하는데 도난된 스마트폰을 이용해 가족, 지인 등에게 송금을 요구하는 방식입니다. 카카오톡 피싱은 도난, 분실된 스마트폰을 이용하는 범죄방식이기 때문에 아직까지 피해 사례는 적지만 그만큼 위험성이 큽니다.

이러한 카카오톡 피싱 범죄를 미연에 방지하기 위해 평소 스마트폰 보안 유지에 각별히 신경을 써야 합니다. 현재 스마트 혁명이 불고 있는 만큼 우리 주변에서도 이를 쉽게 찾아 볼 수 있는데 우리는 다양한 스마트 기능을 실생활에 잘 활용하는 현명한 생활을 해야 할 것입니다.

SNS의 대중화와 함께 특정 인물을 대상으로 한 악성 댓글, 허위 정보가 대중들에게 쉽게 퍼지는 현상이 나타났습니다. 사이버상에서 제공된 정보는 삽시간에 퍼져 나가며 돌이킬 수 없을 정도로 확산되는 것이 특징입니다. 사이버상의 허위사실 유포는 벌어진 사안에 대한 피해 구제가 매우 어렵습니다. 네티즌들의 악성댓글로 연예인들은 상상하지 못할 압박과 스트레스에 시달리고 있습니다. 수년 전에는 한 아나운서가 자살하기 전, 트위터를 언급하면서 지나친 프라이버시권 침해 등 SNS의 부작용에 대해 언급하여 경각심을 야기한 적이 있습니다. 온라인상에서 악성 댓글에 대한 문제는 어제, 오늘의 문제는 아니지만 트위터와 같은 SNS가 이러한 악플러들에게 새로운 공간을 제공하는 것이 아닌가 하는 우려를 야기하고 있습니다.

이처럼 이런 안타까운 사건이 발생할 때마다 이용자들의 성숙한 윤리 의식이 필요하다는 반성은 늘 이루어지고 있지만 이러한 부분을 어떻게 갖게 할 것인가에 대한 실천적 노력은 아직 요원합니다만 그래도 가능한 방법 중 하나가 바로 교육을 통해서 이루어지는 것입니다. 학교는 물론 여러 기관에서 관련 교육을 지속적으로 개설하여 SNS와 같은 새로운 기술을 어떻게 사용하는가에 대한 기술교육뿐만 아니라 어떻게 사용할 것인가에 대한 윤리의식을 고취할 수 있도록 해야 합니다. SNS를 활용함에 있어서 역지사지易地思之의 자세를 갖고 이용해야 합니다. 앞으로 교육 현장에서 기초 생활질서 못지않게 정보통신윤리IT Ethics Education, Cyber Ethics도 가르쳐야 할 것입니다. 정보통신윤리 교육은 정보화 사회를 살아가는 사회 구성원으로서 갖추어야 할 올바른 가치관과 행동양식을 심어주는 것입니다. 이는 정보통신 기술을 사용하는 데 필요한 교육이라기보다 정보화 사회를 살아가는 데 필요한 인성 함양 및 가치관 교육이기 때문에 학교에서 진행되고 있는 모든 교육 활동에서 함께 이루어져야만 하는 생활 교육입니다. 또한 정보통신윤리 교육은 '실천 교육'으로서의 성격을 갖습니다. 단지 정보통신윤리에 대한 지식을 전달하여 이성적으로만 옳고 그름을 인지하게 하는 교육이 아니라 실생활에 직접 적용하여 실천할 수 있도록 하는 데 목적을 두어야 합니다.

또한 정보통신 기기 사용에 대한 위생 교육도 중요합니다. 그 하나로 스마트폰 위생에 대한 것입니다. 우리 주변에서 세균이 아주 많은 곳이 스마트폰입니다. 스마트폰의 세균은 화장실 변기의 10배라고 합니다. 이런 사실을 알고 있음에도 스마트폰의 사용은 계속됩니다. 사실을 알면서도 멀리할 수가 없는 스마트폰 유해균, 어떤 식으로 해결해야 할까요? 이에 대한 위생 교육도 중요할 것입니다.

물티슈로 닦으면 시커멓게 나오는 때들을 볼 수 있습니다. 그러나 물티슈는 세정 성분이 들어 있는 것도 아니고 흐르는 물처럼 씻겨 내려가는 것도 아니기 때문에 닦지 않는 것보다는 나은 정도입니다. 소독용 알코올(에탄올)을 이용하는 방법도 있습니다. 알코올로 스마트폰을 닦으면 세균도 없어지면서 유분도 쉽게 닦이기 때문에 스마트폰 액정이 훨씬 새것 같은 느낌이 들고 터치감도 좋아질 것입니다. 알코올 세척 시에 주의사항은 스마트폰이나 케이스의 도색된 부분이 녹아서 닦여 나갈 수도 있으며, 염색된 가죽으로 된 커버나 케이스는 변색이 될 수도 있다는 점입니다.

다음으로 전용 클리너를 이용하는 방법입니다. 클리너는 살균제와 탈취제 등의 복합적인 기능을 갖추고 있습니다. 또한 액정을 세척함과 동시에 코팅층을 만들어서 향균 작용과 오염방지 효과를 제공합니다. 마지막으로 스마트폰 살균기를 사용하는 것입니다. 살균기는 살균력이 뛰어난 자외선과 오존이 발생하는 UV 램프를 내장해서 스마트폰에 서식하는 다양한 유해균을 없애 줍니다. 살균력은 뛰어나지만 유분이나 이물질까지 없애 주지는 못하기 때문에 클리너와 함께 사용하는 것이 좋습니다. 이와 같이 스마트폰 위생을 관리하며 수많은 세균들을 없애는 방법도 중요하지만 더 중요한 것은 평소 손 씻는 습관입니다. 스마트폰 세척과 함께 손 씻기를 생활화하여 위생적으로 사용하도록 해야 합니다.

초연결 스마트 사회의 소통 패러다임

시대를 막론하고 '소통'은 원만한 사회 생활을 위한 가장 중요한 화두였습니다. 고대 철학자 아리스토텔레스는 인간을 사회적 동물Social Animal로 정의하였습니다. 인간은 독립된 개체로 존재하지만, 존재의 참된 의미는 사회적 관계 속에서 있다는 것입니다. '사회적 동물'은 '소통하는 동물'과 같은 의미로 이해될 수가 있습니다. 인간 사회는 대화를 나누고 생각을 공유하는 소통의 공간이며, 사회 생활은 소통으로 교류하고 협력하는 공동체 생활입니다.

인터넷과 정보통신 기술의 비약적인 발전으로 소통에도 혁신적인 패러다임 전환이 일어나고 있습니다. 인간 사이의 소통을 넘어 인간과 만물 간의 소통으로 외연이 급속하게 확장되고 있고 메시지의 전달 능력은 상업화, 권력화되고 있기도 합니다.

일반적으로 소통은 말이나 행동을 통해 상대방에게 자신의 생각이나 감정 등의 정보를 전달하고 이해하는 과정으로 정의됩니다. 즉, 언어, 몸짓, 표정 등의 물리적 기호를 매개수단으로 하는 정신적, 심리적 메시지의 전달과 교류를 소통이라고 합니다. 소통은 집단 사회를 구성하고 유지하는 가장 중요한 사회적 기능으로 집단의 존속과 발전을 결정합니다. 인간은 원초적으로 이러한 소통 능력을 갖고 태어난 호모 커뮤니쿠스Homo Communicus로 소통으로 지속적인 사회 진화 발전을 이루어 왔습니다. 부모-자녀 간의 소통, 세대 간의 소통, 고객-기업 간의 소통, 국민-정부 간의 소통, 학문 간의 소통, 신-인간 간의 소통 등 다양한 소통 방식으로 인간 사회의 면모를 일신하여 왔습니다. 인간 사회의 모든 문제의 해답은 소통에서 발견할 수 있어, 소통은 개인이나 사회의 핵심 역량이 되고 있습니다.

소통은 화자(발신자)와 청자(수신자) 사이의 상호 작용입니다. 화자와 청자 사이의 공간에는 소통 채널이 존재하고, 이 채널을 통해서 메시지를 주고받게 됩니다. 소통 채널을 구성하는 것을 넓은 의미에서 소통 기술Communication Technology이라고 하며, 인간은 원활한 소통을 위하여 다양한 소통 기술을 개발하여 왔습니다.

원시사회에서는 동굴벽화나 그림을 소통의 도구로 사용하였으며, 언어의 발달로 대화가 주요 소통 도구가 되었습니다. 문자의 발명은 소통을 광역화하고 기록하는 데 중심 역할을 하였고, 곧이어 인쇄술의 등장으로 서적, 신문, 잡지 등 대중 소통의 새로운 장이 열리게 되었습니다. 산업사회가 되면서 방송, 영화 등의 출현으로 대중 소통을 가속화하고 전화, TV 등 텔레커뮤케이션으로 소통의 방식과 의미에 근본적인 변화가 야기되었습니다. 컴퓨터의 출현도 정보처리를 가속화하여 소통을 혁신하기 위한 방편으로 이해될 수 있으며, 컴퓨터를 상호 연결한 거대 인터넷은 그 자체가 시간과 공간을 초월하는 소통을 위한 통신망이기도 합니다. 인류 문명은 소통 기술의 발전 역사라고 할 만큼 소통은 인간 사회를 견인해 온 핵심 원동력입니다.

인터넷과 정보기술의 비약적인 발전으로 전통적인 소통 방식에 파란이 일어났습니다. 인터넷의 등장으로 전자우편, 전자 게시판, 인스턴트 메시징Instant Messaging 등이 일상적인 소통의 도구로 자리매김하게 되었습니다. 이러한 소통 방식의 변화는 전통적인 소통 기술의 몰락을 가져왔습니다. 편지, 게시판과 팩시밀리가 사라졌고, 신문, 잡지, 라디오, TV 등 전통 저널리즘에도 지대한 변화가 야기되었습니다. 인터넷과 정보기술이 가져온 소통 기술의 영향력과 파괴력은 엄청난 것이었습니다. 이제 인터넷은 컴퓨터를 연결하는 기술에 머물지 않고, 사람—사물—공간—정보—서비스를 상호 유기적으로 연결하는 지능화된 네트워킹을 형성하여 만물이 소통하는 혁신적인 초연결 사회를 만들어 가고 있습니다. 인간이 화자와 청자가 되었던 소통의 기본 모델은 가전제품과 생활필수품, 도로와 건물, 반려동물 등 세상의 모든 사물을 연결하는 사물 인터넷IoT; the Internet of Things을 구축함으로써 근본적인 변화에 직면하게 되었습니다.

인터넷을 기반으로 문서를 상호 연결하는 웹 기술은 사이버 공간을 형성하고 다양한 소통 도구를 새로이 출현시켜 소통 방식에 심대한 변화를 가져 왔습니다. 웹 기술은 블로그, 소셜 네트워크, 위키, 커뮤니티, 포드캐스트 등 새로운 소셜 미디어Social Media로 전통적인 소통 도구의 몰락을 가속화하며 새로운 소통 문화를 창조하고 있습니다. 특히, 스마트폰과 융합된 소셜 네트워크 서비스는 장벽 없는 소통의 새로운 역사를 창조하고 있습니다.

초연결 스마트 사화의 도래와 이에 수반된 소통 기술의 혁신은 소통의 본질을 새로운 차원에서 이해하고 전혀 다른 새로운 소통 문화를 창조할 것을 요구하고 있습니다.

사람―사물―공간―정보―서비스가 어우러져 새로운 소통 생태계를 조성하고, 시간과 공간의 제약을 받지 않고 여러 방식으로 만물이 소통하는 것이 보편화되었습니다. 소통 패러다임 변화에는 이전의 소통에서 볼 수 없었던 전혀 다른 양태가 나타나고 있습니다. 이러한 변화는 개인과 사회에 심대한 영향을 주고 있으며 소통의 본래적 기능에 새로운 인식을 요구하고 있습니다.

초연결 스마트 사회의 대부분의 소통은 사이버 공간을 중심으로 이루어지고 있습니다. 사이버 공간에서는 소통의 주체를 식별하는 수단으로 ID를 사용하고 있습니다. ID는 소통의 주체를 식별하기 위한 수단일 뿐이며 주체의 본질을 은폐하고 있습니다. 이러한 익명성은 소통 주체를 보호하고 소통의 자유를 보장하여 무제한적 소통을 가능하게 합니다. 익명성을 기반으로 하는 소통 기술의 혁신은 소통의 황금시대를 열고 있습니다. 그러나 익명성은 소통 주체의 정체성의 혼란을 야기하고 무분별한 메시지의 양산으로 소통의 저해하고 있기도 합니다. 익명성에 의존한 사고 능력이 결핍된 소통은 감정에 매몰되어 충동적으로 소통하게 되고 언어폭력을 수반하게 됩니다. 익명성은 소통 혁신에 양날의 칼로 작용하고 있는 것이 현실입니다.

소통 기술은 1:1 소통보다 N:M의 집단 소통을 더 원활하게 하고 있습니다. 소셜 네트워크에서 보는 것처럼 인간을 포함한 다양한 소통 주체는 점점 더 집단 소통을 선호하고 있습니다. 소통의 원초적 목적이 생각과 정보를 신속하게 전달하는 것이라고 하면, 집단 소통은 그 목적을 성취하는 데 최상의 방법이므로 집단 소통의 선호는 당연한 현상이라할 수도 있습니다. 또한 인간의 집단적 사회를 구성하고 있기 때문에 집단 소통은 사회 통합에 효과적인 방법이기도 합니다. 그러나 집단 소통은 소통 권력으로 변질되는 문제를 내포하고 있습니다. 수백만 명의 팔로우를 거느린 페이스북 사용자의 메시지는 팔로우들에게 교시적 메시지로 작용하기도 합니다. 메시지의 왜곡은 개인과 사회에 심대한 악영향을 미치게 되며 폐해는 급속하게 확산될 수 있는 위험성이 있습니다. 이미 집단성이 익명성에 내포된 폭격성과 결합하여 왕따, 학교 폭력 등으로 표출되어 사회 문제가 되고 있습니다.

정보기술의 발전으로 지능형 로봇의 보급이 가속화되고 있고, 사물인터넷으로 모든 사물이 서로 소통하는 초연결 사회가 가시화되었습니다. 현실 공간보다 사이버 공간에서 생활하는 기산이 늘어나면서 사람 간의 소통보다는 비인격적 사물과의 소통이 더 빈번해졌습니다. 스마트폰 역시 음성인식 기술이 보편화되면서 상호 대화의 소통 도구로 변신하고 있습니다. 이러한 소통의 비인격화는 소통의 목적을 다극화하고 이러한 변화된 상황에 적응할 것을 요구하고 있습니다.

인터넷과 정보기술이 양산한 다양한 소통 도구는 인간의 소통 본능을 자극하여, 소통을 게임으로 인식하여 몰입하게 만들고 있습니다. 소통 중독은 사회현상으로 확산되고 있으며, 소통 단절을 야기하는 역설적 현상이 발생하고 있습니다. 소통 도구에 과중하게 의존된 소통은 소통 주체를 사이버 공간에서 고립시키고 메시지만을 전달합니다. 소통 중독은 소통을 위한 인지 사고 능력을 마비시켜 정상적인 소통을 방해하게 됩니다.

소통이 사이버 공간을 중심으로 전개되고 있어 소통의 범위가 글로벌화되었고, 메시지 전달도 빛의 속도로 이루어지고 있습니다. 소통의 속도성은 소통 공간을 축약하여 소통 주체를 더욱 근접하게 하는 친화적 기능을 하고 있습니다. 반면에 잘못된 메시지는 회수 불가능한 상태로 급속하게 확산될 수 있는 위험성도 있습니다. 소통의 속도성은 소통 주체의 이성적 판단과 소통 도구의 속성에 대한 세심한 이해를 요구하고 있습니다.

초연결 스마트 사회는 정보기술 만큼이나 급속도로 동작하는 사회입니다. 소통이 빛의 속도로 전파되는 것처럼, 메시지도 이에 적합하도록 지극히 짧게 축약되고 있습니다. 트위터의 140자 단문은 오히려 장문으로 느껴질 정도로 초단성 메시지가 소통의 주류를 이루고 있습니다. 초단성 메시지 생성을 위해 난무하는 축약어, 은어 등은 언어 파괴의 원인이 되고 있습니다. 언어 파괴는 결국 소통의 단절로 이어지고 소외감을 조장하게 됩니다. 또한 소통을 위한 인지 체계를 혼란시켜 소통 장애를 유발하게 됩니다.

인터넷과 정보기술은 웨어러블 컴퓨터, 사물인터넷 등의 혁신 기술로 초연결 스마트 시대를 열어 가고 있습니다. 초연결이란 모든 사물이 장벽없이 소통하는 것을 의미합니다. 진화하고 있는 초연결 스마트 사회에 적응한다는 것은 결국 소통 패러다임의 전환이라고 할 수 있습니다. 변화된 소통 생태 환경에 적응하여야 초연결 스마트 사회 발전을 주도할 수 있습니다. 그러나 모든 과학기술이 그러하듯이 새로운 소통 도구 역시 양날의 칼이 되고 있습니다. 소통 기술에 의존하는 소통이 아니라 인간 중심의 주체적 소통을 이루어질 때 초연결 스마트 사회의 비전도 성취될 수 있습니다. 기술에 매몰된 소통이 아니라 마음을 열고 가까이 다가가서 진솔하게 대화하고 공감하는 소통으로 새로운 호모 커뮤니쿠스로 진화하여야 할 것입니다. 어느 시대보다도 인간 중심의 주체적 소통이 필요한 때입니다.

오늘날 스마트폰의 중요성은 아무리 강조해도 지나치지 않을 정도입니다. 이용자 수는 450만 명을 훌쩍 넘었습니다. 이젠 스마트폰이 아니면 휴대폰으로 취급하지 않는다는 비화까지 떠돌 정도입니다. 스마트폰은 휴대성과 다기능성을 무기로 가입자를 늘려가고 있습니다. 스마트폰과 결합해 트위터와 같은 소셜네트워크서비스(SNS) 등이 급성장하고 있습니다. 최근 개발된 당뇨병 수첩은 스마트폰 사용자라면 누구나 무료로 사용할 수 있어 환자뿐만 아니라 의사 역시 효율적인 혈당관리를 할 수 있을 정도입니다. 최근 교회 예배 시간에 성경과 찬송가를 휴대하지 않고 스마트폰으로 시청하는 이들도 심심치 않게 볼 수 있습니다.

스마트폰은 빠른 정보 구현력과 편리함으로 현대인의 삶을 바꿔 놓았습니다. 하지만 그 이면엔 해킹과 애프터서비스 문제 등 각종 위험과 불편함이 도사리고 있습니다. 수년 전에는 스마트폰이 모바일 악성코드 '트레드다이얼'에 감염된 사례가 확인된 데 이어 애플사 아이폰의 '앱스토어', '아이튠즈'가 해킹 당했습니다. 이렇게 스마트폰의 정보 유출 위험성이 지속된다면 사상 최악의 해킹 대란이 일어날 수도 있습니다. 앞에서 언급했던 당뇨병 수첩은 스마트폰 사용자만이 사용할 수 있다는 편협함을 갖고 있습니다. 이런 요인이 반복적으로 작용한다면 빈부격차의 심리적 소외감이 불거져 우리 사회를 위협할 수도 있습니다. 사람들은 스마트폰의 열풍으로 멀쩡한 휴대폰을 폐기하고 변경하기도 합니다. 이는 과소비를 부추기고 어플리케이션을 다운받는 데 많은 시간을 낭비하게 만들기도 합니다.

이제 스마트폰은 우리 생활에 없으면 안 될 일부로 자리 잡았습니다. 아침에 스마트폰 알람으로 일어나 뉴스 검색, TV 시청, 게임, SNS 등으로 하루를 보내고 잠이 드니 말입니다. 이처럼 편리함을 강조하는 이 시대에 우리는 알게 모르게 스마트폰에 얽매어 있습니다. SNS의 성행으로 사람들은 직접적인 만남보다 가상 공간의 만남을 선호하고 있으며 이로 인해 사람과 사람 사이의 벽이 쌓이고 있습니다. 어쩌면 머지않아

전국적으로 스마트폰이 확산돼 점점 더 만남을 통한 인간관계가 황폐화될지도 모릅니다. 스마트폰이라는 수갑에 묶인 채 그 현실에 안주하며 살아갈지도 모릅니다.

SNS는 정보를 공유하고, 시공간을 뛰어넘어 친구 관계 유지할 수 있다는 장점이 있습니다. SNS가 발달하면서 젊은 층의 정치에 대한 관심과 참여가 높아졌다는 긍정적인 변화도 있습니다. 그러므로 적절히 이용한다면 개인적·사회적으로 활력이 될 수 있을 것이란 전망도 있습니다. 그러나 적정선을 지키지 못하고 헤어 나오지 못할 경우 오프라인에서 문제가 되기도 합니다. 온라인상에서는 잘 알지 못하거나 전혀 모르는 사람들에게도 사생활이 노출될 수 있으므로 공개 범위가 넓다는 특성상 글을 올릴 때는 주의해야 합니다. 글 하나로 인해 사회적 파장을 일으키기도 하고 자신에게 큰 손해가 되어 돌아오기도 합니다. 사생활뿐만 아니라 인간관계에서도 문제가 생길 수 있습니다. 실제로 SNS상에서 많은 친구들과 교류를 하는 사람들 중에 오프라인에서는 외톨이 생활을 하는 사람이 많다는 사례를 다룬 기사들을 종종 볼 수 있습니다.

지난 2014년 한국정보화진흥원의 조사에 따르면 스마트폰 전체 사용자(3,740명) 중 8.4%가 중독 증세를 보이고 있고, 중독자 중 77.7%가 주로 채팅 메신저 SNS를 사용한다고 밝혔습니다. SNS 중독 현상은 예외가 없습니다. 나이, 성별, 학력, 직업 등에 무관합니다. 스마트폰 사용자 중 사람과 얼굴을 맞대고 있는 상황에서 SNS와 메신저를 하느라 상대방의 말에 집중하지 못한 경험은 누구나 있을 것이라 생각합니다. 중독자들은 별다른 취미생활 없이 스마트폰을 항상 갖고 있었고, 온라인상에서 사람들과 많은 교류가 있지만 항상 만나는 가족들과 대화가 오가지 않는 경우가 많다고 합니다.

SNS 중독은 스마트폰의 보급과 함께 생겨난 증상으로 사회의 새로운 문제로 떠오르고 있습니다. 이를 해결할 방안도 뚜렷하게 마련되어 있지 않은 상황이기 때문에 문제는 더욱 심각합니다. SNS는 오프라인의 인간관계를 뒷받침할 수 있는 수단 중 하나일 뿐입니다. 수단과 목적이 뒤바뀌서는 안 될 것입니다.

어느새 소통과 대화가 스마트폰으로 이루어지면서, 포용력보다는 개인주의가 많아졌습니다. 또한 스마트폰의 최대 장점인 신속한 정보 전달 능력은 왜곡되고 확인되지 않은 루머의 확산에 엄청난 파급효과를 줄 수가 있습니다. 이처럼 장점이 심각한 단점으로 변질되기도 합니다. 이제는 과학적 해결방안이 아닌, 사회적인 방법이 필요할 때입니다. 사람을 직접 만나 이야기도 많이 하고, 웃고 울 수 있는 인간적인 면모가 필요합니다. 미디어를 보는 시각에도 무조건적인 믿음이 아닌, 비판적인 시각에서 볼 줄 알고, 하루 1시간만이라도 사람들과 소통하는 시간을 갖는 것이 좋을 것 같습니다.

사람 인人자는 두 사람이 서로 기대어 있는 모습에서 비롯되었다고 합니다. 사람은 사람과 더불어 살아가는 사회적 동물입니다. 그런데 어느 순간부터 사람과 사람을 잇는 매개체로 기계가 등장하기 시작했습니다. 사람이 기대어 있다는 것은 곧 접촉을 의미합니다. 그리고 그 깊이는 검은 획들의 교환으로 깊어지는 것이 아닌, 서로 만나 마주볼 때 깊어집니다. 이제 메신저에서 친구의 프로필 사진을 보고 문자로 대화하지 말고 직접 얼굴을 마주보고 교감해 봅시다. 그리고 그 만남의 시간 동안만큼은 스마트폰을 잠시 비행기 모드로 해 두는 건 어떨까요? 스마트폰만 바라보며 고개 숙이고 침묵하기보다는 서로 웃고 떠들며 대화하기를 기대해 봅니다.

가족의 소통이 중요합니다

점점 마주하지 않고 소통하는 시대, 소통은 넘치지만 소통은 없는 시대입니다. 하루 종일 스마트폰으로 소통하지만 매일 만나는 가족과의 소통은 어떠한가요? 오늘부터 단 10분이라도 사랑하는 사람의 눈을 바라보고 소통하면 어떨까요? 그러다보면 어느새 눈빛에 담긴 순수한 언어로 대화하게 되고 서로의 빛나는 영혼과 마주하게 될 것입니다.

미국의 유명한 칼럼니스트인 수잔 모샤트Susan Maushart는 10대인 세 자녀와 함께 열심히 살고 있다고 자부해 왔다고 합니다. 그러던 어느날 문득, 갑자기 자신을 포함한 자녀들이 디지털 기기에 심각하게 중독되 가고 있다는 사실에 놀랐다고 합니다. 가만히 생각해 보니 자녀들이 귀가하면 스마트폰만 만지작거렸습니다. 이래서는 도저히 안 되겠다고 여겨, 자녀들에게 6개월 동안 '집에서는 스마트폰 사용 금지'라는 청천벽력과 같은 선전포고를 하고야 말았습니다. 그 말에 자녀들은 강력하게 반발하였습니다만 그녀는 분명한 자세로 밀어붙였다고 합니다. 이렇게 시작한 스마트폰 금지로 인한 첫 번째 변화는 다름 아닌 '서로 눈을 바라보기'였습니다.

만일 우리가 스마트폰도, 인터넷도 없는 세상에 살아야 한다면 어떤 일이 벌어질까요? 아마도 공원에서 거리에서 서로 마주보며 까르르 웃는 소리가 더 크게 자주 퍼지지 않을까 싶습니다. 사전이나 책을 들고 다니면서 필요할 때마다 펼치지 않을까요? 무엇보다 대화할 때 눈을 마주하고 소통할 것입니다. 눈빛만으로도 깊은 내면의 마음을 알아채는 능력이 커가지 않을까요?

언젠가 어느 상담교사가 학생들에게 "친구와 눈을 마주하고서 대화하기"라는 과제를 내준 적이 있었습니다. 대화할 때의 조건은 다른 것을 하면서 하면 안 되고 온전히 친구에게만 단 10분이라도 집중하는 것이었습니다. 그리고 일주일 후 과제를 제대로 수행했는지 확인해 보았습니다. 그런데 놀랍게도 35명 중 단 한명도 그 과제를 제대로 수행한 사람이 없었습니다. 어떤 학생은 대화하려고 시도했지만 기회를 찾지 못했다고 하고, 어떤 학생은 서로 집중하지 못하고 다른 것을 하는 탓에 실패했다고 합니다. 물론 그중 한 학생은 잠깐의 시도였지만 눈을 바라보는 순간에 친구와의 특별한 교감을 느꼈다고 합니다.

얼마 전 어느 설문조사에 의하면 부모 자녀 간의 하루 대화 시간이 30분도 안 된다고 합니다. 그나마 대화 내용이 자녀의 학교성적에 관한 것이라며 학생들은 불평한다고 합니다. 부부간의 대화도 하루 10분이 채 안 된다고 하니 안타깝습니다. 그런데 더욱 안타까운 것은 그 이유가 놀랍습니다. 바빠서, 싸울까봐 그리고 말이 안 통해서라고 합니다. 어떤 부부는 다퉜다하면 서로 말도 하지 않고 스마트폰 카카오톡으로만 소통한다고 합니다. 이것이 오늘 우리나라 가정의 현실입니다. 이들 가정의 행복도는 예상대로 매우 낮았습니다. 어느 연구 결과를 보면 주 4회 이상 가족이 함께 식사하며 대화하는 가족이 그렇지 않은 가족보다 2배 이상 삶의 만족도가 높고 사회적응력도 높았다고 합니다. 결국 가정의 행복은 '소통의 유무와 그에 따른 능력'에 있습니다.

가족은 다른 사회 집단보다 오히려 의사소통에 장애가 많고, 문제가 심각할 수 있습니다. 왜냐하면 가족은 사람 수가 적고 접촉 시간이 길어서 서로에게 주는 영향이 크며, 애정과 혈연관계에 있으므로 공동의 일체감이 강해서 다른 집단보다 상호의존도가 크게 나타나기 때문입니다. 가족 구성원 간의 의사소통은 다른 집단보다 더 복잡하고 다양하며, 서로에게 미치는 영향이 크고, 무계획적·무책임하게 진행되기 쉽습니다. 서로 밀접한 관계에 있기 때문에 문제가 발생했을 때 더욱 감정적이기 쉽습니다.

가족 구성원 간의 충분한 이해 속에서 이루어지는 민주적 의사소통은 가족의 건강한 발달을 위해 매우 중요합니다. 가족은 의사소통을 통하여 서로에 대한 애정과 불만을 표현하거나, 가족 내에서 발생하는 여러 가지 크고 작은 문제들을 해결합니다. 가족 구성원 간의 올바른 의사소통의 결과는 친밀한 가족 관계가 유지될 수 있고, 서로 간의 결속력이 커지고, 사회에서 원만한 인간관계를 형성하고 유지해 나갈 수 있습니다. 의사소통을 잘하는 가족의 특성은 다음과 같습니다. 서로 친밀한 관계임을 자주 표현합니다. 서로 경청하고 상대의 말이나 행동에 반응합니다. 표정이나 몸짓과 같은 비언어적인 행동도 중요하게 여깁니다. 개인적인 감정과 독립적인 사고를 존중합니다. 화제話題를 돌리거나 업신여기는 말은 하지 않습니다. 이처럼 행복한 가족 간의 의사소통을 잘하는 방법으로는 다음과 같은 것들이 있습니다.

첫째, 상대방의 말을 잘 듣습니다. 상대방의 의견을 잘 듣고 의미를 잘 파악하되 비판, 견해, 충고, 분석, 질문을 하지 않으면서 자신이 상대방을 존중한다는 표현을 해 주어야 합니다. 상대방의 말을 들을 때는 언어적 표현뿐만 아니라 반언어적·비언어적 표현에도 주의를 기울여야 합니다. 상대방의 이야기가 진행되고 있을 때는 반응을 보임으로써 경청하고 있음을 표현하는 것이 좋습니다.

둘째, '나'를 주어로 하여 솔직한 자신을 표현합니다. '나─전달법I-message'이란 상대방에게 주어진 상황에 대한 자신의 느낌과 생각, 의견 등을 '나'를 주어로 하여 표현하는 것입니다. 나─전달법은 상대방을 비난하지 않으면서 상대방의 행동에 대한 자신의 솔직한 감정과 희망 사항 등을 표현하게 되므로 가족 구성원 간에 이해와 공감대를 형성할 수 있습니다.

셋째, 긍정적인 언어를 사용합니다. 긍정적인 언어는 상대방을 격려하고 지지함으로써 신뢰와 애정의 관계를 이루게 합니다. 부정적인 언어는 상대방에게 열등감이나 죄의식을 가지게 하고 심한 갈등의 관계를 낳습니다. 그러므로 칭찬과 격려, 공감, 부탁, 지지와 같은 긍정적인 언어 표현을 사용하면 의사소통이 원활하게 이루어지고 가족 구성원 각자의 발전에 도움이 됩니다.

넷째, 언어적 의사소통과 비언어적 의사소통을 일치시킵니다. 언어적 의사소통 방법과 비언어적 의사소통 방법을 함께 사용할 때 두 가지 방법이 일치 하지 않으면 수신자는 혼란을 느끼게 되어 의사소통이 잘 이루어지지 않게 됩니다. 언어적 의사소통과 반언어·비언어적 의사소통이 일치할 때 메시지는 효과적으로 전달됩니다.

서로 소통하는 공감적 경청이 매우 중요합니다. 이를 위한 방법으로는 가능한 한 가까이 앉아야 합니다. 편안한 시선으로 상대의 눈을 바라보아야 합니다. 고개를 끄덕이는 등 듣고 있다는 것을 표현해야 합니다.

다른 생각을 하지 않고 상대방과의 의사소통에 집중해야 합니다. 상대방의 말을 끝까지 듣고 자신의 의견을 말해야 합니다. 상대방의 몸짓, 자세, 표정도 해석해야 합니다. 상대방의 말을 들으면서 다른 일을 하지 않습니다.

나−전달법은 자신의 생각이나 감정을 전달할 때에는 솔직하고 정확하게 표현하는 능력이 필요합니다. 상대를 비난하는 너−전달법이 아니라 '나'를 주어로 한 표현으로 자신이 느끼는 감정과 경험을 솔직하게 표현한다면 상대방이 나의 입장을 더 잘 이해할 수 있습니다.

그렇습니다. 행복의 조건은 '관계'이고 관계에서 가장 중요한 핵심은 '소통'입니다. 소통은 단순히 '대화'만을 의미하지 않습니다. 청소년의 아버지라 불리는 돈 보스코Don Giovanni Bosco는 "사랑하는 것에 멈추지 않고 사랑받고 있음을 느끼게 하라"라고 합니다. 사랑받고 있음을 알게 해주는 것, 이것이 바로 '소통'입니다. 상대에게 주의를 기울여 눈을 바라보고 대화할 때 '나는 온전히 너와 함께 한다'는 사랑 깊은 표현이 전해집니다.

지구상의 60억 인구 중에 한 여자와 한 남자가 만나 한 가정을 이루고 사는 것은 기적에 가깝다고 합니다. 신혼 초에는 남녀 간의 '이성애'로 살다가 혈기왕성한 40대, 50대는 지지고 볶으면서 '전우애'로 살고 60대 이후로는 '모두 다 사랑하리~'라며 '인류애'로 산다고 합니다. 요즘은 수명이 길어지다 보니 '자식'과 '돈' 보다도 '짝'이 중요하다고 하는데 저도 아내와 연애 시절과 신혼 초를 되새기면서 다시 '이성애'로 돌아가야 할 것 같습니다.

종이 책 독서는 마음 수련과정이랍니다

농촌에서 살다가 가끔 서울에 가 보면 지하철이나 기차에서 책을 읽는 사람을 찾아보기가 힘듭니다. 저만 아직도 촌스럽고 아날로그인지 손에 책을 들고 다니고 생각나면 펼쳐보곤 하는 것만 같아 혼자 책을 펼치기가 멋쩍을 때도 있습니다만 그래도 그냥 무료한 시간을 책과 같이 보내곤 합니다. 가끔 호기심에 사람들이 스마트폰으로 무엇을 하는지를 몰래 훔쳐봅니다. 사람들은 대부분 드라마를 보거나 게임이나 검색을 합니다. 그래도 반가운 게 간혹 전자책을 읽는 사람들이 있습니다. 그런데 어찌나 빠르게 넘기는지 제대로 읽는 건가 싶기도 합니다.

전자책을 읽는 사람의 동공을 추적하다 보면 시선이 뒤죽박죽이고 시선이 아예 가지 않는 곳도 보인다는 연구 결과가 있습니다. 그래서 빨리 읽을 수도 있겠다 싶습니다. 그러나 종이 책을 읽는 사람의 동공을 따라가자면 시선이 빈틈없이 채워지면서 고루 분포되어 있다고 합니다. 읽고 난 후에도 책을 읽은 사람이 훨씬 꼼꼼하게 기억하고 있지만, 진자책을 읽은 사람은 전체적인 흐름 정도만 파악하는 경우가 많다는 것입니다.

또한 소설을 책으로 읽었을 때와 웹으로 읽었을 때의 차이를 연구한 사례를 보니, 이 또한 웹에서 읽은 사람들이 제대로 기억하지 못하고 산만하게 답변하였다고 합니다. 이들은 이야기 자체보다 하이퍼 기능에 초점을 두었기 때문이라는 것입니다.

스크린에서 텍스트를 읽을 때는 빨리 읽으려는 경향이 있어 깊은 이해력과 집중력에 문제가 생깁니다. 문자에서 의미를 찾는 해독 과정에서 멈추어야 의미전달이 됩니다. 그런데 전자책은 능동적인 의미구성의 과정을 거치지 못하게 합니다. 마치 검색을 하듯이 훑어보려는 경향이 있기 때문입니다. 한 방송사에서 연구한 결과를 보더라도 초등학생들에게 종이 책과 전자책을 읽고 난 후 결과를 보니 오답이 종이 책보다 전자책이 3배 이상 높게 나왔습니다. 그만큼 전자책에 집중하지 못하기 때문입니다.

그럼에도 오늘날 전자책 시장이 급성장하고 있습니다. 불과 3~4년 만에 10배 이상 커지고 있고 앞으로 더 성장할 전망이라고 합니다. 언젠가는 미국 캘리포니아 주에서 아예 '종이 책을 없애겠다'고 선언한 적이 있었습니다. 제가 몸담는 교육계도 전자출판의 활성화를 체감하곤 합니다. 각종 교과서를 CD로 간편하고 가볍고 편리하게 제작하여 학생들에게 무상으로 제공하기도 합니다. 무거운 책들로 축 쳐진 어깨로 학교에 다니는 학생들에게는 아주 유용한 일일이기도 합니다. 교사들도 무거운 종이 교과서가 아니라 CD 한 장에 교과서 내용 전체와 관련 PPT와 동영상과 음성파일이 내장된 것을 수업용으로 사용하기도 합니다.

책을 하나의 지식 덩어리로만 본다면 전자책은 가격도 싸고 가볍고 편한 게 사실입니다. 그리고 무엇보다 많은 글을 읽을 수 있어 좋습니다. 스마트 기기 안에 도서관을 차려도 될 것 같습니다. 그러나 책 읽기는 단순히 지식을 검색하듯 찾는 것이 아니라 어쩌면 이 시대에 가장 필요한 집중하고 인내하는 마음 수련의 태도가 요구되고 인성 교육의 중요한 수단입니다. 18세기 읽기 혁명이 일어났을 때 사람들은 책 읽기를 몸과 마음을 다하여 읽는 엄청난 고된 훈련이라고 생각하였습니다. 독서를 몸과 마음이 온전히 변화할 수 있는 신성한 행위로 여겼던 것입니다. 책 읽기는 책 속의 지식이나 정보만을 얻기 위함이 아닌 책장을 넘기면서 멈추고 인내하며 쌓아가는 마음의 수련 과정입니다. 즉, 책은 단순히 내용을 담은 그릇만을 의미하지 않습니다. 종이 책은 시각과 촉각과 연결되어 마음과 몸으로 전달됩니다. 종이를 만지작거릴 때 느껴지는 손맛, 넘어가는 소리와 향기 가득한 냄새, 책갈피 사이에서 흘러넘치는 여유 그리고 책의 무게를 통해 느껴지는 묵직한 고뇌 사이에 흘러오는 만족감이 있습니다. 이런 평화로움과 여유와 행복감을 전자책에서 얻을 수 있을까요?

"10년 이상의 교도소 생활을 버티게 하는 힘이 독서하는 습관"이라고 한 글을 읽은 적이 있습니다. 좋은 습관만이 불확실한 미래를 대비해 줍니다. 습관이란 일상의 풍경이며 동시에 인격입니다. 신경학적으로도 매일 어떤 생각을 반복적으로 하느냐에 따라 그 사람의 인격이 결정된다고 합니다. 책 읽기는 지식을 얻어낼 뿐 아니라 책 읽는 행위를 통해 인내하며 견디는 지고至高의 수련입니다. 깊이 읽을수록 더 깊이 생각하고 깊이 생각한 그만큼 인격으로 드러납니다.

요즘 청소년은 물론이고 대학생이나 어른들도 책 읽는 습관을 지닌 사람들이 그리 많지 않은 게 사실입니다. 우리 학생들의 토론만 들어도 얼마나 책을 읽지 않는지 알 수 있습니다. 멋쩍고 부끄러워 자신없어하는 태도, 산고產苦의 고통만큼 힘들어 하는 글쓰기, 연체동물처럼 흐느적

거리며 쓰러질 듯 앉아있는 자세, 눈빛도 태도도 의욕이 좀처럼 보이지 않아 가끔은 영혼없는 좀비처럼 느껴질 정도입니다. 더욱 놀라운 것은 잘했다고 상품으로 문구류나 생활필수품을 주면 '와!' 하고 함성을 지르지만 그보다 훨씬 비싸고 값진 '책'을 주면 '에~' 하고 실망합니다. 이들에게 책은 단지 스트레스와 중압감을 가져다 주는 반갑지 않은 '교과서'와 다름없는 것 같습니다. 이는 저와 같은 교사나 목사들도 마찬가지입니다. 주변에서 보면 책을 읽는 이들을 찾아보기 어렵습니다.

가장 좋아하는 작가는 누구인가요? 2번 이상 읽었던 책이 있으신가요? 간단해 보이는 질문이지만 이 질문에 선뜻 대답하지 못하는 사람들이 많습니다. 취미란에 가장 흔하게 적히는 것이 '독서'입니다. 그런데 언제부턴가 독서는 특별한 일이 되어 버렸습니다. 그럼 질문을 바꿔 보겠습니다. 최근에 읽어 본 책은 어떤 것인가요? 한 달에 읽는 책은 몇 권이신가요? 이 역시도 쉽게 대답하지 못하는 사람이 많이 있을 것입니다. 바쁘다는 핑계로 책을 너무 멀리한 것은 아닐까요?

최근 문화체육관광부에서 조사한 바로는 우리나라 성인 연평균 독서량이 10권이 채 안 된다고 합니다. 한 달에 1권도 되지 않는다고 합니다. 이것마저도 줄고 있는 추세라고 합니다. 오히려 초·중·고 학생 독서량이 32.3권으로 성인보다 훨씬 높았으며 독서량은 증가하는 추세입니다. 이렇게 독서에 쏟는 시간이 줄어드는 것은 좀 더 편한 것을 추구하는 이유 때문인 것 같습니다.

읽어야 하고 생각해야 하는 독서보다 눈으로 보고 바로 들어오는 콘텐츠인 영상물이나 좀 더 자극적인 게임 그리고 요즘 문제되고 있는 스마트폰까지……. 우리는 많은 시간을 이러한 것들을 보며 소비하고 있습니다. 물론 스마트폰 등의 사용으로 새로운 문화 패러다임을 만들고 다른 사람들과 소통하는 것은 이들 디지털 기기가 가지고 있는 큰 장점입니다. 그러나 발달하는 우리 기술과 달리 책을 통해 교양의 소양을 늘리거나 교훈을 얻으려는 사람은 점점 줄어드는 추세입니다. 사회가 발달할수록 우리는 점점 더 책과 멀어지고 있습니다. "독서가 정신에 미치는 효과는 운동이 몸에 미치는 효과와 같다."라는 말이 있습니다. 독서는 경쟁력입니다. 독서를 하며 사고를 키우고 능동적인 생각을 하게 합니다. 우린 좀 더 활자와 친해질 필요가 있습니다. 책들은 우리와 가까워질 준비가 되어 있습니다. 스마트폰이나 태블릿PC 등을 통해 e-book의 형태로 가벼워진 독서를 즐길 수 있습니다. 우리가 책에 할애하는 시간이 좀 더 늘어났으면 합니다. 마음의 양식이라는, 모두가 아는 흔한 말처럼 책은 정말 풍요로운 양식이니까요.

저는 요즘 학생들과 함께 인문학 책 읽기과 글쓰기를 해 보는 중입니다. 매달 하나의 주제를 정해 그에 대한 책을 찾아보고 읽고 이를 토론해 보고 그것을 정리해 보는 것입니다. 서툴고 어색하지만 그래도 같이 하니 서로를 격려하면서 해 나갑니다. 이 모임에서 제가 가끔하는 이야기입니다.

"책 읽기가 즐거워 습관이 되기도 하지만 습관을 길들이면 즐거운 법이야. 습관이 되기 위해서는 집중하는 연습이 필요해. 조금 익숙해지면 어느 순간 깊어진 자신의 모습을 보게 될 거야. 사색할 능력이 없는 사람은 스트레스나 신경증에 취약하다고 하지 않니? 내면의 실재에 주의를 기울이지 않으면 마음의 고요함이 교란에 빠지기 때문이야. 반면에 깊이 읽고 깊이 생각하다 보면 육체적인 쾌락과 견줄 수 없는 거대한 지적 쾌감으로 벅찬 기쁨과 환희를 느끼게 될거야."

언젠가 본 하버드대 경제관련 논문을 보면 '네트워크 중독'에 빠진 현대인들이 3분마다 뭔가에 의해 방해를 받는다고 합니다. 이는 마리화나를 피우는 것보다 지능에 더 악영향을 준다는 것입니다. 그러니 우선 잘못된 습관부터 버려야 합니다. 언제요? 바로 지금입니다. 아이든 어른이든 빠를수록 좋습니다. 생각없이 스마트폰 만지작거리는 습관, 집에만 들어서면 컴퓨터나 텔레비전을 켜는 습관, 잠시의 여백도 즐기지 못하고 가십에 빠지는 습관, 10분 이상 책이나 수업에 몰입하지 못하고 오만가지 망상에 빠지는 습관, 외로워서 못살겠다며 여기저기 기웃거리는 습관 등에서 과감하게 벗어나야 합니다.

책을 펼칩시다. 어떤 책이라도 좋습니다. 우물쭈물할 시간이 없습니다. 지금까지도 문제없이 살아왔다고요? 아닙니다. 지금부터가 문제입니다. 그러니 지금이라도 습관을 들여야 합니다. 어느 시기이건 책을 읽어야 합니다. 책은 평생 해야 할 마음의 공부입니다. 눈이 보이지 않고 침침해질 때까지 읽어야 합니다. 백발의 노인도 책을 읽습니다. 아름답지 않은지요? 어떤 이들은 지금은 바쁘니 나이 들어 할 일 없을 때 읽겠다고 합니다. 젊었을 때 하지 않은 것을 나이 들어 할 수 있을까요? 체력을 키우기 위해 운동을 하듯, 마음과 두뇌의 힘을 키우기 위해서는 책을 읽어야 합니다. 책 읽기는 순간의 만족을 느끼게 하는 디지털문화에서 두뇌를 살리기 위한 최후의 보루입니다. 그리고 마음공부의 지름길입니다. 매일 세수를 하듯 마음을 닦고 가꾸는 데 책처럼 좋은 게 없습니다. 우선 주머니를 털어 동네 서점에 가서 책 한 권 사는 습관부터 기르면 어떨까요? 인터넷으로 구입하는 것도 좋지만 서점에 들러 이 책 저 책 살펴도 보고 정갈하게 정리된 책들을 보면서 그 향기에 취해 보는 것도 힐링이 될 것입니다.

우리 사회 전반을 들여다보면 독서가 일종의 '스펙'을 쌓는 도구가 되어버린 현실을 쉽게 접할 수 있습니다. 특히 중·고등 교육 현장에서 독서는 효율적인 입시 수단의 하나로 취급되는 실정입니다. 대부분의 교사들이 요즘 학생들은 예전에 비해 너무나 책을 읽지 않는다는 데 공감합니다. '야동'과 '게임', 이 모든 것을 한 번에 즐길 수 있는 스마트폰의 대중화는 학생들이 책과 더더욱 멀어지게 합니다. 최근 학교 교육 안에 '독서 교육'이 도입됐지만, 이 또한 입시를 위한 토론, 논설 과정의 지원 책으로만 대하는 경우가 대부분입니다. 심지어 학생들의 독서 활동을 생활기록부에 기록하고 대학입시에 활용해 책 읽기의 도구화를 더욱 부추기는 실정입니다.

책 읽기는 실질적으로 대학입시에 도움이 되며, 책 읽는 아이들이 경쟁력이 있는 것도 엄연한 사실지만 전인적인 가치를 북돋우기 위해 자연스럽게 책읽기를 생활화하는 것이 아니라, 입시 도구로써 책 읽기를 활용만 할 때는 한계가 있습니다. 온갖 엔터테인먼트가 난무하는 우리 사회 현실에서 학교 교육만으로는 올바른 가치의 적용이 어려운 것이 사실입니다. 각 가정에서 부모가 올바른 모범을 보이는 것은 물론, 교회학교 교육과 지역사회 등에서 보다 적극적인 독서 교육이 이뤄진다면, 청소년들이 보편적인 인간 가치를 알고 실천하며 올바로 성장하는 데 큰 힘을 얻을 수 있을 것입니다.

선택과 집중으로 활성화 전략

　요즘 선택과 집중에 대한 말을 많이 씁니다. 교육청에도 그렇고, 심지어 종교기관에서도 그렇습니다. 이는 주어진 재정과 역량을 선택해서 집중적으로 추진해 간다는 뜻입니다. 무수한 일들을 해야 하는데 그 중에 어떤 일을 선택하고 어떤 일에 집중할지에 대한 계획은 반드시 필요합니다. 선택을 통한 집중은 엄청난 힘을 발휘합니다. 얼마 전 들은 이야기입니다. 손목이 없는 사람은 팔이 없다 보니 살아갈 힘을 입에 집중하게 되었습니다. 그가 입에 집중하다 보니 문장 하나를 한 번 읽으면 바로 외워지는 놀라운 능력을 발휘하게 되었습니다. 시각 장애인은 청각에 집중하다 보니 남들보다 청각이 뛰어납니다. 반대로 청각장애인은 시각 능력이 뛰어납니다. 집중은 그만큼 큰 힘을 발휘합니다. 그러기에 무슨 일을 해도 집중해서 노력하면 커다란 효과를 가져오게 됩니다. 그러기에 조직의 리더는 무엇을 선택해서 집중할 것인지에 대한 심사숙고가 중요합니다.

　집중을 하기 전에 어디에 집중할 것인지 선택하는 일에 먼저 머리를 싸매고 고심해야 합니다. 선택을 잘못하면 중요한 것을 놓치게 되고 덜 중요한 것에 투자하여 많은 손실을 입게 됩니다. 그 선택의 기준은 조직의 설립 이념이나 근본 가치를 우선으로 봐야 합니다. 다음으로 조직원의 필요와 그 편에서 생각하면 답이 나옵니다. 그렇지 않으면 무엇을 선택해도 그 선택이 가장 최선의 선택이라 말할 수 없고 조직이나 구성원들에게 도움이 되지 않는 선택을 할 수도 있습니다. 그러므로 리더는 잘 판단하고 분별하는 힘을 가져야 합니다. 그저 쉽게 성과를 내는 것이나 눈에 보이는 성과나 인기를 위한 것, 일시적인 효과를 위한 것을 선택해서 힘을 쏟으면 당장은 좋을지 모르나 결국에는 엄청난 손실을 가져오고 맙니다.

그러므로 선택에 대한 분별력이 필요합니다. 다른 조직이 잘한다고 우리에게 맞는 것은 아닙니다. 오히려 다른 조직이 하지 않는 것인데 우리가 잘하는 것이면 아주 좋습니다. 이런 틈새 전략이면 조직도 활성화되고 불필요한 오해와 경쟁을 피할 수 있습니다. 리더는 창의적 사고를 해야 하고 조직의 가치를 공유해야 합니다. 창의적 사고는 반드시 남들과 다른 새로운 것을 말하는 것이 아닙니다. 큰 틀이 같다고 할지라도 시행방법에는 여러 가지가 나올 수 있습니다. 리더와 구성원들이 머리를 싸매고 함께 고심하다 보면 좋은 방안이 나옵니다. 한 번 선택을 하고 나면 자주 바꿀 수가 없습니다. 그러므로 신중에 신중을 기해서 선택해야 합니다.

몇 가지 선택할 분야가 정해지면 그 일에 집중해야 합니다. 집중해야 할 이유를 모두가 공감해야 하고 필요성을 공유하면 협력과 화합으로 일이 수월해집니다. 구성원들은 모두가 선택한 공유가치에 대해 힘을 모으다 보면 가족 못지 않은 일체감으로 하나가 됩니다. 모두가 한마음,

한뜻으로 추진해야 효과는 배가 될 수 있습니다. 그러므로 리더는 조직의 방향과 중점 과제를 구성원들과 면밀히 검토하여 조직의 역량을 분석하고 함께 논의해 핵심가치를 추출해내는 것이 중요합니다. 그것을 이루는 장기적인 전략과 중단기적인 전술을 단계별로 설정해 나가야 합니다.

폭력과 죽음의 문화를 경계하는 시민의식

　어느 분이 들려준 이야기입니다. 이른바 '문제아'들과 매일 만나면서 정말 가슴 아팠던 기억 하나가 있습니다. 살벌한 경쟁체제에서 뒤쳐져 버린 우리 아이들이, 그 상처와 수치, 좌절감을 잊기 위해 접착제와 가스를 흡입하던 일이었습니다. 아무리 폐해의 심각성을 강조해도 그때뿐이었습니다. 또 다시 접착제와 가스에 취해 흐느적거리다가 잡혀 오곤 했습니다. 그때 많이 고민했습니다. 혼자의 힘만으로 무엇을 어떻게 해야 할지 난감하였습니다. '이럴 때 함께할 사람들이 필요하구나', '이럴 때 누군가가 깃발을 드는 것이 필요하구나', '이럴 때 사회구조적 힘이 필요하구나' 하는 생각도 많았습니다.

　저도 이 이야기를 들으면서 교육자로서 공감하면서 높으신 분들이 법도 만들고 제도도 만들고 하여 우리 청소년들의 아픈 마음을 어루만져 주면 좋겠다는 생각도 해 보았습니다. 그리고 은근히 화도 났습니다. 수시로 정치권 관련 보도를 보면 도대체 뭘 하고 있는 건가 싶었습니다. 당리당략에 치우쳐서 소비적인 논쟁만 일삼고 있으니 매일 수많은 아이들의 영혼이 녹아내리는 것을 알기나 하는 건가 싶었습니다.

요즘들어 자꾸 안타까운 생각이 듭니다. '이종격투기'라고 들어보셨을 것입니다. 이종異種, 서로 다른 유형의 격투기 고수高手들이 한판 붙는 것입니다. 물론 나름 규칙이 있고 심판도 있고, 그 안에 스포츠맨십도 있습니다. 어찌 보면 일반적인 투기종목을 더 활성화한 것으로 보입니다. 그러나 경기를 보고 있노라면 해도 해도 너무 한다는 생각에 제대로 보지 못하고 맙니다. 거의 맨주먹 맨몸으로 도망갈 곳도 없는 폐쇄된 울타리 안에서 그야말로 한판 맞장을 뜨는 것입니다. 맨주먹으로 얼굴을 마구 가격하다 보니 선혈이 낭자합니다. 어떤 때는 상대방을 바닥에 눕혀 놓고 위에 올라탄 사람이 있는 힘을 다해 상대방을 가격합니다. 그 과정에서 실신하는 선수, 뼈나 관절이 부러진 선수도 발생하고, 경기가 끝나면 패자는 곧바로 수술실로 실려 가기도 합니다. 승자는 짐승처럼 포효합니다. 링 바깥에 관전하고 있는 사람들은 환호성을 올립니다. 그야말로 비인간화, 인간성 말살의 동물의 왕국을 보는 듯한 '끝판왕'입니다.

어떤 사람들은 이런 폭력적인 경기로 인해 관중들이 대리 만족을 느끼며, 그로 인해 각기 내면에 들어 있는 원초적 본능인 폭력성이 어느 정도 해소된다는 논리를 펼치기도 합니다. 그러나 '이건 정말 아니다' 하는 생각을 떨칠 수가 없습니다. 특히 우리 청소년들이 이런 경기를 관전하고 또 매료되면서 야기될 악영향을 고민해 봅니다. 다행히 바른 의식을 가진 어느 국회의원의 문제 제기에 따라 공중파 방송에서는 이종격투기 프로그램 방영이 금지되었습니다. 이것을 보고 국회의원 한 사람의 힘이 참 대단하다는 생각을 해 보았습니다. 그러나 다양한 채널을 통해 많은 사람들이 이종격투기에 빠져들고 있는 현실입니다. 여기에는 우리 청소년들도 예외가 아닙니다. 사는 게 불안하고 스트레스의 연속이고, 긴장의 연속이고, 경쟁이 치열하다 보니 더 그런 것 같습니다.

사람들 내부에 잠재되어 있는 분노나, 상처 그로 인한 폭력성, 공격성들을 해소해야 하는 것은 타당한 논리입니다. 어떻게든 풀어내는 것이 그나마 감정의 폭발을 방지할 수 있습니다만 그렇다고 이런 식으로 해소하는 것은 바람직하지 않습니다. 건전하고 건강한 방식으로 풀어내는 방안을 모색해 보면 좋겠습니다.

인간의 존엄성을 모독하는 죽음의 문화는 반드시 배척해 나가야 합니다. 죽음의 문화는 천박한 자본주의에서 기생합니다. 생명보다 자본을 우선시하는 배금주의가 죽음의 문화의 출발점입니다. 무지막지한 개발논리가 죽음의 문화를 부추깁니다. 생명윤리의 경시 풍조가 죽음의 문화를 확산시킵니다. 이런 분위기 속에서 극단적인 선택도 서슴지 않습니다.

우리는 자신도 모르는 사이에 죽음의 문화에 심각하게 노출되어 있습니다. 너무나 비열하고 참혹한 죽음의 문화 앞에 반대의 깃발을 올려야 합니다. 조직폭력배를 미화하는 영화는 거부하는 운동, 잔혹한 이종격투기 금지 운동, 폭력게임 개발 반대 운동에 적극 나서야 합니다.

폭력이나 분쟁이 아닌 대화와 평화를 추구해야 합니다. 함께하는 놀이나 스포츠도 좋고 산행이나 목욕이나 여행 등 얼마든지 긍정적인 방법들도 많습니다. 폭력과 전쟁이 아니라 희생과 용서, 자기 낮춤의 문화를 펼쳐가야 합니다. 그래야 미래 사회를 책임질 청소년들이 이를 보고 자라면서 건강한 마음으로 건강한 사회를 만들어 갈 것입니다.

우리 농촌 살리기 운동

배고프면 분노하고, 차별하면 저항합니다. 이것은 사람의 일반적인 감정입니다. 그래서 이런 사람의 감정을 정치인들이 잘 이용하기도 합니다. 통치의 기술로 활용한다는 말입니다. 아무리 가난해도 먹을거리 걱정은 하지 않도록 하는 것이 독재 정권이 펼치는 고도의 억압 통치술입니다. 이와 달리 차별 금지를 법으로 제정하는 데만 그치지 않고 현실에서도 평등한 문화를 만든다면 그건 진정한 민주 사회의 통치술이 됩니다. 이런 점에서 상대적으로 싼 미국의 농산물 가격에 놀랐고, 미국과 우리나라의 농산물 가격에 대한 차별이 은연중에 잔존함에 실망한 것은 이러한 기준에서입니다.

우리나라에서도 농산물 가격을 통한 왜곡적인 통치술이 발휘되었고 그 여파로 여러 문제가 발생했습니다. 그중 하나가 1970년대부터 시작한 '이중곡가제'입니다. 추곡 수매 제도로써 정부가 농민에게 직접 높은 가격에 쌀을 수매해서 도시의 소비자들에게 싸게 공급하는 정책입니다. 도시의 공장에서 일할 값싼 노동력을 확보하기 위해 저곡가 정책으로 농촌의 노동력을 도시로 유인하였지만, 결국은 도시 노동자들이 지나친 저임금에 분노하였고 이를 잠재우기 위해 만든 제도였습니다. 그러면서도 추곡 수매가는 여전히 낮은 가격에 묶어 두었기 때문에 우리나라의 농업생산구조는 계속 악화일로를 걷게 되었습니다. 우리나라 농촌현실은 분노하지 않을 수 없었고, 저항하지 않을 수 없었습니다. 농사를 지으면서 농약과 제초제에 의한 생태계 파괴를 직접 몸으로 겪은 체험들이 이들을 새로운 선택을 하도록 만들었지만, 유기농에 의한 생명 운동이 얼마나 힘든 고난의 연속인가를 잘 아는 농민으로서는 이를 선택한다는 것은 참으로 어려운 결정이었습니다.

경제 성장의 시장 논리에 치우친 농업 정책으로 지쳐가던 우리 농업, 농민들은 1994년 당시 우루과이라운드(이하 UR) 협상 타결과 함께 세계무역기구(WTO) 출범을 앞두고 더욱 어려운 처지에 놓이게 되었습니다. 농촌을 떠나는 농민들이 계속해서 늘어나는 등 사회 문제로까지 번져가고 있습니다. UR 협상에 따른 쌀 시장 개방에 대한 논란도 혼란을 가중시켰습니다. 여기에 중국 FTA까지 맺어서 어려움이 더해지고 있습니다.

전 사회적으로 무너져 가는 농업을 보호해야 한다는 움직임이 확산되면서 농산물 직거래 운동을 펼친 곳들은 종교계였습니다. 20여 년이 넘는 세월 동안 우리 농촌 살리기 운동은 도시와 농촌, 즉 소비자와 생산자가 서로 힘을 합해 창조 질서 보전을 위한 생명농업을 활성화하고, 도-농 공동체의 단단한 유대 관계를 만들어 나가는 데 지향을 두고 전개되어 왔습니다. 도시와 농촌이 같은 생명공동체로서 공생, 공존의 방안을 찾는 책임과 실천의식을 바탕으로 가치관, 생활양식, 의식, 제도, 정책 등의 변화가 중심이 되었습니다. 우리 농촌에 친환경 유기농업의 생명

농업이 정착되고, 도시 생활 공동체가 농업의 중요성을 인식하였습니다.

그러나 이러한 노력에도 우리 농업·농촌의 현실은 여전히 위기 상황을 벗어나지 못하고 있습니다. 지속 가능한 농업의 형태로서 생명농업의 목표를 상기하고, 생산 공동체 안에서 이를 온전히 지속해 나가기 위한 교육과 독려의 방안을 찾는 데도 함께 나서야 합니다. 도시에서도 생활 공동체를 더욱 확산시켜 나가는 한편, 이미 마련된 곳 역시 더욱 튼튼하게 뿌리 내릴 수 있도록 하는 지원책이 필요합니다.

더불어 농업·농촌을 위한 정책과 제도 개선 활동도 요구됩니다. 영세농의 증가, 쌀 전면 개방 등 우리 농업에 닥친 현실을 반영한 정책과 제도 마련이 시급합니다. 우리 농촌 살리기 운동은 사라져 가는, 이미 사라져 버린 우리 농업·농촌을 되살리는 방안을 찾는 것입니다. 이는 농업이 그 어떤 것보다 중요한 사람의 기본이라는 인식을 갖는 것부터 시작해야 합니다.

경제 발달 위주의 산업 정책이 지속되면서 농촌은 점차 일손을 잃어 갔고, 젊은이들이 거의 도시로 떠나버린 우리 농촌에서는 50~60대 장년층이 '청년'이라고 불립니다. '앞으로 10년 사이에 우리나라의 농업이 없어질 것'이라고 말하는 사람도 있습니다. 이는 '현재 농촌의 젊은 인력이라 불리는 50~60대가 없다면 실제 농업 생산 활동에 온전히 참여할 수 있는 일손이 몇이나 되는가?'라는 질문에서 비롯된 것이기도 합니다. 지금 우리 농민들은 우리 농촌·농업의 미래에 대한 불투명성에 우려를 표하고 있습니다.

지금까지 우리 농민들이 쌓아 온 노하우를 차근차근 물려줄 수 있는 기반이 마련되길 바랍니다. 아울러 농민들이 생산물의 판로販路를 고민하기보다 생산에만 신경 쓸 수 있는 환경이 조성됐으면 좋겠습니다. 이런 과제의 성공을 위해서는 도시 소비자들의 의식 전환, 협력 또한 중요한 몫입니다. 도—농 간의 교류를 바탕으로 생산자는 소비자에게 더 좋은 물건을 값싸게 제공하고, 소비자는 생산자의 마음을 헤아릴 수 있는 계기가 마련되길 바랍니다. 이러한 관심과 애정은 우리 농산물과 생명 농업에 대한 신뢰를 바탕으로 해야 합니다.

늙은 페트병과 같은 노인들을 공경합시다

언젠가 길을 걷다가 바람이 불자 길에 버려져 있던 페트병이 데굴데굴 굴러 발밑에 멈췄던 적이 있었습니다. 바쁜 걸음에 힘껏 걷어찰까 하다가 그러면 쓰레기가 또 나뒹굴 것 같아 페트병을 꾹 밟아 쓰레기통에 버리려고 마음먹고는 힘껏 밟았습니다.

'찌그덕!'

가벼운 비명을 지르며 병은 형편없이 쭈그러들었습니다. 발을 들었는데도 페트병은 제 모습을 회복하지 못한 채였습니다. 어쩐지 불쌍한 생각이 들어 병을 들어 본래의 모양을 찾아 주었습니다. 상표가 붙었던 흔적조차 남아 있지 않는 병의 입구를 쥐고 흔들어 보았지만 안에서 흘러나오는 액체는 아무것도 없었습니다. 담겨 있던 내용물을 물기 하나 남김없이 필요한 곳에, 필요한 사람에게 다 내어 준 모양입니다. 문득 '이 병은 무엇을 담았던 병일까' 하는 생각을 해 보았습니다.

공장에서 출시될 때 담겼던 음료가 다 떨어지면 맑은 물로 세척하고 그런 후에 병에는 또 다른 무엇이 담겼을 것입니다. 물이든 간장이든 음료수든 혹은 귀한 포도주든……. 아마 버려지기 전에는 많은 사람들의 손이 닿았을 것입니다. 목마른 사람을 위해서는 자신의 몸 안에 담긴 음료를 아낌없이 주었을 것입니다. 그러고는 또 선택되면 재활용으로 쓰일지 모르나 버려지면 쓰레기로 버려질 것입니다.

병을 손에 쥔 사람들은 필요에 따라 내용물을 따라 마셨을 것입니다. 그러다 더 이상 쓸모가 없어지면 미련 없이 쓰레기통에 버렸고, 바람결에 가벼운 몸뚱이는 거리를 구르게 되었을 것입니다. 가던 걸음을 멈추고는 가로등 불빛에 병을 들어 자세히 살펴보았습니다. 제게만 밟혔던 게 아닌 듯싶었습니다. 병의 몸 여기저기에는 사정없이 구겨졌던 흔적이 골 깊은 주름처럼 새겨져 있었습니다. 손으로 만져 보니 여기저기에 각이 져 있었습니다.

문득 구겨진 병 위로 부모님의 얼굴이 오버랩 되는 것 같았습니다. 내어줄 수 있는 한 방울의 물마저도 자식이 원한다면 주저 없이 몸을 기울여 짜내던 아버지와 어머니셨습니다. 한 많은 한국현대사의 아픔을 고스란히 짊어지시고 갖은 고생을 마다하지 않으셨습니다. 그렇게 세월이 흘러 자식들은 저마다 제 몫을 감당하는 어엿한 사회인이 되었고 결혼도 하여 가정을 꾸리기도 하였지만 그와 비례하여 부모님의 몸은 여기저기 안 아픈 곳이 없는 종합병원이 되었습니다.

자식들에게 다 내어주다 보니 이제는 자신 있게 내놓을 재산목록도 없으십니다. 진작 직장에서는 퇴임하셨고 마땅히 일할 것이 없으시다 보니 쓰임을 다한 빈병처럼 초라해지셨습니다. 손자녀를 보는 재미가 그나마 즐거움이신데 손자녀들은 공부한다고 바빠 쉽게 만나지 못하고 용돈의 유무와 금액의 많고 적음에 따라 친근함이 달라지니 씁쓸한 현실입니다. 그나마 저희 부모님은 두 분이 살아계시니 나은 편인데 장인

어른이 소천하신 후에 혼자 남으신 장모님은 더 쓸쓸해 보이십니다. 자녀들이 아무리 정성을 다하여 모신다 해도 스스로 느끼시는 소외감과 쓸모가 없다는 자학은, 마음에 주름 골을 더욱 깊게 만들어 놓은 것만 같습니다.

오늘날 노인들의 모습은 안타깝습니다. 내면에는 아직도 쓰임이 있는 사람으로 살아가고자 하는 욕구로 가득 차 있지만 자기실현의 욕구를 채울 곳은 마땅치 않고, 생산성을 상실한 노인을 정성으로 모시는 자녀가 점점 줄어드는 추세입니다. 노인 요양병원과 양로원이 성업을 이루고 있음은 이 사실을 뒷받침하고 있습니다. 최소한의 돌봄마저 거부하는 자녀들 앞에 스스로 죽음으로 항거하는 노인도 있습니다. 혼자 살던 노인이 집에서 죽은 지 한 달여가 지나서 발견되기도 합니다. 소외된 노인은 진정 죽음을 원하는 바도 아닌데 "어서 죽어야지." 하는 말이 입버릇이 되었습니다.

점점 사람을 이용가치로 경제논리로 규정하는 우리 사회에서는 더 이상 노인들은 존재의 소중함을 인정받기는 어렵습니다. 이런 매정한 사회에서는 노인은 그저 그 쓰임을 다한 버려진 페트병과 같을 뿐입니다. 문득 가던 걸음을 멈추고 작은 정성이나마 늙은 페트병을 손질해 주고 가방에 고이 간직하고 집으로 돌아왔습니다. 이것을 보면서 부모님과 장모님 그리고 노인공경을 가슴 깊이 다짐해 보았습니다.

노인은 이용가치가 아니라 은혜의 대상으로, 공경의 대상으로 대해야 합니다. 우리가 결코 잊지 말아야할 것은 오늘 우리가 누리는 풍요와 행복과 편리는 노인들의 피와 땀과 눈물의 결정체라는 것입니다. 우리는 이들의 아픔과 고통을 먹고 자랐습니다. 이것을 잊지 말고 노인공경의 사람됨을 실천할 때 우리 또한 우리의 후손들에게서 이해와 인정을 받으면서 사람답게 살 수 있을 것입니다.

저출산·고령화 사회라는 난제難題가 우리에게 노인공경의 정신과 실천에 대한 거룩한 부담을 가볍게 해 주는 핑계거리여서는 안 됩니다. 바라기는 노인들을 복지수혜자로만 여기는 미숙함이 아니라 이들의 자아실현의 욕구와 평생학습을 통한 사회적응의 욕구를 채워 주는 보다 적극적인 의미의 성숙한 섬김과 공경이 실현되기를 소망해 봅니다. 문득 전화기를 들고 부모님과 장모님과 은사님들과 지역 어르신들에게 안부 전화를 하고 보니 마음 한편이 뿌듯함으로 배가 부른 듯하여 흡족한 하루였습니다.

잘 벌고 잘 쓰는 경제 교육

요즘 세계 경제가 말이 아닙니다. 유명한 미국의 은행들이 거품들로 인해 줄줄이 파산함은 물론이고 그러한 여파로 인해 그렇지 않아도 어려운 우리나라의 경제에도 상당한 위협을 주고 있습니다. 이렇게 되니 물가는 하늘 높은 줄 모르고 치솟고 부유 계층과 빈곤 계층 간의 양극화는 점점 심화되고 있습니다. 이렇게 어렵고 혼란한 때다 보니 많은 사람들이 일단은 이익을 내는 게 먼저이니 복지나 분배 등의 가치는 잠정 유보해야 하는 게 아니냐는 생각을 하기도 하고, 그에 암묵적인 동조를 하기도 합니다. 여기엔 정부나 기업이나 사회 조직들이 마찬가지입니다. 이런 주장에는 일리가 있어 보이기도 합니다. 당장의 위기 앞에서는 위기를 극복하는 것이 최우선 과제이고 여유가 생겨야 나누는 것도 가능하다는 논리입니다. 이런 논리가 바로 '선성장·후분배론'입니다.

그런데 가만히 생각해 보면 이런 논리는 옳지 않을 뿐만 아니라 알고 보면 숨은 의도가 음흉합니다. 이들의 논리는 자기 본위의 생각과 자기 중심성에 따른 것으로 사회 정의를 구현하지 않으려는 의도를 전제로 논리를 정당화해 나간 것입니다.

이렇게 단정적으로 말하는 이유는 오랜 세월 이런 논리를 펴는 사람들의 실상이 그러했기 때문입니다. 이들은 그들이 말하는 대로 위기를 극복하고 더 나아가 성장이 되도 그에 걸맞게 분배를 실행하지 않습니다. 이들의 분배는 마지못해 보여 주기나 생색내기 정도에 그칩니다. 이들은 더 많은 성장을 해야 더 많은 분배를 이룰 수 있다는 논리로 분배를 유보합니다. 그러면서 자기 것이니 자기 마음대로 할 수 있다는 생각과 성장에 공헌한 자기들이 대접받는 것이 당연하다고 생각합니다. 이런 논리를 공공연하게 드러내는 것을 보면 안타깝습니다.

분명 쉬운 것은 아니지만 '내 것'을 '내 것'이라고 하지 않고 '나만 잘 사는 것'이 아니라 '우리'라는 생각으로 '더불어 함께 살아가는 사회 가족'의 개념에서 분배와 나눔을 실천하면 얼마나 좋을까 하는 생각을 해 봅니다. 우리는 나만 잘 사는 것을 경계하면서 끊임없이 공동체로서의 '우리'와 나눔의 실천을 강조해야 합니다. 이것이야말로 참다운 기업가 정신일 것입니다. 내가 열심히 일해서 나만 잘 사는 것이 아니라 우리가 잘 사는 세상을 만들겠다는 생각, 사회에 이바지하겠다는 생각으로 일한다면 그 일이 얼마나 아름다울까요?

최근 심심치 않게 기업인들이 대를 이어 세습하고 탈세와 불법비자금으로 정경유착을 통해 이윤을 창출하려고 하고 방만한 경영으로 위기에 치닫는 것을 보면 왜들 이렇게 어리석을까 하는 생각을 해 봅니다. 좀 멋진 모습으로 자라나는 세대들에게 꿈의 모델이 되어 줄 수는 없을까 하는 생각을 해 봅니다.

마이크로소프트사를 설립한 빌 게이츠Bill Gates나 버크셔 해서웨이Berkshire Hathaway 회장이나 워런 버핏Warren Buffett 등 세계적인 재력가들의 공통점은 재산을 늘리는 것에만 급급해 하지 않고 그만큼 사회에 환원을 많이 한다는 것입니다. 특히 투자의 귀재 워런 버핏은 자신의 재산 가운데 85%인 총 374억 달러를 자선단체에 기부하는 사람입니다. 그가 미국 대학생들에게 참된 가치를 일깨운 이야기는 단시간의 이익이 중요한 게 아님을 분명히 하고 있습니다. 그의 이야기입니다.

　　자신의 미래 수익의 10%를 투자해야 한다면 투자하고 싶은 사람을 주위에서 골라보십시오. 대부분은 가장 잘생긴 사람이나 운동을 잘하는 학생, 키가 큰 학생, 가장 날쌘 학생, 가장 돈이 많은 학생, 나아가 가장 머리가 좋은 학생을 고르진 않습니다. 당신이 고르는 대상은 그들 가운데 가장 인격이 뛰어난 사람일 것입니다. 누가 가장 많은 수익을 올릴지 모든 사람은 본능적으로 알기 때문입니다. 거꾸로, 당신이 가장 투자하고 싶지 않은 사람, 다시 말해 가장 수익이 떨어질 것으로 보이는 사람을 골라 보십시오. 가장 성적이 떨어지거나 운동시합이 있을 때마다 후보신세를 벗어나지 못하고 만년벤치나 지키고 있는 학생이나 지능이 가장 떨어지는 학생일 것입니다. 당신이 고르는 대상은 잔머리를 굴리고 거짓말을 하고 남의 공로를 가로채는, 신뢰할 수 없고 이기적이고 오만하며 독선적이고 신용이 없는 사람일 것입니다. 이 두 부류 사람들의 차이는 인생에서 성공하느냐 실패하느냐의 차이입니다. 인격은 당신의 말, 행동, 옷차림, 당신이 쓴 글, 심지어 당신의 생김새에서까지 모든 면에서 드러납니다. 결코 숨길 수도 위조할 수도 없습니다. 숨길 수 없지만 고칠 수 없는 것은 아니니 희망을 잃지 마십시오. 인격 또한 하나의 습관이기 때문입니다. 당신이 닮고 싶은 사람의 인격의 특징을 종이 한 장에 써 보십시오. 반대로 당신이 닮고 싶지 않은 사람의 인격의 특징도 써 보십시오. 그리고 둘 사이의 차이를 비교해 보십시오. 그것은 결코 큰 차이가 아닐 것입니다. 야구공은 100미터 넘게 던지느냐 못 던지느냐, 역기를 100킬로 넘게 드느냐 마느냐의 차이가 아닐 것입니다. 거짓말을 하느냐 안하느냐, 자기 마음대로 말을 내뱉느냐, 한 번 더 생각을 하느냐, 남을 배려하는 말투인가, 남을 무시하는 말투인가 조금 더 신경 써서 일하느냐, 조금 더 게으르게 행동하느냐, 잘못을 저질렀을 때 정직한가 아니면 둘러대며 남 탓하는가, 큰 차이가 아닌 이런 작은 차이가 엄청난 차이를 만들어냅니다. 여러분이 아직 젊다면 여러분이 닮고 싶은 인격을 조금만 신경 써서 연습한다면 머지않아 당신의 인격으로 만들 수 있을 것입니다. 인격 또한 습관이기 때문입니다. 습관은 처음엔 깃털 같아 결코 느낄 수 없지만 나중엔 무거운 쇳덩이 같아 결코 바꿀 수 없습니다. 제 나이 때 습관을 고치는 것은 거의 불가능에 가깝습니다. 여러분은 젊습니다. 아직 충분히 기회가 있습니다. 그러니 정직하십시오. 어떠한 경우에도 거짓말하지 마세요. 변호사가 뭐라 하든 신경 쓰지 마세요. 그저 자기가 보는 그대로 풀어 놓으십시오. 저의 성공에는 우리 버크셔해서웨이의 평판 덕이 큽니다. 저는 저의 사람들에게 법의 테두리보다 훨씬 더 안쪽의 경계선에서 행동하며, 저희에게 비판적이고 또한 영리한 기자가 우리의 행동을 신문에 대서특필할 수 있을 정도로 행동하길 바랐습니다. 저는 저희 회사 지사장들에게 2년에 한번 이와 같은 메시지를 줍니다. 여러분은 돈을 잃어도 상관없습니다. 많은 돈을 잃어도 괜찮습니다. 하지만 평판을 잃지 마십시오. 인격을 잃지는 마십시오. 우리에겐 돈을 잃은 여유는 충분히 있으나 평판을 잃는 여유는 조금도 없습니다. 여러분은 아직 젊습니다. 저의 모습보다 훨씬 낳아질 가능성이 충분합니다. 결코 돈 때문에 직장을 선택하거나 사람을 사귀지 마십시오. 여러분이 좋아하는 식업을 갖고 좋아하고 존경할 만한 사람만을 사귀십시오. 저는 아무리 큰돈을 벌어준다고 해도 도덕적으로 믿을 수 없고 신용이 가지 않는 사람들과는 함께 사업을 하지 않습니다. 언젠가는 뽑어내야 한다는 걸 알고 있기 때문입니다. 저는 1년 내내 제가 좋아하는 일을 좋아하는 사람들과만 함께합니다. 제 속을 뒤집어 놓는 사람과는 상종도 안 합니다. 결국 가장 중요한 것은 이것이라고 생각합니다. 이것이 제 원칙입니다. 전적으로 성공하는 것은 두 번째의 일입니다. 저는 가난했던 젊은 시절에도 충분히 행복했고 지금처럼 제 일을 사랑했습니다. 가난했던 때와 조금은 부유해진 지금과 바뀐 것은 별로 없습니다. 여러분이 좋아하는 일을 즐겁게 하고 성실히 그리고 정직하게 생활한다면, 또 유머를 잃지 않고 하루를 유쾌한 마음으로 감사하게 보낸다면 여러분은 결코 성공을 피할 수 없을 것입니다.

이처럼 워렌 버핏은 그저 돈만 벌려고 한 사람이 아니었습니다. 그는 돈보다 더 중요한 것이 사람임을 알았습니다. 그러기에 그는 엄청난 돈을 벌고도 자만하지 않는 인격을 갖추고 기부를 실천할 수 있었습니다. 사람을 먼저 생각하는 그의 정신, 자신의 돈을 나눌 줄 아는 사회적 책임의식을 지닌 그였기에 많은 사람들이 존경하는 부자가 될 수 있었습니다. 이처럼 훌륭한 부자들의 이야기를 접하면서 느낀 것은 우리나라에서도 이와 같은 존경할 만한 부자의 이야기는 없을까 하는 생각이었습니다.

우리나라에서 노블레스 오블리주Noblesse Oblige(특권계층의 사회적 책임)의 표상으로 추앙받는 실제 사례가 경주 최 부잣집 이야기입니다. 일반적으로 '경주 최 부잣집'하면 세상에 널리 알려진 대로 경주 교동에 소재해 있는 '교촌댁'을 일컫습니다. 경주 최 부자는 최치원의 17세손인 최진립과 그 아들 최동량이 터전을 이루고 손자인 재경 최국선으로부터 28세 손인 문파 최준에 이르는 10대 약 300년 동안 부를 누린 일가를 일컫는 말입니다.

엄청난 재산을 오랫동안 간직해 온 경주 최 부자의 가문을 일으킨 사람은 바로 마지막 최 부자 최준의 11대조인 정무공 최진립 장군입니다. 경주 최씨 사성공파의 한 갈래인 가암파의 시조인 최진립은 임진왜란 때 의병으로 왜적과 싸우고 나중에 무과에 급제한 뒤 정유재란 때 다시 참전했습니다. 그 후 병자호란이 일어나자 최전선에서 적군과 싸우다가 순국하니 그의 나이 예순 아홉이었습니다.

이 집안의 모토는 둔차鈍次였습니다. '1등보다는 2등', '어리석은 듯 드러나지 않고 버금감'은 하나의 역설이라고 할 수 있습니다. 오늘날 우리 사회에는 '1등 주의'가 팽배해 있습니다. 특히 국경 없는 글로벌 시대에는 '세계 1등'만이 시장을 선점하고 우뚝 설 수 있다고 강조합니다. 1등이란 그야말로 하나뿐입니다. 1등 아니면 만족하지 못하는 사람은 평생을 불만 속에서 불행하게 살 수밖에 없습니다. 또한 1등을 했더라도 만족은 잠시 뿐, 바로 그 순간부터 끝없는 도전에 시달리게 됩니다. 그에 비해 2등은 이러한 부담이 덜하기에 좋습니다. 그러나 2등도 결코 쉽지는 않습니다. 1등에 버금가는 노력을 기울이지 않으면 안 됩니다. 그러므로 '2등을 하라'는 말은 '노력을 적당히 하라'는 의미가 아니라 '1등이 못되어도 만족하라'는 의미입니다.

이것은 최씨 가문에서 추구하는 적정 만족의 원리와 상통합니다. 스스로 만족하며 겸양할 때 남을 배려하는 마음도 생기고 함께 사는 정신도 생깁니다.

보리 고개를 이야기하던 시절, 쌀밥 한 번 실컷 먹어보고 죽고 싶다던 시절에 쌀은 백성들에게 하늘이었습니다. "좋은 일을 한 집에는 반드시 경사가 있다(積善之家 必有餘慶)."는 표본인 800석이 들어간다는 최 부잣집 곳간……. 이런 곳간이 7채가 있었다고 합니다.

서기 1671년 현종 신해년 삼남에 큰 흉년이 들었을 때 경주 최 부자 최국선의 집 바깥마당에 큰 솥이 내걸렸다고 합니다.

"모든 사람들이 굶어죽을 형편인데 나 혼자 재물을 가지고 있어 무엇 하겠느냐. 모든 굶는 이들에게 죽을 끓여 먹이도록 하라. 그리고 헐벗은 이에게는 옷을 지어 입혀 주도록 하라."

큰 솥에는 매일같이 죽이 끓었고, 인근은 물론 멀리서도 굶어죽을 지경이 된 어려운 이들이 소문을 듣고 서로를 부축하며 최 부잣집을 찾아 몰려들었습니다. 그해 이후 이 집에는 가훈 한 가지가 덧붙여집니다.

"사방 백 리 안에 굶어죽는 사람이 없게 하라."

경주를 중심으로 사방 백 리라면 동으로 동해를 접하는 감포 일대, 서로 영천, 남으로 울산, 북으로는 포항을 포함하는 광대한 면적입니다. 이렇듯 최 부잣집은 한 해에 소비되는 쌀의 1/3은 자신들이, 1/3은 과객의 대접에, 나머지 1/3은 빈민의 구휼에 힘을 썼습니다.

1884년 경주에서 태어난 마지막 최 부자인 최준은 단순한 부자가 아니라 상해 임시정부에 평생 자금을 지원한 독립운동가였습니다. 1947년에는 대구에 대구대학을 설립하여 재단 이사장으로서 현대 교육에도 큰 족적을 남겼습니다. 독립운동 사실이 일본경찰에게 발각되어 만석꾼 재산을 거의 날려버린 그는 남은 전 재산과 살고 있던 경주 및 대구의 집까지 처분하여 대구대학과 계림학숙을 세웠는데 이 두 학교가 합해져서 후일 지금의 영남대학교가 되었습니다.

"부자삼대富不三代, 권불십년權不十年."이란 말이 있듯이 부와 권력은 오래도록 유지해 나가기가 어려운 법입니다. 최 부잣집 역시 "가실소완복家室少完福(집안에 완전한 복을 갖추기는 힘들다)"이란 말처럼 후손이 없어 양자를 들이기도 하였고 과거에 낙방하는 때도 있었습니다. 그럼에도 이 집안이 오랜 기간 부와 명예를 지키며 남들에게 칭송을 받아온 이유는 무엇일까요? 최씨 집안은 전통적으로 내려오는 집안을 다스리는 제가齊家의 가훈 '육훈六訓'과 자신의 몸을 닦는 수신修身의 가훈인 '육연六然'이 있습니다.

'육훈六訓'은 다음과 같습니다.

1. 진사 이상의 벼슬을 하지 마라.
2. 만석 이상의 재산을 모으지 말며 만석이 넘으면 사회에 환원하라.
3. 흉년에는 남의 땅을 사지 마라.
4. 과객過客은 후히 대접하라.
5. 며느리들은 사집온 뒤 3년 동안 무명옷을 입어라.
6. 사방 100리 안에 굶어 죽는 사람이 없게 하라.

'육연'은 다음과 같습니다.

1. 스스로 초연하게 지내고自處超然
2. 남에게는 온화하게 대하며對人靄然
3. 일이 없을 때는 마음을 맑게 가지고無事澄然
4. 일을 당해서는 용감하게 대처하며有事敢然
5. 성공했을 때는 담담하게 행동하고得意淡然
6. 실의에 빠졌을 때는 태연히 행동하라失意泰然

이러한 부자이야기 이외에도 돈을 잘 벌고 잘 쓴 기업가의 이야기도 있습니다. 이들의 정신은 오늘날 기업인들에게 귀감이 될 우리나라의 자랑입니다. 최인호의 『상도』라는 실화 소설을 읽으면서 탄복했습니다. 이 책은 의주에 살았던 '임상옥'이라는 장사치의 생애와 그 시대의 경영 마인드, 그가 장사치로서 성공할 수밖에 없었던 일을 다섯 권 분량의 책으로 전개해 나갑니다. 스무 살 무렵 그는 공금을 횡령한 혐의로 장사 판에서 쫓겨나게 됩니다. 그는 할 일 없이 절에 들어가 석숭 스님으로부터 전해들은 세 가지 비결 '죽을 사死' 자와 '솥 정鼎' 자, 그리고 '계영배戒盈盃'를 통해 사회에 돌아와 일생일대의 위기를 지혜롭게 풀어나갑니다. 지금으로부터 200여 년 전, 조선왕조 순종 시대의 붕당정치, 동인이니 서인이니 편을 가르고 싸웠던 시대적 배경을 보면 오늘날 정당정치의 모습도 연상됩니다.

그는 현대 재력가들에게 요구되는 '노블레스 오블리주'를 200년 전 조선시대에 몸소 실천한 인물입니다. 그는 국가에서 인삼전매권을 맡겨 상공업을 제어하고, 당시 집권자의 비호 아래 '인삼왕'이라는 칭호를 듣는 거부巨富가 되기도 합니다. 그가 처음이자 마지막으로 정경유착을 행한 것과 달리, 지금은 공공연하게 검은 돈이 오가며 정경유착을 일삼는 듯합니다. 그는 이윤을 위하여 장사를 하는 사람과 다르게 사람을 대하며 보다 큰 이윤을 이루고, 예상치 못한 손해를 입은 뒤 크게 깨닫고는 모든 재산을 가난한 사람에게 나누어 줬습니다. 결국 채마밭을 가꾸는 늙은 농부가 된 모습은 오늘날 탈세와 뇌물 등의 불법과 편법으로 재산을 늘리고 자기 가족에게만 기업을 물려주는 재벌들과는 확연히 달라 보입니다. 그가 남긴 말들은 오늘날 기업인들이 되새겨볼 만합니다.

"장사에서 가장 중요한 것은 인사이다. 인사야말로 최고의 예禮인 것이다. 공자는 이렇게 말씀하셨다. '군자는 먼저 신임을 얻은 후에 사람을 부린다. 만약 신임을 얻기 전에 사람을 부리려 하면 사람들은 자기들을 속이려 한다고 생각한다.' 장사도 이와 같다. 신임을 얻는 것이 장사의 첫 번째 비결인 것이다. 신임을 얻지 못하면 사람들은 믿으려 하지 않을 것이다. 사람들에게 신임을 얻기 위해서는 무엇보다 인사로서 예를 갖추어야 한다."

"사람이 이익대로 한다면 원망이 많다(放於利而行多怨). 이익이란 결국 나 자신을 위하는 것이니 필히 상대방에게 손해를 주는 결과가 된다. 그래서 이익을 쫓으면 원망을 부르기 쉬우니 결국 '의를 따라야 한다(義之興比).' 따라서 '군자가 밝히는 것은 의로운 일이요, 소인이 밝히는 것은 이익인 것이다(君子喩於義 小人喩於利).'"

"장사란 이익을 남기기보다 사람을 남기기 위한 것이다. 사람이야말로 장사로 얻을 수 있는 최고의 이윤이며, 따라서 신용이야말로 장사로 얻을 수 있는 최대의 자산인 것이다."

"내가 하는 말을 명심토록 하여라. 너는 네 손으로 꽃을 꺾어 꽃의 생명을 꺾지는 않았으니 분명히 자비심을 갖고 있다. 장사란 것도 이와 마찬가지여서 돈을 벌기 위해서 남을 짓밟거나, 이利를 추구하기 위해 남의 생명을 끊어버리는 무자비한 일을 해서는 아니 된다. 너는 남을 불쌍히 여기는 자비심을 갖고 있으니 반드시 장사로 큰 성공을 거둘 것이다. 또한 너는 방안에 있던 꽃을 가져오기 위해 먼 곳을 돌아 헤매이지 않고 가장 가까운 곳에서 꽃을 발견하는 눈을 가졌다. 무릇 재화財貨란 멀리서 구하는 것이 아니라 가까이에 있는 것이며, 성공 또한 먼 곳에 있는 것이 아니라 자기 곁에 있는 것이다. 너는 가장 가까운 곳에 복福과 재화가 가득하다는 것을 알고 있다. 그리고 무엇보다 '가정의 화합이 모든 일을 이룬다(家和萬事成).' 는 옛말을 실천하고 있으니 이 또한 복이 있을 징조가 아니고 무엇이겠느냐. 너는 방안에서 꽃을 구하였으니 평생 계집질이나 주색잡기와 같은 허망한 일로 세월을 허송하지는 않을 것이다."

그가 장미령이라는 사람을 사서 그녀를 자유의 몸으로 살려준 것도 '이利를 남기기보다 의義를 좇으려는' 그의 상도 때문이었습니다. 그는 자신이 거상巨商으로 독립할 수 있는 종잣돈뿐만 아니라 공금을 횡령해서까지 가진 돈을 모두 털어 한 여인의 생명을 구해 주었습니다. 그는 옳은 일義을 위해 자신의 이익利을 버리고 불이익을 감수하였습니다. 당시 의주 상인들은 삼계三戒라 하여 '친절', '신용', '의리'를 상도의 계율로 굳게 지켜나가고 있었습니다. 만약에 고용살이하는 점원이 이 세 가지의 계율을 한 가지라도 깨뜨리면 즉시 상주는 전 상계에 이를 통문하여 그 점원은 다시는 발을 못 붙이게 하는 불문율이 있었습니다. '친절', '신용', '의리', 이 세 가지의 계율은 의주 상인들의 불문율이었습니다. 이 중에서 점원이 상주의 돈을 떼어먹거나, 저울을 속이거나, 가짜의 물건으로 남을 속이는 행위를 저질렀을 경우에는 그 즉시 점원은 상점에서 추방되고 다시는 상계에 발을 못 붙이는 파문선고를 당하게 되어 있었습니다.

보면 볼수록 임상옥이라는 사람은 시대를 넘어 기업인의 귀감이 되는 사람입니다. 그는 "장사는 이윤을 남기는 것이 아니라 사람을 남기는 것"이라며 불쌍한 사람들이 진 빚을 탕감해 주기도 하고 오히려 그들에게 재물을 주며 돌려보내기도 했습니다. 단지 돈을 많이 버는 것은 중요하지 않습니다. 물론 돈이 많으면 좋겠지만 그 돈을 어떻게 사용하는가 하는 것이 더욱 중요합니다. 그의 유언입니다.

"재물은 평등하기가 물과 같고, 사람은 바르기가 저울 같다"

임상옥의 유언은 현대사에서도 이를 연상시키는 한 사람을 떠올리게 합니다. 우리나라 기업인의 표상으로 일컬어지는 유한양행의 창업자인 유일한의 이야기입니다. 그는 자신의 재산에 대해 자신의 소유가 아닌 예수가 맡긴 것이라고 믿고 살았던 신실한 기독교 신앙인으로서 가장 모범적인 기업인으로 존경받고 있습니다. 그는 기업의 지배구조 면에서나 납세 부분에서도 다른 기업들의 모범이 되었습니다.

유일한은 조선 평안도 평양부에서 재봉틀 장사로 자수성가한 상인 유기연柳基淵과 김기복金基福 사이의 6남 3녀 중 장남으로 태어났습니다. 독실한 개신교 신자인 아버지 유기연은 미국 감리교에서 조선인 유학생을 선발한다는 말을 듣고 1904년, 당시 9살에 불과한 큰아들을 미국으로 유학 보냈습니다. 큰돈이 들 수도 있는 유학을 보낸 이유는 자신의 자식들이 식견을 넓혀서 민족을 위해 일하기를 바랐기 때문으로 자식들을 러시아, 일본, 중국에 유학을 보내서 공부하게 하였습니다. 배에서 아버지가 환전해준 미국 돈을 잃어버린 유일한은 인솔자이자 독립운동가인 박용만의 배려로 미국 네브래스카Nebraska 주의 독신자 자매인 태프트 자매에게 입양되었습니다. 태프트 자매는 아침에 일찍 일어나 성경 읽기와 기도를 한 뒤, 밭에서 하루 종일 일하는 성실하고 검소한 삶을 통해 기독교의 노동윤리를 실천했으며, 어린 유일한에게 영어를 가르쳐, 미국 사회에 적응하도록 배려했습니다.

초등학교에 입학한 그는 중서부 특유의 타락한 문화적 분위기도 하나의 원인이 된 인종차별로 서러움을 겪기도 하지만, 당당하게 자신의 생각을 말하는 강한 성격으로 이를 극복해 나갔습니다. 독립운동가 박용만이 독립군을 기르기 위해 만든 헤이스팅스 소년병 학교에 입학한 그는 낮에는 농장에서 일하고 밤에는 공부했으며, 방학 때는 신문배달을 하면서 자신의 힘으로 살았습니다. 어른이 되었을 때는 재미교포들의 항일집회에 참여하여 연설을 하기도 했는데, 이러한 항일경력 때문에 고향에 사업차 잠시 입국했을 때 일본 경찰에게 연행당하는 수모를 겪기도 했습니다.

미시간 대학교에 입학한 그는 뛰어난 운동 실력을 발휘, 장학금을 받으며 미식축구 선수로 활약합니다. 이를 안 아버지는 "내가 공부하라고 미국에 보냈지, 운동부에서 활동하라고 보낸 줄 아느냐?"라면서 꾸짖었지만, 그는 "미국 대학교에서는 운동을 못하면 공부를 못합니다. 장학금을 받으면서 공부하기 위해서 운동부에서 활동하는 것입니다."라고 답장을 보내 아버지를 안심시켰습니다. 1919년 3·1 운동 직후, 서재필이 소집한 제1차 한인의회에 참여하였습니다. 3·1 운동 소식을 접한 서재필은 만세운동에 호응하기 위해 4월 초에 공지하여 4월 13일 필라델피아에서 제1차 '한인연합회의The First Korean Congress'를 소집하였습니다. 그도 4월 13일부터 4월 15일까지 3일간 필라델피아에서 개최된 제1차 한인연합회의에 참석하였습니다. 3일간의 제1차 한인연합회의가 끝난 뒤, 바로 한국의 자유와 독립을 세계에 선언하고자 4월 16일에는 필라델피아에서 서재필의 주도로 열린 '한인자유대회'에 참석하였습니다. 1922년에 미시간대학교 대학원에서 수학하였고, 1929년에 스탠퍼드대학교 대학원에서 국제법을 공부하였습니다.

자신의 힘으로 대학교를 졸업한 그는 고등학교 졸업 후 발전기회사에서 일한 경험을 살려, 제너럴 일렉트릭사에 취직합니다. 직장생활을 하면서 돈을 모은 그는 1922년 숙주나물 통조림을 제조하는 라초이 식품회사(주)를 설립하였습니다. 새내기 사업가를 눈여겨보는 사람이 없자, 그는 일부러 교통사고를 내서 숙주나물 통조림을 기자들이 소개하도록 하여 미국인 특히 숙주나물을 조리하여 먹는 중국계 미국인들의 관심을 모았습니다. 덕분에 사업은 번창했고, 중국계 미국인 여성이자 소아과 의사인 호미리와 결혼했습니다. 1925년에는 서재필과 유한주식회사New Il-han Company를 설립하기도 했는데, 후에 서재필은 그가 귀국할 때 유한양행의 버드나무 CI를 제작하여 선물할 정도로 그를 아꼈습니다.

그는 1926년에 귀국하여 종로2가에 유한양행을 설립했습니다. 그가 사업을 시작한 이유는 라초이 회사 경영 때 필요한 녹두를 구입하기 위해 중국에 갔다가 북간도에 거주하던 부모와 동생들을 만난 일 때문이었습니다. 부모는 큰아들이 보내 준 100달러로 땅을 사서 생계를 유지할 수 있었지만, 대다수의 조선 사람들은 그렇지 못해서 병이나, 민중작가 최서해의 소설 『탈출기』에서 묘사된 것처럼 굶주림으로 죽는 경우가 많았습니다. 그래서 그는 한민족의 건강유지에 필요한 결핵약, 이전에는 미국에서 약품을 수입하여 팔던 유한양행이 1933년에 처음 개발하여 판매한 제품인 진통소염제 안티푸라민, 혈청 등을 판매했으며 호미리 여사도 중일전쟁으로 조선의 의약품 부족이 극에 달하자, 소아과 병원을 개업하여 저렴한 가격에 환자들을 치료하였습니다. 그는 유한양행을 경영할 때 항싱 윤리 경영을 실천하였습니다. 그 이유는 라초이사 경영을 하던 시절, 거래하던 녹두회사 사장이 탈세를 통해 사리사욕을 채우는 모습에 실망해서였습니다. 그래서 그는 탈세하지 않았으며, 모르핀을

팔면 돈을 벌 수 있다고 유혹한 간부사원을 "당장 회사에서 나가시오." 라고 꾸짖어 물리친 일화가 있습니다.

1939년 유한양행은 한국 최초로 종업원 지주제를 실시하였습니다. 이후 회사의 운영을 동생에게 맡기고 미국으로 잠시 유학을 떠났다가, 해방 후 1946년 7월에 귀국하여 유한양행을 재정비하고, 대한상공회의소 초대회장으로 활동하였습니다. 1952년에는 고려공과기술학교, 1964년에는 유한공업고등학교를 설립하였습니다. 1969년 경영에서 은퇴하며 전문경영인에게 유한양행의 경영권을 인계하였고, 1971년에 타계했을 때 유언을 통해 사회 환원을 선언했습니다.

자신의 최고의 창조물인 기업을 자식에게 물려주는 것은 창업자에게 주어진 특권이고 우리 사회에서는 공공연하게 이해되는 관행입니다. 부에 대한 추구는 자본주의의 동력이기도 합니다. 그러나 유일한은 달랐습니다. 2세에게 모두 물려주는 관행을 거부했습니다. 언젠가 초등학교 교과서에 실린 그의 유언장 내용입니다.

"1971년 봄 어느 날, 신문을 받아 본 사람들의 마음이 환하게 밝아졌습니다. '진정한 애국자구나! 이런 기업가들이 앞으로 많이 나와야겠는데 가진 자는 더 가지기를 원하건만 이 분만⋯⋯.' 하면서 기뻐했습니다. 우리나라 제약업계에 큰 공적을 남겼을 뿐만 아니라 성실하고 정직하게 살고 국가와 민족을 위해 봉사하다 간 유일한 선생의 유언장이 세상에 공개된 것입니다."

여러 방면에서 존경을 받았지만 가장 빛나는 그의 유산 중 하나는 유언장일 것입니다. 1971년 3월 11일 사망한 그의 유언장은 사망 약 한 달 후인 4월 4일 개봉돼 같은 달 8일 공개됐습니다. 유언장의 내용을 보면 그가 소유했던 유한양행 주식 14만 941주(시가 2억 2,500만 원)

전부를 재단법인 '한국사회 및 교육신탁기금'에 기증하도록 했습니다.

그는 이미 생전에 유한양행 총 주식의 40%를 각종 공익재단에 기증한 데 이에 이어 개인 소유 주식을 하나도 남기지 않고 기증했습니다. '이윤의 추구는 기업성장을 위한 필수 선행 조건이지만 기업가 개인의 부귀영화를 위한 수단이 될 수는 없다'는 평소의 생각을 그대로 실천에 옮긴 것으로 볼 수 있습니다. 유언장에 직계가족 상속에 관한 언급은 3번 나옵니다. 미국에 있는 장남에게는 "너는 대학까지 졸업시켰으니 앞으로는 자립해서 살아가라"는 유언을 남겼습니다. 재산을 일절 물려주지 않았습니다. 딸 유재라에게는 오류동 유한중고교 구내이자 그의 묘소가 있는 5,000평의 땅을 상속했습니다. 그나마 이 땅도 '유한동산'으로 꾸미고 유한중고교 학생들이 마음대로 드나들게 해 '젊은 의지'를 죽어서도 보게 해달라고 부탁했습니다. 그리고 손녀 유일링(당시 7세)이 대학교를 졸업할 때까지 학자금으로 쓰도록 주식의 배당금 가운데서 1만 달러 정도(당시 환율로 약 320만 원)를 마련해 달라고 당부했습니다.

그는 이미 1960년대와 1970년대에 현재의 관점에서도 놀라울 정도의 깨끗한 지배구조를 가진 기업을 사회에 환원하며 세상을 떠났습니다. 일부 대기업 총수들이 횡령, 탈세 등의 혐의로 법의 심판대에 선 요즘, 그의 아름다운 유언장과 성실한 납세가 다시 생각납니다.

임상옥이나 유일한이 과거의 매우 특별한 사람이라 현대사회에서 이런 사람을 찾아볼 수 없다는 것은 아닙니다. 제2, 제3의 사람들, 혹은 이보다 더한 사람들이 있습니다. 그것은 바로 가슴속에 이 사람들과 같은 가치관으로 멋진 꿈을 품고 살아가는 사람들이 있기 때문입니다. 바로 오늘을 살아가고 자라나는 세대들의 가슴속에 이런 꿈을 갖도록 가르쳐 주는 것이야말로 죽임의 자본주의가 아니라 살림과 상생의 자본주의를 만드는 가장 좋은 방법일 것입니다. 최근 훈훈한 미담으로 들려오는 소식에 마음이 흐뭇했습니다. 곧바로 학생들에게도 이를 알려 주었습니다.

도덕적 의무를 다하는 사회지도층을 찾는 것보다 그렇지 못한 사례를 찾는 것이 더 쉽다는 현실 앞에 씁쓸함을 드러내는 사람들이 많습니다. 하지만 여기 진정한 노블레스 오블리주를 실천한 한 사람이 있습니다. 그는 삼영화학그룹을 만든 장본인이자 자산이 8,000억 원에 이르는 국내 최대 규모의 장학재단 관정冠廷 이종환교육재단을 설립한 92세 기부왕 이종환 회장입니다. 건국대 이정익 교수는 13년 전 동경대 대학원에 합격하고도 학비가 없어 큰 좌절을 겪었다고 합니다. 그때, 기적이 존재한다는 것을 보여 주며 그에게 1억 원이 넘는 4년 전액 장학금을 이종환교육재단에서 지급하였습니다. 그 덕에 그는 세계가 주목하는 연구 성과도 냈고, 교수도 될 수 있었습니다. 이정익 교수 외에도 이종환교육재단에서 지급한 장학금 수혜자만 5천 명이 넘는다고 합니다.

그에 관한 수많은 일화가 있지만, 그중 그의 성품을 가장 잘 보여 준 일화가 있습니다. 그의 퇴임식 날에 있었던 일입니다. 중견그룹 총수로 퇴임하는 자리였음에도 그의 퇴임식은 회사 강당도 아니고, 호텔은 더더욱 아닌 그의 집무실이었습니다. 그 덕에 그룹 임원 30여 명도 자리에 앉지 못해 일어선 채로 행사를 지켜볼 수밖에 없었다고 합니다. 흔한 사가社歌 제창, 연혁, 비디오 낭독 같은 식순도 없었다고 합니다. 단촐하게 진행된 퇴임식 후 마련된 오찬 또한 건물 내에 있는 중식당에서 이뤄졌다고 합니다. 그는 평소처럼 자장면을 시켰고, 이런 말을 덧붙였다고 합니다.

"장학금을 지원하는 학생 중 향후 10년 이내 노벨상 수상자가 나오길 갈망하고 있습니다.”

　가난 때문에 꿈을 포기하는 인재들이 없도록 돕는 것이 인생의 목표라는 이종환 회장. 그가 몸소 보여 준 노블레스 오블리주를 본받은 또 다른 사회지도층이 늘어나길 조심스레 소망해 봅니다. 축구를 좋아하는 한 학생이 들려준 이야기입니다.

　크리스티아누 호날두Cristiano Ronaldo는 스페인의 레알 마드리드 축구팀에 속한 선수요, 아르헨티나의 리오넬 메시Lionel Messi와 함께 금세기 최고 선수입니다. 그는 가난한 가정에서 출생하여 각고의 노력으로 자수성가한 선수입니다. 그가 세계인의 사랑을 받는 이유는 그가 엄청난 연봉을 받고 자수성가한 성공자이기 때문이 아닙니다. 그는 자신의 성공을 자신만의 행복으로 제한하지 않고 나눔을 실천하는 사람입니다. 그것을 그저 돈으로만 하는 것이 아니라 자신의 온몸으로 실천합니다. 그의 이야기는 오늘을 사는 우리에게 무엇이 참된 삶인지를 일깨워 주기에 소개해 봅니다.

　그는 빈민가에서 태어났습니다. 어릴 때부터 너무나 가난한 집에서 굶주리며 도망치고 또 도망쳐도 결국 가난이 그를 잡아먹었습니다. 그의 아버지는 알코올 중독자였습니다. 아버지가 술을 마시면 그는 너무 두려웠습니다. 형은 마약중독자요, 늘 마약에 취해 삶의 의욕도 잃어버렸습니다. 가난한 그의 가족을 먹여 살리는 분은 청소부 일을 하시는 그의 어머니이셨습니다. 그는 청소부 일을 하는 어머니가 너무 부끄러웠습니다. 어느 날 빈민가 놀이터에서 그는 혼자 흙을 가지고 장난을 치고 있었습니다. 그런데 그의 눈에 멀리서 축구를 하는 동네 친구들이 보였습니다. 그는 가난하기 때문에 축구 팀에 껴 주지 않는 그들을 원망하지는 않았습니다. 그때 우연히 날아온 축구공을 찼을 때 그는 태어나서 처음으로 희열을 느꼈습니다.

"어머니, 저도 축구가 하고 싶어요. 축구 팀에 보내 주세요."

어머니는 철없는 아들의 부탁에 당황했습니다. 그의 가정 형편으로는 비싼 축구 비용을 감당하기가 거의 불가능한 일이었기 때문이었습니다. 그렇지만 어머니는 당신 아들의 꿈을 무시하지 않고 그를 데리고 이 팀, 저 팀을 알아보러 다녔습니다. 그는 겨우 이름 없는 팀에 들어갈 수 있었습니다. 그러나 그는 가난했기 때문에 패스 한 번 받지 못했습니다. 조명이 꺼지고 모두가 돌아간 뒤에 혼자 남아 축구공을 닦아야 했습니다. 그가 낡은 축구화를 수선해서 축구를 하고 있을 때 하늘이 무너지는 소리를 듣게 되었습니다. 그는 어릴 적부터 심장이 정상인보다 두 배나 빠르게 뛰는 질병이 있었는데, 이것 때문에 앞으로 축구선수가 될 수 없다는 말을 듣게 된 것입니다. 다행히 수술을 받고 재활 치료를 하면 정상인만큼은 아니더라도 호전될 수 있다는 말을 들었습니다. 그러나 그의 집은 너무나 가난하여 비싼 수술비를 지불할 수 없었습니다. 이 소식을 들은 아버지와 형은 수술비를 마련하기 위해 마약을 끊고 취직했습니다. 마침내 일 년 뒤 온 가족이 모은 돈으로 수술을 받았습니다. 수술은 성공이었습니다.

그는 재활을 마친 뒤 더욱더 열심히 훈련을 계속했습니다. 동료들이 그에게 공을 건네주지 않아도 좋았습니다. 그는 행복했습니다. 시간이 흘러 그는 꿈속에서 그리던 축구장에 처음 올라가 시합에 나가게 되었습니다. 수많은 관중과 응원자들, 유명 축구팀을 발굴하려는 이들이 경기장을 꽉 매우고 있었습니다. 그가 그토록 바라고 바랐던 축구장! 그는 이 무대에서 죽을 각오로 뛰고 또 뛰었습니다.

'심장이 터져도 좋다.'

그렇게 그의 첫 시합이 끝났습니다. 그러던 어느 날 전화 한 통화를 받았습니다. 그를 다른 리그 축구팀으로 이적시키고 싶다는 말이었습니다. 그는 그의 말을 듣자마자 몸에 소름이 돋고, 전율을 느꼈습니다. 그에게 전화를 건 사람은 세계 최고 구단 중 하나인 '맨체스터 유나이티드'의 퍼거슨Ferguson 감독이었습니다. 그는 바로 어머니에게 전화를 걸었습니다. 얼굴이 눈물로 뒤범벅이 된 채 흐느끼며 어머니에게 이렇게 말했습니다.

"어머니, 더 이상 청소부 일을 하지 않으셔도 돼요."

어머니는 아무 말도 없이 수화기를 잡고 울었습니다. 이처럼 구멍이 숭숭 난 축구화, 외톨이, 심장병을 가진 소년이 세계 최고 선수들 중 하나가 되었습니다. 그는 축구 선수들 중에서 재산이 제일 많습니다. 전 재산이 2,191억 원이요, 연봉이 250억 원입니다. 2위가 리오넬 메씨이고, 그의 전 재산은 2,161억 원입니다. 그는 축구 선수 중 몸값이 제일 높습니다. 그가 해마다 기부하는 금액은 우리나라 사람 5천만이 한 해 기부하는 금액을 넘습니다. 공익을 위한 광고는 조금의 돈도 받지 않고 촬영하게 하고 소말리아에 300억 원을 기부하고, 많은 사람들의 수술비 전액을 지원하고, 현재 아동질병 퇴치와 아동구호 운동가로도 활동하고 있습니다. 그는 운동선수들이 흔히 하는 문신을 전혀 하지 않습니다. 그가 문신을 하지 않는 이유는 바로 정기적으로 헌혈을 하기 위함입니다. 문신을 하면 1년쯤 헌혈을 하지 못하기 때문입니다. 그의 가장 멋진 문신은 '정기적으로 헌혈을 하며 자리 잡은 자국'입니다.

명예보다 책임으로 임하는 자세

"역사는 역사를 기술하는 사람들에 의하여 기록으로 남는다."라는 말이 있습니다. 역사를 기술하는 사람을 사관史官이라고 하고 그들이 선비의 대명사가 된 것은 올곧은 정신으로 참된 것을 추구하고 참된 것을 기록에 남기는 소임을 목숨보다 소중하게 여겼기 때문입니다. 춘추시대 진나라의 사관에 '동호'라는 사람이 있었습니다. 당시 지도자 영공은 포악무도한 사람이었습니다. 그는 백성들의 고혈을 짜서 궁중의 담장을 호화롭게 만들었고 전각에 올라 백성들을 떨어뜨려 죽이는 일을 놀이삼아 했던 무지비한 사람이었습니다. 심지어 주방장이 곰 요리를 하면서 곰발바닥을 더 삶았다고 난도질을 하여 죽였고 그 주방장의 시체를 삼태기에 담아 궁녀에게 머리에 이고 궐내를 돌아다니게 할 정도로 미치광이에 가까운 사람이었습니다. 이에 정승 '조순'이 간곡히 말리자 그를 죽이려고 자객을 보냈는데 그 자객이 스스로 목숨을 끊고 말았습니다. 이 소식을 들은 조순의 동생 조천이 마침내 난을 일으켜 영공을 죽입니다. 당시 조순은 이 사건을 예감하고 국경 근처로 피신했다가 돌아오는데 이때 사관들은 조순을 살인자로 기록하였습니다. 사관 동호는 "조순이 국군國君을 시해했다." 즉 임금을 죽였다고 역사서에 적었습니다. 조순은 자신의 억울함을 변명하려 했지만 동호는 "국난 중에 정승의 몸으로 도망간 것만도 잘못한 일인데 돌아와 역적을 다스리지 않았으니 시해의 당사자는 바로 당신이 아니고 누구란 말이오!" 하는 말에 그만 물러서고 말았습니다. 사관의 소임이 무엇인지를 알리는 서릿발 같은 책망이었습니다. 사관의 소임을 다한 동호는 이때 이후로 사관의 대명사가 되었고 '춘추필법春秋筆法'이라는 말과 함께 '동호직필董狐直筆'이라는 고사까지 생겨났습니다.

과거 조선의 선비가 가장 강조한 것은 책임의식이었고, 선비의 최대 관심은 정의正義의 실현이었습니다. 개인적인 욕망을 이겨내고 나와 타인이 이 세상에서 모두가 행복한 삶을 실현할 수 있는 공동의 선이 공적 의로움으로 이것을 위해 말하고 살아야 함이 선비의 삶이라고 여겼습니다. 바로 이런 정의를 가지고 역사를 기록해야 한다고 생각했던 것이 당시 사관들의 정서였습니다. 성경의 기록이 무서운 것은 역사에 교훈이 되는 내용을 가감 없이 드러나 있다는 사실입니다. 성경이 기록된 시대의 권력자들로서는 불편하고 꺼려지는 일이었을 것입니다. 이 기록은 시간과 공간을 초월해서 오늘 우리에게 전해졌습니다.

모든 사람이 그런 것은 아니나 제가 본 많은 사람들은 자신의 지위와 영향력을 뽐내고 싶어 합니다. 그래서 자신의 명함에도 새기고 만나면 그것을 자랑으로 늘어놓습니다. 심지어 큰 돌에다가 큼지막하게 새겨 넣어 자신을 뽐내고 싶어 합니다. 이런 모습이 분명 제게도 있습니다. 저도 남보다 잘나고 싶고 자랑하고 싶어 하지만 한 번 더 생각해 보면, '이건 아니다'라는 생각을 합니다. 이는 마치 아무리 좋은 옷이라고 해도 무조건 제게 좋은 것은 아닌 것과 같습니다. 제게 맞는 치수와 여건과 상황이 고려되어야 합니다. 이런 점에서 저는 가급적 제가 준비된 것이 아니고 적합한 때가 아니면 추천해 주신 분에게는 송구하나 정중히 사양합니다.

부득이 제 위치나 여건상 맡아야 할 지위라면 난감합니다. 할 수 없이 중요한 위원회 등에 참석하게 되면 가급적 말을 아낍니다. 그런데 최근 제가 원한 것이 아닌데 학교나 교회나 여러 단체에서 두렵고 떨리는 매우 중요한 위원회와 같은 자리에 위원으로 위촉되곤 해서 부득이 참석하곤 합니다. 그런데 가 보면 의아한 모습에 '이게 아닌데' 하는 생각에 놀라곤 합니다. 제가 좀 이상한 것인지는 몰라도 저는 이런 자리가 매우 불편하고 피하고 싶고 힘든데 다른 사람들은 그렇지 않은가 봅니다. 오히려 이를 당연시 여기기도 합니다. 자신의 위상과 역할에 자신감을 갖는 것 같습니다.

그러나 아무리 생각해도 '이건 아니다' 싶은 것은 중요 안건의 결정으로 인해 조직이나 당사자에게는 치명적일 수 있는데 이에 대한 책임의식이 부족하고 편 가르기나 자신의 개인적인 감정이나 독단을 당연시하는 자세입니다. 이는 분명 공인의 자세가 아닙니다. 두렵고 떨리는 자세로, 안건을 접하면 미리 그에 따른 자료도 준비하고 자신의 생각을 정리하고 그 생각이 과연 타당한 것인지를 심사숙고하고 위원회에 임해야 합니다. 그런데 아무 생각 없이 와서는 그저 힘센 사람의 뜻에 무조건 찬동하는 거수기 역할을 하는 사람도 있고 자신과 관련된 사안과 인물에 대해 사심을 대놓고 드러내기도 합니다. 이와 같은 미숙한 자세로 인한 결정이 회의록에 기록된다면 그 책임은 어떻게 질지에 대한 생각이 없습니다.

역사는 참으로 무서운 것입니다. 당장은 아무런 문제없이 지나칠 수 있을지 모르나 결정의 책임은 분명 역사에 길이길이 남습니다. 역사는 후세의 귀감이 되기 때문에 역사를 기술한 책인『자치통감資治通鑑』이나 삶의 귀감이 되는『명심보감明心寶鑑』등의 책 이름에 거울 '감鑑'자를 씁니다. 그렇습니다. 역사는 이전 시대를 살피는 거울이기에 바른 정의를 실현하는 바른 정신으로 처신해야 합니다. 이를 위해 유념할 단어들은 다음과 같습니다.

'공정公正'은 한쪽으로 치우치지 않고 편애하지 않는 것입니다. 절차, 분배, 평가, 대우 등에 있어 공정하고 형평성이 있는가를 살피자는 것입니다. 즉, 공정성을 유지함으로써 신뢰를 얻어야 합니다. '성의誠意'는 참되고 정성스럽게 시종일관하는 마음가짐과 태도로 최선을 다하는 것입니다. 시작도 끝도 일관된 성의를 갖고 있으며 계속해서 성실한 노력을 기울여야 합니다. '통제統制'는 자기통제에 있어 엄중함과 책임성이 있어야 한다는 것입니다. 물론 조직 목표와 계획의 성취를 확보하는 가장 중요한 관리 기능의 하나라고 볼 수 있는 통제도 자신의 역할에 있어 이루어 가야 하는 중요사안입니다. 그러나 내외부의 통제보다 더 중요한 것은 도덕적 해이에 빠지지 않고 책임적인 자세로 임하는 것입니다. '융화融和'는 서로 어울려 갈등이 없이 화목하게 하는 것입니다. 상대에 대한 존중과 배려가 있는 소통과 화목으로 서로 하나로 만들어 가는 노력이 필요합니다. '주밀周密'은 어떤 일을 하는 데 허술한 구석이 없고 두루 살피는 것입니다. 주밀하다는 뜻에는 '생각이 주밀하다', '세심한 배려를 하다', '사려 깊게 보살피다'는 뜻도 있습니다. 주밀하게 사고한 뒤에 사리판단이 최고의 경지에 다다를 수 있어야 합니다.

요즘은 정보공개 시대요, 소통의 시대이기에 결과를 실명으로 공개하기도 합니다. 기독교교단 총회의 경우는 실시간으로 실황 중계도 합니다. 그러니 신중하게, 진지하게, 성숙하게 임해야 합니다. 저는 위원회에서 위원장을 비롯한 핵심인사보다는 회의록 서기라고 할까 간사가 무섭습니다. 꼭 회의를 마치고 나면 이 사람이 찾아와서 회의록에 서명을 받습니다. 거기에 보면 제가 발언한 내용과 다른 사람이 발언한 내용과 결정 사항이 일목요연하게 서술되어 있습니다. 이처럼 위원들을 긴장시킬 기록자가 바로 역사정신을 담아내는 사관일 것입니다. 조직에서 중요한 회의시 반드시 기록으로 남기고 이를 실명實名으로 서명을 받게 하는 것은 그만큼 책임적인 자세로 임하여 역사의 죄인이 되지 않게 하려는 뜻일 것입니다.

별을 품은
아이들

더 시급하고 중요한 일

하루 종일 멍한 느낌에 일이 손에 잡히지 않고 주변의 이야기에도 정신 나간 사람처럼 집중이 되질 않아 애를 먹었습니다. 수년 전부터 제 나름대로 학교와 교회의 일로 그리고 제 공부와 글쓰기와 출판 등의 일들로 열심히 살고 있다고 생각했습니다. 하는 일이 많고 자기개발에 열중하다 보니 촌음寸陰을 아끼며 열정을 쏟았습니다. 정신없이 돌아가는 빠듯한 일정에 피곤하기도 하였지만 그래도 저 스스로 열심히 살고 있다는 생각에 보람으로 즐거웠습니다. 다행히 일한 것들에 대한 성과로 주변에서 칭찬도 받고 저와 제가 지도한 학생들이 수상도 하게 되니 힘든 줄도 몰랐습니다. 일도 열심히 하다 보니 지혜도 생기고 전문가들과 교류도 하게 되니 제 역량도 커진 듯하였습니다.

오늘도 열심히 수업하고, 공문처리하고, 교육청과 청소년관련단체의 사업기금을 받아보려는 작업에 몰입하였습니다. 그러다 옆에서 선생님 한 분이 점심 시간이니 같이 식사하러 가자는 바람에 그제야 책상 위에 둔 핸드폰을 챙기다가 혹시나 하는 마음에 연락이 와 있는지 보았습니다. 그런데 9시 4분에 들어 온 메시지가 있었습니다. 이 글을 보고는 황망하여 어찌할 바를 몰랐습니다. 제게 메시지를 보낸 이는 최근 들어 결석이 잦은 학생으로, 걱정이 되던 학생이기에 '연락을 한번 해야지' 하는 생각은 여러 번 하였지만 계속 바쁘다 보니 미루곤 하였습니다. 핸드폰에서 그 학생의 이름을 본 순간 많이 미안했습니다. 이 학생이 보낸 내용입니다.

> 목사님 퇴학조치 받겠습니다. 앞으로 혼자 공부할거고 초등학생 때 우울증이 다시 찾아와서 혼자공부하려고 학교를 빠지고 있습니다. 혼자 공부하겠습니다. 자살을 생각하지는 않으니 걱정하지 마세요. 혼자 공부하는 길이 옳을 것 같습니다. 저는 퇴학조치 받겠습니다. 앞으로 혼자공부하고 노력하고 또 노력하기로 결심하였으니 퇴학조치를 받겠습니다. 이상이었습니다.

학교 목사인 제 업무 중 하나가 상담이니 학교에서 마음의 병이 있는 학생을 미리 파악하고 돌보고 상담하는 것은 마땅히 수행할 당연한 일입니다. 그런데 평소 제게 마음을 열고 이야기해 오던 학생에게 바쁘다는 핑계로 주의를 기울이지 않았습니다. 제가 열심히 수행할 중요한 일, 시급한 일에서 마음 아픈 학생은 없었습니다. 이 학생의 글을 보니 제가 뭘 하고 있는 건가 싶었습니다. 더 중요한 일은 한 사람의 상한 마음을 어루만져 주고 함께하는 것인데 싶었습니다. 바쁘고 거창한 일에 몰두하다 보니 정작 소중한 학생을 잊고 있었습니다. 미안하고 부끄러움으로 하루 종일 자책으로 우울했습니다. 그런 제게 사랑하는 딸 사랑이가 연락을 해 왔습니다. 사랑이는 울먹이면서 말했습니다.

"아빠! 친구가 놀리고 체육 시간에 운동하다가 발을 다쳤어."

요즘 들어 학교 공부가 많다고 힘들어 하기에 공부에 대해 이야기도 나누고 친구들과의 사귐도 이야기를 좀 해야지 하는 마음은 있었으나 바쁘다는 핑계로 미루고 있었기에 사랑이의 말에 가슴이 철렁 내려앉는 느낌이었습니다. 도대체 제가 뭘 하고 있는 건가 싶은 생각이 들었습니다. 학교와 집에서 소중한 사람을 잊고 있었습니다.

어쩌다 보니 이런 저런 일들을 마구 벌려 놓은 상태입니다. 돈 되는 일은 아니고 오히려 시간과 돈을 내야 하는 일들이 많아졌습니다. 각종 공모전에서 학교와 학생들을 위한 공모전에서 기금도 따오고, 매주 신문사에 글을 연재하고 학술지 논문심사도 하고 여러 의미 있는 일들도 하곤 했습니다. 그러면서 1년에 1~2권씩 단행본도 출간했습니다.

하던 일이 많아 마음이 분주할 대로 분주하였지만 그냥 탁 놓아 버렸습니다. 어디서 그런 용기가 난 건지는 모르나 이래서는 안 되겠다는 생각에 하던 작업에서 손을 뗐습니다. 그리고는 이면지를 한 장 꺼내어 제가 꼭 시급히 해야 하는 일과 그렇지 않은 일을 적어 보았습니다. 일 욕심에 대부분이 시급히 해야 하는 일이었습니다. 그걸 보니 놀라웠습니다. 제가 일중독이 아닌가 싶었습니다. 지나치면 모자람만 못하다고 하는데 이렇게 일에 빠져 살았나 싶었습니다. 사랑할 소중한 사람들이 언제나 그 자리에 있고 날마다 만나다시피 하다 보니 중요하게 생각지 않은 것 같았습니다. 사소한 일로 여기고는 다음으로 미루었습니다. 문득 어느 지인의 말이 떠올랐습니다.

"사랑하는 사람들과의 사귐이 때가 있습니다. 그때를 놓치면 영영 돌아오지 않으니 후회만 가득합니다."

그러고 보니 저희 집 4남매와 학교 아이들은 한창 성장기로 제가 좀 더 관심 갖고 사랑해야 할 사람들이었습니다. 한 번 더 눈을 마주치고, 한 번 더 손 잡아주고, 한 번 더 귀 기울여 이야기를 들어주어야 할 사람들이었습니다. 그런데 좀 크고 화려한 일들을 하면서 인정받고 성과를 내다 보니 우쭐해서 이 일들에 몰입해 온 것 같습니다. 가만히 이면지에 적힌 일들을 다시금 살펴보면서 줄여도 되는 일들을 선별해 나갔습니다. 지나친 일의 욕심으로 일도 제대로 못할 수 있다는 생각이 들었습니다. 적절한 일에 집중하리라 다짐하였습니다. 그리고 거기에 소중한 사람들의 이름을 또박또박 적어 나갔습니다. 한 사람, 한 사람 적다 보니 종이가 모자랐습니다.

이렇게 마음을 가다듬으니 여유가 생겼습니다. 마음이 아픈 학생에게 정성을 다해서 이제야 답신하는 것에 대해 미안함을 표현하고 마음을 다독이는 내용을 보냈습니다. 그랬더니 답신이 왔습니다. 자신의 마음이 얼마나 우울한지, 지금 자신의 가정과 환경이 얼마나 힘들게 하는지를 마구 쏟아냈습니다. 이런 내용에 위로와 격려로 답을 주면서 메시지를 주고받다 보니 한 시간이 훌쩍 지났습니다. 다행히 위로가 되었는지 학교에 다시 나온다고 하여 마음이 놓였습니다. 그리고는 퇴근하자마자 딸과 오랜만에 진지한 대화를 이어 갔습니다.

그런데 딸과의 대화는 쉽지 않았습니다. 하루가 멀다 하고 바쁘다면서 야근을 밥 먹듯이 하던 아빠가 시간을 내서 대화 좀 하려고 달려왔건만 사랑이의 마음은 닫혀 있었습니다. 제 생각 같지 않은 딸의 상태에 어찌할 바를 몰랐습니다. 아내와 아들들은 칼퇴근한 제가 신기한지 멀뚱멀뚱 쳐다보면서도 좋아하는데 정작 딸은 방문을 잠그고는 아무런 말이 없었습니다. 그냥 자신을 놔두라는 말만 되풀이하였습니다.

얼굴을 봐야 이야기를 하든가, 말든가 할 터인데 딸의 방문은 굳게 잠긴 상태였습니다. 제 딴엔 바쁜 일을 마다하고 온 아빠에게 이럴 수가 있나 하는 생각에 화도 났습니다. 방문을 두드리며 사정을 해댔지만 소용이 없었습니다. "그냥 가만 놔두라"는 목소리가 제 가슴을 찌르는 듯했습니다. 이를 보다 못한 아내가 "지금 사랑이가 마음이 많이 상한 상태이니 그냥 두고 식사나 먼저 하라"라고 하였습니다. 하는 수 없이 아내와 아들들과 식사는 하는데 저도 모르게 마음이 묘한 행복감으로 휘감기는 듯하였습니다. 이것은 아내와 아들들이 환하게 웃으며 식사를 같이 하는 모습에서 전해진 것이었습니다. 그저 저녁식사를 같이 하는 것인데 이처럼 기뻐하는 것을 미처 몰랐습니다. 딸도 같이 하는 자리면 더 기뻤을 테니 조금 아쉬웠습니다.

늦은 밤 밀린 일을 하느라 컴퓨터 책상에 앉은 제게 사랑이가 다가왔습니다. 그리고는 아빠랑 이야기를 하고 싶다고 하기에, 바로 하던 일을 멈추고 마주 앉았습니다. 그 순간 얼마나 기분이 좋은지 오늘 하루의 시름과 피곤이 순식간에 없어졌습니다. 사랑이는 주저리주저리 학교 이야기, 친구 이야기를 늘어 놓았습니다.

가만히 듣다 보니 제가 너무도 모르고 지나온 것을 알았습니다. 예전엔 사랑이의 친구들 이름을 다 알고 있었는데 지금은 아니었습니다. 이름도 낯설고 학교 이야기도 낯설었습니다. 뭘 알아야 위로도 하고 격려도 하고 조언도 해 주겠는데 도무지 아는 게 없었습니다. 하는 수 없이 그냥 계속 들어만 주었습니다. 안타까운 마음에 제 눈은 사랑이의 모습에 집중하였습니다. 한참을 이야기하던 딸이 뜻밖의 말을 하였습니다.

"아빠, 고마워."

저는 이게 무슨 말인가 싶었습니다. 제가 사랑이의 말을 제대로 알아듣지도 못해서 많이 미안한데 "고맙다"고 하니 의아했습니다. 그래서 그 이유를 물었습니다.

"그냥. 오늘 아빠가 내 이야기를 한 번도 끊지 않고 진지하게 다 들어 주니까 내 속이 다 시원해졌어. 아빠가 할 일이 없어서가 아니라 바쁜 거 아니까 정말 고마워."

사랑이의 말에 제 마음이 환해지는 느낌이었습니다. 저는 그냥 잘 모르고 미안한 마음에 진지하게 이야기를 들어준 것인데 사랑이는 그게 그렇게 고마웠던 것입니다.

요즘 들어 일이 많아 근심과 걱정으로 잠을 이루지 못하곤 하였습니다. 그런데 오랜만에 단잠에 빠져 들 수 있었습니다. 마음이 편하고 기쁘고 즐거우니 그랬습니다. 오늘 하루는 언제나 맞이한 365년 중 하루가 아니라 제 인생에 커다란 의미로 기억될 소중한 하루였습니다. 제가 반성하고 깨달은 것이 너무도 소중하고 값진 것이기에 오늘을 되새기면서 제 삶의 방향을 잡아 나가렵니다.

저희 집 담에 작고 앙증맞게 핀 풀꽃들이 예뻐서 보기만 해도 흥겹습니다. 우리 아이들이 그런 것 같습니다. 보잘것없어 세상의 시선을 끌지 못하지만 풀꽃의 소박한 아름다움처럼 아이들을 보면 저절로 미소 짓게 합니다. 풀꽃보다 더 낮은 자세로 작은 것의 소중함을 느끼며 소박한 마음으로 살고 싶습니다. 다음은 제가 참 좋아하는 시로, 제 컴퓨터 바탕 화면으로 해 두어 보고 또 보는 시입니다.

풀꽃

　　　　　나태주

자세히 보아야

예쁘다

오래 보아야

사랑스럽다.

너도 그렇다.

청소년과 놀이 문화

우리 사회에서는 놀이를 일(공부, 노동)과 이분법적으로 분리하여 대조적 개념으로 생각하고 경시하는 풍조가 있습니다. 일반적인 청소년들이 많이 듣는 말 중 하나가 "놀지 말고 공부 좀 해라"라는 말입니다. 이 말 속에는 '놀이는 하지 말아야 하고 심지어 해서는 안 되는 듯한' 인상을 심하게 풍깁니다. 최근에 청소년들의 학교 생활과 관련하여 분석한 여러 논문에 의하면 청소년들의 생활은 학업성적에 따라 '범생이 집단—공부를 잘하는 모범생 집단', '들러리 집단—공부는 중간 정도이면서 학교나 가정 또는 사회에서 요구하는 규범을 적당히 지켜나가면서 적당히 즐길 줄 아는 집단', 그리고 '날라리(놀기 좋아하는 학생) 집단—공부는 포기하고 다양한 놀이 문화에 빠져 사는 아이들'로 구분됩니다. 이러한 구분은 공부와 노는 것을 이분법으로 구분하고 있는 우리 사회에서 비롯된 현상입니다. 그래서 우리는 청소년들이 '논다'라는 것에 대해 일탈적인 놀이 문화에 빠져 있는 것과 동일하게 취급합니다.

일반적으로 하루 24시간 중 8시간은 잠자는 시간, 8시간은 일하는 시간이라면, 나머지 8시간은 놀이를 포함한 여가 시간입니다. 그렇다면 사람의 삶에서 놀이를 포함한 여가 시간은 삶을 위한 당연한 행위인데도 이를 그렇게 탐탁하게 여기지 않고, 특히 청소년들의 놀이에 대해서는 왜 그렇게 부정적인 시각을 가지는 것일까요?

놀이에 대한 여러 관점에서 이야기하는 것을 보면 놀이는 인간을 위한 유익한 활동이라고 이야기하며 특히 발달시기에 있는 청소년에게는 필수적이라고 이야기하는 경우가 많습니다. 호이징아는 여러 문화에서 나타나는 놀이의 특성을 정리하였습니다.

1) 자발적인 행동이며(자발성)
2) 놀이 기간 동안 일상생활의 공간과 시간에서 이탈되고(분리성)
3) 놀이에 참여하는 사람의 행동을 지배하는 규칙이 존재(규칙성)

여기에 더하여 프랑스 사회학자 카이와Caillois는 두 가지를 덧붙였습니다.

1) 비생산성(놀이 자체의 결과가 새로운 물질의 창조나 물질적 가치로 환원되지 않음)
2) 허구성(현실과 유리된 다른 차원의 인식이 이루어짐)

이러한 특징을 갖는 놀이는 심리학자들에 의해서 인간의 성장을 도우며 인간관계를 확장시켜 주고, 흥미와 집중력을 높여 주며 탐구력과 판단력을 향상시킬 뿐만 아니라 성인의 역할을 배워가도록 돕는다고 하면서 아동과 청소년기에 놀이의 역할을 강조하고 있습니다.

이러한 놀이는 특히 발달시기에 있는 청소년기에 단순히 공부와 분리된 개념으로서가 아니라 학업을 더욱 증진시키고, 성장기의 다양한 신체적·정신적·사회적 발달을 촉진시키는 중요한 역할을 합니다. 즉 청소년기에 행해지는 놀이는 아동기나 유아기의 놀이 형태와 달리 자아상을 표출하는 놀이이거나 자아존중과 타인과의 관계를 형성하고자 하는 욕구에서 출발하는 놀이가 많으며 이러한 놀이에 적극적으로 참여하는 경향이 높은 청소년들이 자아정체감이나 자아존중감이 높습니다. 자아인식이 시작되는 청소년기에 경쟁적인 놀이나 사회적인 놀이에 참여함으로써 청소년들은 놀이 내의 규칙과 그 안에서의 사회적 상호작용을 배우고 사회적 일원으로서의 자기를 인식할 뿐만 아니라 소속감을 느끼고 심리적 안정을 갖게 되며 그런 가운데 자아개념과 자신감을 형성합니다.

그러나 우리 사회에서 '청소년은 미래의 주역'이라는 표현과 더불어 '오직 학업에 충실한 착한 아이'가 되길 희망하면서 공부를 잘하는 아이가 모든 것을 잘할 수 있다고 생각합니다. 그러면서 산업화, 도시화에 밀려 공터나 골목길과 같은 자연적인 놀이 공간이 사라진 곳에 성인들을 위한 인위적인 놀이 공간을 만들어 놓고 청소년들의 입장을 제한하고 있으며, 놀기를 좋아하거나 적절한 여가를 갖는 청소년은 입시경쟁에서 뒤처지는 낙오자로 낙인찍으면서 물리적으로나 사회적으로 노는 것(놀이)에 대해서 부정적인 입장을 감추지 않습니다. 또한 이러한 부정적인 시각에 힘을 주듯이, 청소년들은 최근 들어 전자오락, 화투, 당구와 같은 문제성 놀이에 높은 선호 경향을 보입니다. 이러한 놀이는 앞에서 보았던 놀이의 순기능보다는 청소년 일탈과 같은 역기능의 온상으로 받아들여지면서 놀이를 부정적으로 보는 성인들의 입장을 확고하게 해 주고 있습니다.

그렇다면 청소년에게 놀이를 제한하는 것이 타당한 것일까요? 그러나

이 질문에 대해서 어느 누구도 강한 긍정으로 답하지 못할 것입니다. 그것은 다음과 같은 몇 가지 이유에서입니다.

첫째는 청소년의 놀이 문화가 단지 문제성 놀이만 있는 것이 아니라는 점 때문입니다. 경기관람, 스포츠 활동과 같은 건전한 놀이가 많이 있으며 이러한 놀이를 통해 자신의 에너지를 분출함으로써 넘치는 혈기의 표출이 가능하다는 점입니다.

둘째는 학교의 경쟁성과 집안의 외동이 환경으로 인해 사회성이 점점 약화되는 청소년들이 놀이를 통해 사회적 관계를 확장하고 자신의 사회적 역할을 알아갈 수 있다는 점입니다.

셋째는 미래사회에서 요구하는 인간형은 단지 우수하고 탁월한 능력을 지닌 소유자보다는 함께 어울리길 좋아하고 삶 자체를 즐기고 팀워크를 갖춘 사람인데, 이러한 유형의 사람은 단지 일이나 공부를 통해서만 가능한 것이 아니라 적절한 여유와 놀이를 통한 여가 활동이 있어야만 가능하기 때문입니다.

그러면 청소년의 발달에 긍정적인 역할을 할 수 있는 놀이 문화의 형성과 그 다양화를 위해서 무엇을 해야 하는 것일까요? 이를 위해서는 지금의 청소년 놀이 문화를 알아보는 것에서부터 시작해야 할 것입니다. 우리 사회에서 청소년들의 놀이라고 할 때는 두 가지 의미로 이해됩니다. 하나는 '사방치기', '고무줄놀이', '콩주머니 던지기', '자치기', '연날리기', '씨름' 등과 같이 과거에 전통적으로 청소년들이 행하던 놀이에 기초하여 청소년들이 여가 시간에 주로 하는 활동이라고 보는 것이고, 둘째는 '전자오락, 당구, 화투, 노래방, 락카페에서 놀기'와 일반적으로 일탈적인 성향을 가진 것을 말하기도 합니다.

그러나 첫째와 같은 유형의 놀이는 산업화, 도시화와 더불어 대부분

사라지고 명절 등의 특별한 날에나 하는 명절 놀이가 되었고 그 대신 서양에서 들어온 다양한 스포츠나 게임 등이 자리를 잡고 있습니다. 두 번째 유형의 놀이는 청소년의 일탈적인 문화 유형을 말하는 것으로 이것은 전체 청소년의 놀이라기 보다는 마땅히 하지 말아야 하는, 말 그대로 '놀이'보단 '정말로 노는 것'으로 보는 것입니다. 따라서 청소년의 놀이를 정확하게 이해하기 위해서는 첫째 유형과 둘째 유형을 모두 포괄하는 개념으로 보아야 할 것입니다. 왜냐하면 두 놀이 형태가 서로 다른 수준에서 이야기되기 보다는 사회의 인식적인 측면에서 긍정적인 면과 부정적인 면을 보이는 연속선상에 있기 때문입니다.

일반적으로 청소년들의 놀이는 여가에 포함된 것이라 생각하는 경향이 있어 딱히 지금의 우리 청소년놀이란 무엇인가에 대하여 정확하게 말하기는 어렵습니다. 청소년이 여가 시간에 노는 양태에 따라 놀이를 세 가지로 말할 수 있습니다.

첫째는 휴식분산형 놀이로, 여러 환경에서 오는 스트레스를 풀기 위하여 활동 자체에 몰두하기 보다는 육체적 회복이나 정신적 평형을 유지하는 정도의 활동으로 공상, 음악 감상, 특별한 용건 없는 대화, 물건 사기, 음주, 흡연 등이 포함됩니다.

둘째는 관람집중형 놀이로, 관람을 통해 관람대상 자체에 집중하는 경우의 활동을 말하며 각종 스포츠나 영화 등의 공연 및 예술 전시의 관람 활동이 포함됩니다.

셋째는 활동몰입형 놀이로, 전통적으로 놀이라고 일컫는 각종 게임, 여가 활동으로 즐기는 스포츠와 예술 활동이 포함됩니다.

그러면 놀이 중에서 청소년들이 즐겨하는 놀이는 무엇일까요? 친구와 만남, TV 보기, 독서나 만화책 읽기, 노래방에서 노래 부르기, 음악 감상, 영화, 연극, 음악회 관람, 쇼핑하기, 컴퓨터 게임, 흡연과 음주, 카드 놀이나 고스톱, 다트 등 실내 스포츠, 농구나 축구 등이 있습니다. 청소년들은 주로 휴식분산형 놀이나 관람집중형 놀이를 중심적으로 즐기고, 활동몰입형 놀이는 거의 하지 않는 것으로 알려져 있습니다. 실외 공간의 활동적이고 사회적인 놀이보다는 실내 공간에서 정적인 놀이에 주로 참여하고 있습니다.

청소년의 놀이 공간 중 하나인 노래방은 중고생을 가리지 않고, 범생이와 날라리가 가려지지 않고 출입합니다. 청소년들이 또래집단과 주로 가는 놀이 공간은 이러한 노래방이나 락카페, 소주방 같은 술집 등이 의외로 많고, 혼자서 놀고 싶을 때는 만화방에서 만화를 보거나 오락을 즐긴다고 합니다. 이용 빈도가 높은 공간은 전자오락실, 당구장, 카페, 심야만화방, 노래방 순으로 거의 일주일에 2회 이상 출입한다는 조사도 있습니다. 이런 곳이 청소년들에게 인기 있는 이유는 공부로 쌓인 스트레스를 해소할 수 있으며, 이성 친구를 만나고 노래나 춤을 즐길 수 있고, 그래서 '자신이 살아 있음을, 자신이 자신의 주인임을 느끼고, 자신들 만의 문화를 가꿀 수 있는 곳'이기 때문입니다. 또한 그들은 이 공간에서 가수가 되고 싶은 꿈을 펴 보고 백댄서가 되고 싶은 사람은 락카페에서 춤 연습을 하고 종종 DJ도 해 봅니다. 결국 이러한 놀이 공간은 어른들에게 숨기면서 드나들긴 하지만 자신의 생활 스트레스를 해소하면서 꿈도 키울 수 있는 이중적인 만족을 주는 공간입니다.

이러한 놀이 내용과 놀이 공간을 중심으로 청소년의 놀이 문화의 특징을 정리하면 다음과 같습니다. 첫째, 청소년의 놀이는 대부분 생산적인 활동이기 보다는 스트레스 해소를 위한 감각적이고 획일적인 놀이가 많다는 것입니다. 즉 노래방이나 오락실, 공연장 등의 공간은 청소년들이 공부나 부모와의 대립으로 인해 느끼는 스트레스를 해소하기 위해 가는 경우가 대부분이며, 특별히 할 일이 없을 경우에는 오락실, 만화방 등을 이용하는 것으로 나타나 내일의 생산적인 일(공부)을 위한 휴식의 개념보다는 단지 도피처로서 또는 시간을 때우기 위한 장소로서 활용되고 있습니다.

둘째, 청소년의 놀이는 실내형 위주의 정서적 놀이가 중심을 이룬다는 것입니다. 건전한 놀이로서의 스포츠 활동도 실내에서 하는 다트 등이 중심적인 활동이며, 노래방, 비디오방, 만화방과 같은 밀폐된 공간에서 활동성이 거의 없는 놀이를 즐깁니다. 이러한 밀폐된 공간의 비활동적인 놀이는 성장기의 활발한 신체적 활동을 요구하는 청소년기의 특징과 부합되지 않는 놀이입니다.

셋째, 개인 또는 소집단 중심의 놀이가 점점 늘어난다는 점입니다. 사회적으로는 90년대 들어 나타나기 시작한 노래방과 비디오방 등의 소집단적인 놀이 공간이 제공되고, 녹음기, TV, 컴퓨터, 스마트폰 등의 기기가 개인화되면서 놀이가 소집단화 또는 개별화되고 있습니다. 이러한 소집단 또는 개별적인 놀이는 사회성 함양과 같이 시민사회에서 필요한 덕목 형성을 어렵게 한다는 점에서 청소년에게 부정적인 영향을 미칩니다.

넷째, 가족과 함께하는 놀이의 부족 또한 우리나라 청소년 놀이 문화의 특성입니다. 일반적으로 청소년기가 가족과 함께 하는 시간이 적고 또래집단과의 관계를 더 좋아하는 경향이 강하다는 것을 고려하더라도 우리나라의 가족 놀이 문화는 너무나 없습니다. 특히 청소년들 중 '노는 아이들'은 집 생각에 가슴이 답답하고 부모가 자신을 형편없이 보는 것 같다고 지각하고 있어 가족에 대한 부적응 내지 가족의 구심력이 낮아서 나타나는 건전한 가족 놀이 문화의 부재도 청소년 놀이 문화를 왜곡시키는 한 요소입니다.

다섯째, 이제 청소년들의 놀이에서 과거 우리의 전통적인 놀이의 맥을 찾기는 아주 어려워졌습니다. 즉 전통적 놀이가 거의 사라진 상태입니다. 전래의 환경과 절기를 고려한 자연에 동화되는 놀이로서의 대집단적인 참여를 통해 공동체 형성이 주목적이었던 전통적인 놀이는 오직 전통으로만 남고 청소년의 생활 속에서는 찾아보기가 어려워졌습니다.

여섯째, 청소년 놀이 공간이 감각 위주의 기호성인 경우가 많다는 것입니다. 이것은 청소년들이 즐겨 찾는 공간이 청소년을 위한 전용 시설보다는 성인을 위해 제공되는 공간이나 대학가와 같은 소비풍조가 많은 곳이라는 것과 관련이 있으며, 이러한 공간은 청소년들의 순간적인 즐김을 위해 청소년들의 기호나 성향을 파악하여 그들이 원하는 방향으로 공간을 만듭니다. 즉, 청소년들이 즐겨가는 놀이 공간은 청소년들이 원하는 색상, 그들이 좋아하는 음악, 그들이 좋아하는 상품으로 장식하고서 청소년들을 주요 고객으로 삼고 있기 때문에, 청소년이 출입금지 대상자이면서도 단골이 되는 이중적인 공간이 됩니다. 그들은 지금은 만화방과 당구장, 전자오락실을 버리고 비디오방과 노래방, 그리고 락카페를 드나들지만 다시 그들의 기호를 만족시켜 주는 놀이 공간이 생긴다면 또 그곳이 놀이의 주요 거점이 될 것입니다.

결국 청소년들에게 내일의 생산적인 일을 위해 오늘의 지친 몸을 휴식하는, 자신의 자아정제감을 형성하고 인간관계의 확장을 가능케 하며 가족 간의 관계를 건강하게 지켜 주고 사회적 소속감을 길러 주는 진성한 놀이란 존재하지 않으며, 또한 그러한 놀이 공간이 없는지도 모릅니다. 그렇다면 무엇이 우리의 청소년들에게 이렇게 왜곡된 놀이 문화를 갖게 했을까요? 어떻게 해야 이런 적극적인 목적을 키울 수 있는 놀이 문화를 생산해 낼 수 있는 것일까요?

초등학생의 꿈이 9급 공무원

권력이나 출세와는 거리 멀지만 안정적이고 공익에 이바지하고 봉사하는 매력이 있는 공무원이 선망의 직업이 된 지 오래입니다. 그러나 지금처럼, 특히 젊은 세대들 사이에서까지 인기 절정을 구가했던 적은 별로 없었던 것 같습니다.

안정을 선호하는 어른들이야 공무원과 같은 직업을 늘 최고로 꼽았지만 그래도 젊은 세대들은 공무원이 되려는 시도 자체를 왠지 답답하고, 도전의식이나 패기 없는 행동쯤으로 여기곤 했습니다. 제가 고등학생 때도 그랬습니다. 한 번 밖에 없는 인생인데 도전도 해 보고 모험도 해 보는 자세로 꿈을 갖다 보니 공무원은 인기가 없었습니다. 그 이유에서인지 이와 관련된 학과의 인기는 덜했습니다. 비교적 집안 형편이 어려운 친구들 정도만이 공무원을 선호하였고 지금보다는 되기도 쉬웠습니다. 통상 9급 공무원은 고등학교 졸업자 이상이면 공무원 시험에 응시해서 합격하는 것이었고, 교사도 남학생들이 기피하다 보니 초등학교 교사가 되는 교육대학은 국립대로 학비도 저렴하고 장학금도 많고 재학 시,

약식군사교육으로 군대도 면제해 줄 정도였습니다.

그러나 지금은 180도 달라졌습니다. 심지어 어느 초등학생이 장래 희망에 '9급 공무원'이라고 적었다는 얘기가 있을 정도입니다. "자식이 공무원이 되면 두 발 뻗고 잘 수 있겠다"고 말하는 부모들도 적지 않습니다. 고위직으로 향하는 관문인 고시는 그렇다고 해도 권력이나 출세와는 거리가 먼 중하위직 임용시험이 치열합니다. 2014년 7급과 9급 공무원 시험의 평균 경쟁률은 약 80대 1에 달했습니다. 7급 공무원은 730명을 선발한다는 공고에 6만 1,252명이 원서를 냈고 9급은 2,150명 모집에 16만 4,887명이 원서를 냈습니다. 국가통계청이 발표한 '2014 청소년 통계'에 따르면 2013년 13~24세 청소년들이 가장 근무하고 싶어 하는 직장이 국가기관(28.6%)이었다고 하니 높은 경쟁률은 당연한 듯 보입니다.

제가 사는 지역의 대학에 가 보면 도서관에서 전공서적을 펼쳐 든 학생보다 공무원임용시험 수험서를 펼쳐 든 학생들이 많습니다. 제가 아는 한 학생의 전공은 컴퓨터공학입니다. 이 학생은 대학 4학년 때 취업 준비를 하면서 번번이 서류전형에서 떨어졌고 결국 진로를 공무원 쪽으로 선회했습니다. 이 학생은 4년 내내 컴퓨터 공학이 적성과 맞는다는 생각을 많이 했었고 그래서 열심히 공부하였는데 막상 이 분야로 취업하려고 하니 되지도 않았고, 학교 취업지원센터에서 상담을 받은 결과 제가 원하는 건 안정적인 직업과 시간적 여유라는 걸 알게 되어 공무원 준비를 시작했다고 말합니다.

이 학생의 선배는 무려 8년 동안 공무원 시험을 치렀습니다. 대학 재학 시절엔 고위직 공무원을 꿈꾸며 행정고시를 6번 치렀지만 합격하지 못해 결국 7급으로 하향 조정해 시험을 봤습니다. 그러다가 그것도 안

되다 보니 9급으로 내려와서 수년간 공부한 결과 다행히 합격하였습니다. 그 학생의 아버지도 공무원이어서 어렸을 때부터 안정적인 공무원을 꿈꾸게 되었다고 합니다. 경쟁이 더 심하고 일찍 그만둘 가능성이 높은 사기업보다는 노후를 생각했을 때 공무원이 좋은 직업이라고 생각했다고 합니다. 그 학생은 남보다 나이 들어 임용되고 생각보다 봉급이 적지만 그럭저럭 만족하면서 살 생각이라고 합니다.

공무원을 꿈꾸는 이들의 첫 번째 이유는 무엇보다 '안정성'이었습니다. 국가통계청의 '2014 청소년 통계'에 따르면 13~24세 연령대에서 직업을 선택할 때 가장 중요하게 고려하는 요인은 적성·흥미가 34.2%, 수입 27.0%, 안정성 21.3%이었습니다. 안정성을 우선적으로 고려하는 경향은 중학생 16.4%, 고등학생 17.2%, 대학생 24.3%로 상급학교로 갈수록 커졌습니다.

공무원 시험 준비를 위해 전공을 바꾸거나 학교를 그만두는 경우도 많이 있습니다. 제가 아는 학생은 공무원 임용시험 준비를 위해 아예 자신의 전공을 바꿨습니다. 국어교육학과 1년을 다니다가 교사 임용이 생각보다 너무도 어렵다고 판단하고는 공무원이 되려고 행정학과로 전과해서 학과공부와 9급 공무원 시험을 병행하는 중입니다. 이 학생의 친구는 아예 공부에 집중하려고 학교를 그만두었습니다. 그리고는 서울 노량진에 올라가서 집중적으로 공부한 결과 경찰공무원 시험에 합격하여 순경으로 재직 중이라고 합니다.

꼭 안정적이어서만 공무원을 택하는 것도 아닙니다. 공무원 하면 '무사안일', '얄팍한 권력', '뒷돈' 같은 퇴행적 이미지가 연상되기도 하지만, 요즘 2030세대 공무원들은 국민생활과 직결된 공적 서비스를 제공하는 일 자체에서 큰 보람을 느낀다고 했습니다. 언젠가 본 신문에서 어느 공무원은 장애인 무료 셔틀 버스를 기획해 노선까지 다 짜는 모습을 보니 공무원의 직무에서 느낄 수 있는 자부심과 보람 같은 걸 알 수 있었습니다. 보고한 내용이 받아들여져 개선이 되거나 기획한 정책이 실현되어 주민들이 혜택을 누릴 때 큰 보람을 느낄 수 있습니다.

공무원이 '신의 직장'인 것은 맞지만, 그렇다고 만만한 직업은 절대 아닙니다. 단지 '오래 다닐 수 있는 직장, 보다 편한 일자리'라는 생각으로 공무원이 된 이들은 예상 밖으로 센 업무 강도에 당황하기도 합니다. 공무원이 밖에서 보는 것처럼 편한 직장이기보다 업무 강도가 세서 야근하는 날이 많습니다.

공무원이 되느냐 마느냐는 전적으로 개인의 선택입니다. 그러나 젊은 세대들이 공무원을 많이 지망하는 이유가 공익적인 생각을 하는 사람들이 많다는 의미로는 긍정적이지만 별 다른 사명감이나 직업의식 없이 그저 안정성만 보고 하려는 것은 바람직하지 않습니다. 더욱이 자신의 적성을 무시한 채 그저 너도나도 달려드는 것은 문제입니다. 그러나 이런 현상을 젊은 세대들의 문제로만 여겨서는 안 됩니다. 사실 젊은 세대의 공무원 선호 현상은 최근 청년들을 흡수하는 일자리가 비정규직이고, 정규직이 되더라도 구조조정으로 쉽게 잘리게 되는 등 열악한 노동 환경에서 비롯된 것이기도 합니다. 불안정한 일자리를 양산하는 노동구조 속에서 안정적인 일자리를 찾는 젊은 세대들을 탓할 수는 없습니다.

실제로 국회입법조사처의 '청년고용 현황의 정책과제'에 따르면 2013년 청년층 고용률은 경제협력기구(OECD) 평균 50.9%에 한참 못 미치는 39.7%에 불과했습니다. 또 청년 취업자의 20%는 1년 이하 계약직으로 직장 생활을 시작해 드라마 〈미생〉 속 장그래보다 못한 처지(계약기간 2년)에서 사회생활의 첫발을 내딛기도 합니다. 정부가 젊은 세대의 공무원 선호 현상 등을 타개하기 위해 창업 장려 정책 등을 펴고 있지만 이것도 최상은 아닙니다. 만약 실패하면 재기할 수 없는 구조 속에서는 일방적 희생을 강요하는 것일 뿐입니다. 양질의 일자리를 확대하고 노동 여건을 개선하는 정책이 시급합니다.

세대와 남녀를 불문한 과도한 공무원 선호 현상은 인재를 편중시켜 사회의 성장 동력을 둔화시키고 있습니다. 사회에 활력을 불어넣을 젊은 세대가 지나치게 안정적인 일자리를 선호함에 따라 창업, 신기술 개발 등 잠재성장력의 확대가 어려워집니다. 지나칠 정도로 안정적인 공무원을 선호하는 현상은 개인의 문제를 넘어 우리 사회의 건강성을 위협하는 문제가 될 것입니다.

학교 밖 청소년의 현실과 우리의 과제

여러분은 학교 밖 청소년이라는 말을 아시는지요? 얼마 전 한 청소년 수련관 관계자에게 학교 밖 청소년 사업을 위한 자문을 구한다는 연락을 받았습니다. 순간 머릿속이 지우개로 지워진 듯 하얗게 변해 버리는 느낌에 당황하였습니다. 관계자가 뭐라고 더 말하는데 잘 듣지를 못해 다시 한 번 말씀해 달라고 할 정도였습니다. 이건 정말 아닌 것 같아 솔직히 제가 들어보긴 하였지만 제가 재직하는 학생들도 잘 모르는데 학교 밖 청소년은 모르겠다고 말할 수밖에 없었습니다. 그런데 관계자는 그래도 자문을 구하고 싶다고 기어코 온다고 하여 만난 적이 있습니다. 만나서 이야기 나누면서 그저 학교의 현실과 학교 내 청소년들의 문제를 이야기해 주는 정도에 그쳤습니다. 멀리서 찾아왔는데 제대로 도움도 주지 못한 것 같아 많이 미안했습니다. 관계자에게서 학교 밖 청소년에 대한 이야기를 들으면서 배웠습니다. 그러면서 학교 밖 문제가 우리 사회의 중요한 과제가 되고 있음을 알았습니다.

내 아이도 학업 중단 학생이 될 수 있다는 생각으로 학교 내 학업 중단 학생에 대한 애정 어린 관심을 가져야 합니다. 그래야 모든 교사와 학생들이 서로 배려하고 도와주는 풍토가 정착될 것이고, 그때에 비로소 인성 교육이 완성될 것입니다. 학교 밖에서 방황하는 청소년들에 대한 선도 정책도 시급한 때입니다. '학교 밖 청소년'은 정규학교 대신 대안학교를 다니거나, 진학을 포기하고 일찌감치 사회생활을 하는 청소년 등 정규학교의 교육을 받지 않은 모든 청소년을 말합니다. 학교에서는 학교 밖 청소년이라는 용어보다는 '학업 중단 학생'으로 지칭해 왔습니다. 이 학생들은 학교를 떠났으니 이제 더 이상 학교 소속이 아니다 보니 학생으로 분류되지 않다 보니 학교의 책임과 보호에서 배제되었습니다. 그러다 보니 교육부나 교육청은 '내 일이 아니다'라고 생각해 왔습니다. 이 때문에 교육부가 아닌 문화관광부나 보건복지부에서 학업중단자 지원사업을 관장해 왔습니다.

학교 밖 청소년들은 서울만 해도 2010년 1만 3,381명에서 2013년 1만 6,126명으로 3년 만에 20%가량 늘었다고 합니다. 하지만 이들을 위한 체계적인 지원책은 매우 부족한 게 현실입니다. 이 학생들도 분명한 우리 사회의 청소년들입니다. 교육부뿐만 아니라 교육청에서도 학업중단 예방을 위해 적극적으로 노력하는 모습을 보여야 합니다. 학교 밖 청소년들의 교육 복지와 교육 문화 사업에도 중점을 두면서 청소년 관련 단체와 협력해 나가야 할 것입니다. 학업 중단으로 인한 학교 밖 청소년의 문제는 공교육이 제대로 그 기능을 수행하였는지에 대한 바로미터 Barometer라고 볼 수 있습니다. 학업 중단은 공교육의 건강성을 측정할 수 있는 지표입니다. 자발적인 경우 외의 학업 중단은 사실상 공교육이 제대로 학생들을 보살피지 못한 결과입니다. 부적응에 의한 자퇴를 세밀히 들여다보면 교사와의 갈등, 학교규칙 부적응, 학교폭력에 대한 두려움, 청소년 우울, 인터넷이나 게임 중독 등으로 나타나는데 이 책임이 해당 학생에게만 있는 것인지 생각해 볼 일입니다. 학생의 학교 부적응뿐 아니라 학교의 학생 부적응은 없는지 살펴봐야 합니다.

학교 밖 청소년의 예방에 힘쓰고 학교에서 학업 중단 학생 발생 시 개인정보 수집 활용 동의서를 받아 교육청이나 전문기관에서 학업중단 이력시스템을 운영한다면 정보 부재로 인해 어려움을 겪었던 학업 중단 학생 관리 문제를 해결할 수 있을 것입니다. 이런 방식으로 체계적으로 이력을 관리하고 맞춤 지원을 해 나가다 보면 보다 유용한 교육적 성과를 거둘 수 있을 것입니다. 학교급별, 학년별, 성별, 지역별로 학업중단 이후 복교 현황 등을 세밀히 파악해야 학업 중단 학생에 대한 체계적 관리가 가능할 것입니다. 이를 위해서는 학업 중단 예방 및 중단학생 지원 시설 간 연계 고리를 만들어야 할 것입니다. 지역별 비인가 대안학교와 교육청 운영 Wee(상담) 센터, 그 밖에 청소년수련관, 문화의 집, 사회복지관, 쉼터 등 다양한 지역시설들이 있으나 각각 분절적으로 움직이고 있습니다. 여러 지원 시설들의 연계 체제가 있어야 학교의 장기결석학생 발생 시 해당 지역 시설들이 협의, 공조하여 적절한 대책을 마련할 수 있을 것입니다. 학업중단 이력 관리가 성공적 성과를 얻으려면 시설 간 연계 체제가 제대로 작동해야 할 것입니다.

학교 밖 청소년들을 조기 발굴하기 위해 학업중단을 고민하는 재학생을 비롯 거리에서 방황하는 청소년, 은둔형 청소년, 외톨이형 청소년, 범죄에 노출된 청소년 등 4개 유형으로 나누어 체계적으로 접근해 나가야 할 것입니다. 거리에서 방황하는 학교 밖 청소년을 위해서는 거리 상담을 실시하고, 은둔형 외톨이 청소년에 대해서는 주민센터 등을 통해 청소년 상담복지센터에 소속된 상담사, 복지사, 심리상담사 등이 직접 방문해 사회로 이끌어 낼 수 있게 돕는 것도 필요할 것입니다. 보다 적극적으로 방황하는 청소년을 찾아내기 위해 시민단체들도 협력할 수 있을 것입니다.

학교 밖 청소년 중에는 처음부터 학교에 입학하지 않고 학업 중단 상태에 머무는 '미취학자'와 '미진학자'들도 있습니다. 이 학생들은 정규 학교에 다니기 곤란하거나 공교육을 거부하는 학생들이 포함되어 있습니다. 이 학생들은 자발적이라고 하지만 굳이 말하자면 불법행위이고 자칫 학생이 위험한 상태에 빠질 수도 있어 주의 깊게 살펴보고 관리해야 합니다. 그저 해당 학교나 교사의 취학 독려로만 여겼던 것에서 더 나아가 초기 단계 위탁 교육이 가능한 합법적 교육 통로를 만들어 주는 것도 필요한 일일 것입니다.

더욱이 탈북학생의 학업 중단에 대한 특별한 관심이 필요합니다. 탈북 학생은 일반 학생의 학업 중단율보다 4배가 높습니다. 탈북 청소년 민간 교육 시설이나 대안학교에서 교육을 담당하고 있지만 교육적으로나 복지적인 측면에서 보면 열악한 실정입니다. 이들이 우리 사회에 제대로 적응하기 위해서는 더 적극적으로 이탈 방지에 힘쓰고 적응 교육을 받도록 도와야 할 것입니다.

위기 학생의 안정적 위탁 교육을 위해 위탁 교육 시설을 확대 지정해야 할 것입니다. 위탁교육 수요가 폭증하지만 정작 보낼 수 있는 위탁기관은 부족합니다. 초등까지 위탁 교육 시설 지정을 확대하고, 위탁 교육 시설의 상근직원 인건비를 보조해 근무 여건을 개선해야 안정적으로 운영될 수 있어야 합니다.

저는 학교상담 사업으로 청소년 상담 기관들과 연계해서 해 오곤 하는데 이게 현실적으로 어려웠습니다. 청소년 상담은 라포Rapport와 함께

장기적으로 지원을 해야 할 상황이 많은데 중간에 계약 기간 만료로 직원이 그만두게 되면 다시 시작해야 하는 어려움이 있고, 지역사회 청소년 통합 지원 체계가 말 그대로 기관과의 연계, 사람과의 연계가 중요한데 담당 직원이 자주 바뀌다 보면 제대로 일하기가 어렵습니다. 이들에 대한 처우와 안정적 보수 체계를 위한 정규직화를 기대해 봅니다.

교육의 힘은 아무리 강조해도 지나치지 않습니다. 앞으로 학교 내 청소년의 학업 중단 방지와 학교 밖 청소년 문제를 보다 적극적으로 해결해 나가려면 교육부와 교육청, 각종 청소년 관련 기관 등이 학업 중단 위기 학생들에 대한 예방과 학교 밖 청소년들에 대한 체계적인 데이터베이스 구축과 이 학생들에 대한 다양한 측면의 교육 복지와 문화를 개발해 나가야 할 것입니다.

몰입과 집중을 통한 효과 극대화

부모들은 자녀가 공부할 때 누가 불러도 모를 정도로 몰입하길 원합니다. 하지만 대부분의 아이들은 공부하는 중에도 건너 방에서 소곤거리는 소리도 알아들을 만큼 뛰어난 청각을 소유하고 있습니다. 극히 일부분의 아이들만이 공부할 때 천둥소리도, 불이 나도 모를 정도로 몰입합니다. 아이들이 몰입만 한다면 공부도 잘하고 일도 잘하면서 성공적인 삶을 살 수 있을 것 같은데 몰입을 못하는 게 문제입니다. 몰입만 잘해 준다면 얼마나 좋을까요? 그저 "공부해라, 공부해라." 하는 말만할 것이 아니라 몰입의 즐거움에 빠져들게 해 보면 것은 어떨까요?

몰입은 생각보다 어렵습니다. 아무 때나, 아무 활동에나 마음만 먹으면 할 수 있는 것이 아닙니다. 많은 조건들이 동시에 모두 충족될 때만 몰입은 가능합니다. 가장 중요한 조건은 가지고 있는 기술과 주어진 과제 난이도의 균형입니다. 자신이 가지고 있는 능력 또는 기술로 이룰 수 있을 것 같은 느낌이 들지만, 적당히 어려운 과제는 도전 욕구를 자극합니다. 도전 정신에 근거해서 어느 정도의 노력을 기울이면 달성되는 긍정적 경험이 그 도전과 노력을 보상해 줍니다. 과제 달성과 달콤한 보상이 명확히 주어지는 순간, 기술이 향상되는 느낌을 가지게 되고 동시에 살짝 어렵고 새로운 도전이 주어지면 몰입은 지속될 수 있습니다. 원래 과제에 대한 어느 정도의 선천적인 관심과 자질이 있어야만 기술과 만족을 느낄 수 있습니다. 현재 우리 사회에서 이런 조건들이 가장 완벽하게 갖춰진 것이 무엇일까요? 바로 컴퓨터 게임입니다.

모든 컴퓨터 게임은 난이도에 따라 매우 세분화된 단계로 구성되어 있습니다. 한 단계를 마스터하고 끝까지 살아남으면 조금 더 어려운 다음 단계가 기다리고 있습니다. 보통은 제일 쉬운 단계부터 시작해서 그 과정을 거쳐 올라가며, 자신의 실력에 맞는 수준을 선택할 수도 있습니다. 기술과 난이도의 균형을 지속적으로 유지시켜 주는 완벽한 시스템입니다. 더구나 자신의 능력과 발전 속도에 맞춰서 자신이 선택할 수 있습니다. 중요한 것은 각 단계를 정복할 때마다 컴퓨터 게임은 격하게 축하해 줍니다. 현란한 화면과 요란한 팡파르가 울리며 무슨 세계를 정복한 듯이 달콤한 보상을 제공해 줍니다. 설사 그 단계가 최하위일지라도 축하해 주는 것을 잊지 않습니다.

학부모, 선생님, 교육 당국은 왜 자녀들이 공부에 몰입하지 못하는지 모르겠다고 걱정합니다. CEO들은 왜 직원들이 더 열심히 일하지 않느냐고 푸념합니다. 그러면서 원래 게을러서, 동기가 약해서, 의욕이 없어서, 심지어 배가 덜 고파서 그렇다고 생각합니다. 하지만 교육 시스템과 회사의 보상 시스템이 컴퓨터 게임에 비해 경쟁력이 있는지에 대한 고민은 하지 않습니다. 자신의 능력이나 기술에 맞춰서 살짝 어려운 과제를 스스로 선택할 수 있을까요? 특히 그런 과제가 단계별로 지속적이고 체계적으로 준비되어 있을까요? 더 중요한 것은 그 단계의 수준에 상관없이 달성할 때마다 누군가 격하게 축하해 줄까요? 이런 조건들이 전혀 갖추어지지도 않았는데, 자기 혼자 스스로 몰입한다면 오히려 비정상일 것입니다. 스스로 자신의 적성에 맞는 영역에 가서 열심히 일하면 몰입을 경험할 것이라는 것도 착각입니다. 우리 사회가 모든 영역에, 몰입에 필요한 기술과 난이도의 균형을 낮은 단계부터 높은 단계까지 지속적이고 체계적으로 구성해 놓지 않는다면, 수많은 사람들은 인생의 중간에 흥미를 잃고 방황하게 될 것입니다.

몰입은 어떤 뛰어난 사람이 어떤 특정한 영역에서만 경험하는 특이한 경험이 아닙니다. 이는 대부분의 학생들이 컴퓨터 게임에 몰입할 수 있는 것을 보면 명확합니다. 문제는 사회가 몰입할 수 있는 환경을 제공할 수 있는가 입니다. 물론 모든 사람이 한 분야에서 몰입을 경험할 수 없습니다. 마치 모든 청소년이 공부에 몰입할 수 없는 것처럼 말입니다. 누군가는 한 분야에서 좀 더 타고난 관심과 자질을 가지고 있어서 쉽게 도전을 달성하고 몰입을 지속적으로 경험할 수 있습니다.

공부 몰입의 행운은 극히 일부에게만 가능합니다. 다만 공부 이외의 많은 영역에도 컴퓨터 게임과 같은 단계별 도전을 만들어 놓고, 그 각 단계를 달성하는 모든 이들을 격하게 축하해 준다면, 언젠가는 모두 함께 몰입하며 살 수 있는 이상적인 사회에 도달하게 될지도 모릅니다. 그런 사회를 만들어가는 과정에도 몰입의 조건을 만들어 놓으면 어떨까요? 조금씩 달성해 갈 때마다 격하게 서로를 축하할 수 있게 말입니다.

사람은 왜 학습하는 것일까요? 유네스코UNESCO는 인간이 학습하는 이유를 설명하기 위해 학습의 네 가지 기둥을 만들었습니다. '알기 위한 학습learning to know', '실천하기 위한 학습learning to do', '더불어 살기 위한 학습learning to live together', '존재하기 위한 학습learning to be'이 그것입니다.

알기 위한 학습과 실천하기 위한 학습은 개인적 차원에 필요한 전문적 역량을 함양하는 일입니다. 더불어 살기 위한 학습은 사회적 차원에서 필요한 것으로 리더십, 팀 빌딩, 문제 해결 능력, 갈등 관리 등 이른바 인간관계 역량을 배양하는 일입니다. 존재하기 위한 학습은 철학적 가치관 학습으로 인간관, 가정관, 사회관, 직업관, 국가관, 세계관이라는 6관觀을 형성하는 일입니다.

창의성은 지적 능력 중에서도 가장 가치가 높은 덕목입니다. 현재 우리가 누리는 문명의 혜택은 극소수의 창의적 인재들이 발휘한 창의성에 기인한 것입니다. 이들 덕분에 우리는 몇 백 년 전의 왕이나 귀족들보다 더 품위 있고 안락한 삶을 살고 있습니다. 그렇다면 창의성이란 무엇일까요? 『몰입flow』 시리즈로 유명한 심리학자 미하이 칙센트미하이Mihaly Csikszentmihalyi 교수는 뛰어난 창의적 업적을 이룬 사람들은 한결 같이 몰입을 했고 몰입의 즐거움을 경험했다고 밝혔습니다. 노벨상 수상자들이나 위대한 업적을 이룬 사람들의 공통점은 명백합니다. 이들은 답이 보이지 않더라도 끊임없이 생각함으로써 몰입능력을 키웠고 사고의 즐거움을 맛보았습니다. 그 결과 자신의 연구를 즐기게 되었고 사고력과 창의력을 키울 수 있었습니다.

만유인력을 어떻게 발견했느냐는 질문에 뉴턴Newton은 이렇게 대답했습니다.

"내내 그 생각만 했으니까요."

아인슈타인Einstein 역시 상대성 원리를 어떻게 발견했느냐는 질문에 이렇게 대답했습니다.

"몇 달이고 몇 년이고 생각하고 또 생각했습니다."

미국인으로서 처음으로 과학 분야에서 노벨상을 받은 앨버트 마이컬

슨Albert Abraham Michelson은 왜 그토록 많은 시간을 빛의 속도를 측정하는 데 바쳤느냐는 질문에 이렇게 대답했습니다.

"정말 재미있었거든요."

이들은 한마디로 사고력이 탁월한 사람들입니다. 사고력이 탁월한 사람은 남들이 경험한 사실 정보에서도 경험한 당사자들보다 더 많은 깨달음을 얻습니다. 예를 들면 사과나무에서 사과가 떨어진다는 사실은 수많은 사람들이 관찰했지만 뉴턴만이 이 사실에서 만유인력이란 참의 명제를 끄집어냈습니다. 즉, 사고력이 높을수록 동일한 사실 정보에서 더 많은 양의 명제를 이끌어낼 수 있습니다. 시대를 앞서 가기 위해서는 세상이 어떻게 흘러갈지를 남보다 더 정확하게 예측할 수 있어야 합니다. 사고력과 창의력만 있으면 이러한 경험적 사실로부터 끄집어낼 수 있는 참의 명제는 무한하므로 마음만 먹으면 언제든 새로운 깨달음을 얻을 수 있습니다. 그리고 이를 통한 기업가가 되려면 시장의 흐름을 더욱 날카롭게 읽을 수 있어야 합니다. 그래야 시장에 어떤 상품을 내놓아야 할지 정확한 판단을 내릴 수 있습니다. 이것이 높은 사고력과 창의력으로 무장한 사람이 인생의 바둑을 두는 데 이어서 승리할 수밖에 없는 이유입니다.

절실할 필요를 온몸으로 느끼면 학습에 몰입할 수 있습니다. 학습자가 내재적 동기든 외재적 동기든 어떤 동기든 간에 알기 위해 절실히 필요한 학습이라면 몰입의 학습이 가능합니다. 마찬가지 이유로 실현하기 위해 절실히 필요한 학습이라면 역시 몰입할 수 있습니다.

미래는 인문학에 달려 있습니다

오늘날 우리 학교의 현실은 홍익인간弘益人間을 교육의 이념으로 삼고 있지만, 이것은 그저 이념일 뿐 실제로는 창고에 보관되어 빛을 발하지 못하고 있는 것만 같습니다. 또한, 우리 사회는 급변하는 정보화·세계화의 시대적 흐름과 함께 커다란 변혁기를 맞이하고 있습니다. 지금까지는 부러움의 대상이었던 대학의 총장과 교수들의 고민이 이만저만이 아닙니다. 제가 아는 교수 한 분은 오히려 작은 농촌 중학교 선생인 제가 부럽다는 말을 하였습니다. 교육 당국은 국가 경제가 어려워지면서 대학에 즉각적인 사회 적응 가능성과 실용성을 담아내는 학과와 연구와 실적을 요구하고 있습니다. 이를 권장 사항이 아니라 평가 기준로 삼아, 기준에 도달하면 행·재정적 지원을 하고 그렇지 않으면 규제를 가하고 있습니다. 여러 가지 지수 중에서 어렵고 힘든 것이 취업률과 재학생 충원율입니다. 이를 토대로 각 대학을 평가한 결과로 학자금 대출 제한 대학을 발표합니다. 이에 대해 자체 노력을 하지 않거나 미흡하여 2년 연속 학자금 대출 제한을 받게 되면, 퇴출될 수도 있습니다. 무한 경쟁

사회에서 대학도 안일하게 안주해서는 안 되고 경쟁력 있는 대학이 되기 위해 변화해 나가야 합니다. 적어도 이런 정도의 기준은 뛰어 넘어야 하며, 사회에 필요한 인재를 양성하는 것 또한 매우 중요한 일입니다. 그러나 교육 당국이 요구하는 평가 지표에는 많은 문제들이 도출되면서 여기저기에서 부작용을 양산하고 있습니다.

취업률의 경우, 학생들은 졸업 후 3개월 동안만 보험료를 낸 증거가 있으면 취업한 것으로 인정됩니다. 그러다 보니 몇몇 대학들은 평가관리를 위해 조교라는 방식으로 3개월짜리 직장인을 양산해 내기도 합니다. 대학평가에서 이런 지표만 강조할 경우, '전인적全人的 인간의 구현'을 위한 대학의 교육 철학은 찾아보기 어려울 것입니다. 더욱이 인문학은 경쟁력이 약합니다. 철학적 소양과 사유는 인문학의 근간이지만, 현재의 철학과는 졸업 후 전공을 살려 취직할 곳이 마땅치 않은 것이 사실입니다. 대학은 평가지표상 취업률과 재학생 충원율을 높이려면 철학과를 폐과하거나 인문학과를 축소하는 유혹을 받을 수밖에 없습니다. 이럴 경우 대학은 철학 없이 실용적·기술적 교육만 하는 직업양성소가 되기 쉽습니다.

예술학과들은 어떨까요? 창의성과 예술성이 생명입니다. 예술가들은 엄청난 부가가치를 만들어 낼 수 있는 디자이너나 예술가로 살아남기 위해 젊음의 열정을 불태웁니다. 그러나 순수 예술과 디자인 분야는 건강보험이 제공되거나 정해진 고정 월급을 받기가 어렵습니다. 예술 작품은 고정된 기간이 모호하기에 일반 직장인의 취업으로 이해하기는 어렵습니다. 그러니 예술학과들도 인문학과들과 마찬가지로 지향이 아닌 지양하는 추세입니다.

현대사회의 삶을 송두리째 바꿔 놓은 애플사의 스티브 잡스Steve Jobs

는 아이폰을 만들면서 인문학적 창의성을 활용했다고 말했고 페이스북의 창시자 마크 주커버그Mark Zuckerberg도 인문고전의 풍부한 독서를 강조하였습니다. 이렇게 볼 때 인문학과 예술은 경제학적으로 봐도 무가치한 것이 아닙니다. 더 큰 경제적 부를 창출할 수 있는 장기적인 투자 대상입니다. 창의성과 예술성이 결합된 하나의 IT 작품이 전 세계인에게 좋은 평가를 받아 사용되고 있다는 사실을 깊이 새길 필요가 있습니다. 어떤 사람은 인문학을 인문계 정원을 줄이고 이공계의 인문 교양 교육을 늘리자고 주장했습니다. 이는 전형적인 경제학 지상주의입니다. 이런 몰이해는 크게 두 가지 측면으로 볼 수 있습니다.

첫째, 기업들의 이공계·상경계 출신 선호를 설명하면서 스티브 잡스와 마크 주커버그가 인문학 덕분에 성공한 것이 아니라 컴퓨터에 대한 이해가 있었기 때문이라고 봅니다. 그러나 이는 사실과 다릅니다. 잡스가 스티브 워즈니악Steve Wozniak과 함께 애플을 경영하던 시절, 기술적인 부분을 다른 사람은 워즈니악이었지 잡스가 아니었습니다. 하지만 워즈니악이 기술적으로 더 뛰어났음에도 잡스가 애플을 떠나고 나서 어떻게 되었는지요? 중요한 것은 '사용자에 대한 이해'입니다. 이는 컴퓨터를 공부한다고 저절로 나오는 것이 아닙니다. 백 번 양보해서 잡스와 주커버그가 '천재'라고 가정하더라도 천재들과의 경쟁에서 취할 전략은 '사용자에 대한 이해'를 통한 번뜩이는 아이디어여야 합니다. 이는 인문학 없이 나올 수 없습니다. 그런 점에서 최근 대기업들이 인문학 전공자들을 대거 채용한 점은 오히려 기업이 현실을 더 잘 이해하고 있음을 보여줍니다.

둘째, '인문학은 사치재'라고 규정하며 그 수요자를 소득이 높은 중장년층으로 봅니다. 이것은 하나의 결과를 통해 원인을 규정해 버리는 것입니다. 소득 수준이 높은 사람들이 찾는다는 점에서는 사치재로 보일 수 있지만 이는 "왜 그들이 인문학을 찾는가?"라는 질문에는 아무런 답을 주지 않습니다. 결국 "소득 수준이 높은 중장년층들이 인문학을 찾는 이유는, 그것이 사치재이기 때문이다."라는 무의미한 결론을 내버린 꼴입니다. 그들이 인문학을 찾는 이유는 사치재이기 때문이 아닙니다. 경제적으로 풍요로움에도 그 풍요가 인생을 채워주지 못하기 때문에 인문학을 통해 채우려는 것입니다. 우리나라가 세계 10위권의 경제대국으로 부상했음에도 구성원들의 행복까지는 감싸 안지 못했던 것에 대한 반성적 반응입니다. 그런 점에서 인문학은 사치재가 아니고 '생활필수품'입니다.

이러한 몰이해가 대학을 '기업 인재 양성 기관'으로 간주한다는 점이 큰 문제입니다. 대학이 있는 이유는 국가가 문화적으로 어느 정도 성숙했는지 보여 주는 것입니다. 따라서 대학 졸업자는 기업의 일에 끌려가는 사람이 아니라 국가의 미래를 책임지는 사람입니다. 즉 대학은 상황에 적응할 사람을 위한 학원이 아니라 국가의 미래전략을 연구하는 곳이어야 합니다. 이 때문에 현실에 대한 분석과 대안 제시는 대학의 과제입니다.

경제학은 그리스어 '오이코노미아 οικονομια'를 경세제민經世濟民이라 번역한 것입니다. 이는 구체적으로 '개개인이 자신이 있어야 할 곳을 찾아감'을 의미합니다. 인문학은 이 지점에서 개인이 자기 자신을 찾기 위한 적절한 질문을 던지는 방법을 알려주는 학문입니다. 따라서 방황하는 청년과 중장년층이 삶을 돌아보고 미래를 그리기 위해서는 인문학이 필수입니다.

오늘날 인문학적 창의성과 예술성, 그리고 철학의 부재는 교육의 위기를 불러오고, 우리 사회의 총체적인 위기를 야기할 것이라 우려됩니다. 여태껏 인간의 삶을 제한시켜 왔던 생존의 문제와 물질문명의 부족에서 우리는 상당히 자유로와졌습니다. 그럼에도 현대인의 삶은 물질적인 만족을 느끼기는커녕 더욱 물질적인 것을 추구하는 경향을 보이고 있습니다. 패륜적이며 반인륜적인 살인 행위, 우리 삶의 터전 한복판에서 무너지고 터지는 안전사고, 권력을 이용한 공공기관의 비리와 부정, 반통일 지향적인 사상 공세, 교육 문제, 여성 문제, 환경문제, 교통 문제 등 수없이 쏟아지는 위기의 징후들을 느끼며 살아가고 있습니다.

대학은 이런 사회 현상을 어떻게 진단하고 올바른 인재양성을 할 것인가를 깊이 고민해야 합니다. 우리나라 교육 이념인 홍익인간의 정신을 바탕으로 한 우리 사회의 정신적·문화적 정체성을 구현해 가는 새로운 노력들이 필요합니다. 철학과 예술을 사랑하는 도덕적 지도자 육성은 현대 우리 사회 및 세계가 지향해야 할 평화 공동체를 이루는 가장 중요한 요건을 만드는 것입니다. 정신적으로 빈곤한 삶을 풍요롭게 채울 수 있는 내면의 아름다움을 키우는 대학을 희망해 봅니다. 우리 대학들이 정부 정책과 시장경제에 자유로울 수는 없습니다만 그래도 주어진 여건에서 보다 멀리, 보다 깊이 바라보는 자세로 교육해 나가기를 기대해 봅니다.

다문화 사회에 따른 성숙한 자세

몇 년 전 한 공중파 개그프로그램에서 어느 개그맨이 외국인 노동자들의 고충과 차별에 대한 사회상을 풍자한 것이 유행한 적이 있었습니다. 그때 유행한 말입니다.

"사장님 나빠요!"

2010년 9월 개봉한 영화 〈방가? 방가!〉는 우리 사회에서 드러난 외국인 노동자들에 대한 차별적 태도를 코믹하게 그려낸 영화로 호평을 받은 영화입니다. 한국인 방태식은 보잘 것 없는 스펙과 외모 탓에 번번히 취업에 낙방합니다. 그러다가 문득 자신의 외모가 동남아인과 비슷하게 보이는 것에 착안해서 외국인 노동자로 위장해 한 공장에 취업을 합니다. 부탄 사람 '방가'로 말입니다. 그가 외국인 노동자의 입장에서 받은 차별대우, 소외감 등을 느끼고 그는 우리 사회가 얼마나 외국인 노동자에 대해 배타적인지를 깨닫게 됩니다. 영화가 코미디임에도 웃을 수만은 없었습니다. 영화 속 내용은 너무도 우리의 현실을 잘 반영한 것이기에 씁쓸한 생각마저 들었습니다. 한 보고서에 따르면 피부색이 상대적으로 하얀 중동의 노동자는 아프리카나 동남아의 피부색이 검은 노동자들보다 폭행의 빈도가 낮게 나왔다는 발표가 있었습니다. 또 같은 흑인이라도 미국인라고 하면 우호적인 반응을 보인다고 합니다. 이건 그야말로 인종의 '서열화'입니다. 이처럼 우리 사회는 생물학적인 개념을 넘어 사회적, 문화적, 종교적 인종 개념이 얽혀 있는 차별을 해 오고 있습니다.

다문화 사회로 급변하는 현상에 대해 이런 저런 생각들이 있습니다. 어떤 이들은 우리 경제가 어려워 내국인들도 취업하기가 어려운데 외국인 노동자들로 인해 내국인들의 일자리가 없어지고, 임금이 낮게 형성되면서 내국인들의 노동 시장 처우가 개선되기 어렵다고 외국인 노동자들의 유입을 반대하기도 합니다. 이런 생각은 같은 범주에 속하지 않은 사람들을 구분 짓는 배타적 차별에서 나온 발상입니다. 같음의 논리와 동질성만이 지배하는 사회는 차이에서 발생하는 차별의 폭력을 증폭시켜 이를 정당화하는 원리를 제공할 뿐입니다. 그리고 내국인들이 꺼리는 3D업종에 노동하여 경제 발전에 이바지한 점은 주의 깊게 바라보지 않은 채 일자리 부족을 따지는 것은 이기적이고 무책임한 생각입니다.

지금까지 다문화의 담론의 주류는 주로 외국인 노동자나 이주 여성들에 대한 온정주의적 대응일 뿐입니다. 이것은 일시적인 것으로 이를 근본적으로 넘어서는 보다 성숙한 사회로서의 모습을 찾아나가야 합니다. 다종교 사회에서 종교계는 종교 간 대화를 넘어서서 각 종교 사이에 근본적인 구별과 차이가 있음을 받아들여야 합니다. 이를 지나치게 되면 거창한 종교화합과 대화와 협력이라는 슬로건으로 캠페인은 가능하나 실제적인 활동에서는 근본적인 문제를 안고 있기에 실효를 거두기 어렵습니다. 실제로 종교 간 대화의 양상들을 보면 개별 종교가 갖고 있는 진리의 '배타성'을 배제한 채 평화라는 이름 아래 모든 것을 통합하려는 모습을 보입니다. 이른바 세계 종교라 말할 수 있는 기독교, 이슬람교의 '신관'은 분명 배타성을 갖고 있습니다. 물론 불교나 민족 종교인 원불교 등은 유일신 종교가 아니기에 배타성으로 보기는 어렵습니다만 이들 개별 종교도 깊이 들어가 보면 자기 종교를 중심으로 이웃 종교를 포용하려는 모습으로 이해되는 모습들입니다.

그렇다고 자기 종교를 중심에 두고 이웃 종교를 다른 종교로 규정함이 지나쳐서 대결구도로 보는 것은 다문화, 다종교 사회에서 지닐 성숙한 자세는 아닙니다. 개별 종교의 진리를 양보지 않되, 함께 살아가는 세상으로서 이웃 종교를 존중하는 성숙한 자세를 지녀야 합니다. 이런 점에서 기독교인들은 많이 취약한 것으로 보입니다. 다른 신앙을 갖고 있는 사람과 대화하고 삶을 나누는 것조차 비신앙적인 것으로 바라보고 어떤 방법을 동원해서든지 개종시켜야 한다는 '목적론적' 관계로 접근하려고 합니다. 심심치 않게 불교 사찰에 난입해서 불상을 훼손하는 등의 행위는 바람직하지 않습니다.

최근 동남아와 중동 지역 외국인 이주민들이 많아지면서 이슬람교에 대한 관심도 많아졌습니다. 한 신문사는 우리나라에서 소수 종교자로 독특한 문화와 종교 예식 때문에 차별받는 무슬림들에 대해 기획 연재를 하면서 진정한 다종교 사회로 나아가기 위해서는 이들까지도 받아들여야 한다는 메시지를 남기기도 하였습니다. 우리는 타인의 신앙을 존중하면서 동시에 선교적 사명을 감당할 수 있습니다. 타인의 신앙과 가치관을 이해한다는 것이 곧 그들의 신앙을 받아들이는 것은 아닙니다. 이제 더 이상 우리나라는 단일민족, 단일 사회가 아닙니다. 다양하고 복잡한 다문화, 다종교 사회입니다. 다채로움이 우리 사회를 풍성하게도 하지만 잘못된 태도는 혼란을 불러올 수도 있습니다. 우리에게 필요한 것은 나와 다른 사람에 대한 관용과 자유의 선포입니다. 억압과 강요가 아닌 사랑과 섬김입니다. 마태복음 7장 12절입니다.

그러므로 모든 일에 네가 대접받고 싶은 만큼 남을 대접하여라. 이것이 바로 율법과 예언서에서 말하는 것이다.

언젠가 제가 재직한 학교에서 교사 보조 일을 담당할 교무실무사를 한 명 채용한 적이 있었습니다. 최근 경제난이 극심해서 그런지 고등학교 졸업 이상이면 누구나 할 수 있는 일인데 생각보다 많은 사람들이 응시하여 놀랐습니다. 이를 본 어느 선생님은 혹시 응시자들이 착각해서 제출한 게 아니냐는 말도 할 정도였습니다. 그도 그럴 것이 응시자들은 대졸자는 물론 대학원 졸업자에 교원자격증 소지자까지 있었습니다. 우수한 사람들이 몰려 온 상황에서 부득이 옥석玉石을 가려야만 하니 전형위원으로 위촉된 선생님들은 고민에 고민을 거듭하며 공정히 뽑으려고 애를 썼습니다. 이렇게 하여 1차 서류 전형에서 합격한 응시자들은 2차 업무 능력과 기초 교양 시험으로 국어, 영어, 국사, 상식을 합산하여 3차 면접에 올리기로 하였습니다. 이렇게 하여 교무실무사를 채용하게 되었습니다.

저는 전형위원으로 위촉되지 않아 섣불리 나서기도 뭐하고 지원자들을 알지도 못했습니다. 우연히 서류 전형 합격자들에 대한 서류를 보니 눈에 띄는 한 사람이 있었습니다. 이 사람은 중국 한족 출신의 결혼 이주 여성으로 한국방송대 중어중문학과를 졸업하고 지역의 대학교 교육대학원 중국어교육학과를 졸업하여 중국어 정교사 자격증도 있고 사회복지학을 학점은행제로 이수하여 학사학위와 사회복지사 자격증도 있었습니다. 그리고 한글 워드는 물론 엑셀 등 업무 능력도 우수하였습니다. 제가 나름 다문화에 관심을 가져왔고 교내에서도 다문화 사업을 적극 추진해 왔기에 이 사람이 채용되면 좋겠다는 바람을 가져 보았습니다. 은근슬쩍 전형위원들에게 가능하시면 다문화 출신이 되면 좋겠다고 하니 다들 제 말에 수긍해 주었습니다. 그러나 일단 정해진 기준이 있으니 2차에 합격하면 3차 면접에서 고려하는 수밖에 없었습니다. 전혀 안면이 없으나 제 딴엔 간절히 바라면서 대학원까지 졸업한 사람이니 기초교양 시험이야 합격할 것으로 여겼습니다. 그런데 2차에서 탈락하였고 결국 다른 사람이 적격자로 채용이 결정되었습니다.

아쉬움에 결혼 이주 여성이신 분에게 이 이야기를 하니 이 분의 말씀을 듣고서야 제가 바란 사람이 탈락한 이유를 알았고, 전형위원회에서 다문화에 대한 배려가 있었어야 하는 것은 아닌가 하는 생각을 해 보았습니다. 중국은 공산권 국가이기에 영어를 배우지 않고 외국어로는 러시아어를 배우는 경우가 많습니다. 그리고 국어나 국사가 다문화 출신 사람들에게는 다소 어려운 게 사실입니다. 그러니 공정한 시험일 수 없었습니다. 만일 학교에서 다문화를 배려하려는 생각이 있었다면, 다문화에 대한 이런 지식이 있었다면 전형 계획에서 이를 의식했을 지도 모를 일이었습니다. 이런 경우는 우리 학교만이 아닐 것입니다. 어쩌면 다문화 출신 사람들은 부지불식간에 내국인 위주로 계획된 채용 절차로 인해 불이익을 낭할 수밖에 없습니다. 우리 사회가 말로만이 아닌 진정한 다문화 사회로, 함께 살아가는 성숙한 사회가 되려면 전형 계획에서 다문화 출신 사람들에 대한 선지식으로 배려하고 감안해야 할 것입니다.

나 자신이 별이랍니다

　분주한 학교 일에 시간 가는 줄 모르다가 퇴근하다 문득 하늘을 바라보았습니다. 요즘은 농촌인데도 별이 잘 보이지 않는데 오늘은 고맙게도 별빛이 정답게 저를 반겨 주는 듯 여기저기 반짝였습니다. 별들을 보니 고등학교 때 국어교과서에 실렸던 알퐁스 도데Alphonse Daudet의 「별」이라는 글이 생각나기도 하고 어린 시절 별을 보며 꿈을 키우던 기억이 떠올라 별을 세어 보았습니다. 그리고 보니 별이라는 단어가 참 정겹습니다. 별은 우리 주위에 참 많습니다.

　하늘에 떠 있는 작은 별에서부터, 우리가 별로 착각하는 인공위성 그리고 우리가 사는 이 지구도 별입니다. 또한 이 지구별에서 살아가는 수많은 사람들도 별입니다. 또한 뭇 사람들의 사랑을 한 몸에 받는 인기 스타들도 별입니다. 사람의 몸 여러 군데에서 별들이 발견됩니다. 사랑하는 사람과 대면할 때 빛나고 있을 두 눈, 부드러운 미소를 지으면 볼 수 있는 윤이 나는 치아, 사랑하는 사람이 우리의 가슴에 얼굴을 묻었을 때에 더 자세히 볼 수 있는 찰랑찰랑한 머릿결, 그리고 쿵쾅쿵쾅 거리며 온기를 가득 내뿜는 가슴속 깊은 곳의 하트 모양의 사랑도 모두 별로 보이는 순간들입니다.

자주 듣는 노래의 제목에 별이 들어가기도 하고, 감명 깊게 보았던 영화나 소설 제목에도 별이 들어가는 게 참 많습니다. 별을 생각하면 가장 먼저 드는 생각이 반짝반짝 빛나는 별의 화려함입니다. 깊은 밤을 수놓은 별들의 장관을 어린 시절엔 참 많이도 보았습니다. 밤하늘이라는 도화지를 가득 매운 반짝반짝 작은 별들의 아름다움은 감탄을 넘어 감동이었습니다. 그런데 가만히 생각해 보니 제가 별이 되고 싶어 하고, 별처럼 보이려고 하는 건 아닌가 하는 생각이 들었습니다. 교사로 목사로 살아가다 보니 더 그런 것 같습니다. 아무래도 남들의 시선을 의식해야 하고 타의 본이 되어야 합니다. 여기에 더하여 저 자신이 남들에게 잘 보이려고 하는 내재적인 욕망도 더해지는 것 같습니다. 남들보다 잘하고 싶은 마음이 큽니다. 그런데 실상은 잘난 게 없으니 잘난 체로 저를 꾸미고, 작은 잘남을 뽐내고 싶어 안달이기도 합니다. 더욱이 저보다 남들이 잘난 것을 보면 시기심이 생기고 속으로 잘 안 되기를 바라는 마음도 있습니다. 그저 저만 별이 되고 싶은 마음입니다. 이런 마음이 심해지면 언젠가 심층취재로 다뤄진 '연극성 인격 장애'가 될 것입니다. 남들 앞에 내보이는 꾸며낸 모습에 도취되어, 진실한 자신의 본 모습을 감추고 살아갑니다. 그러다가 자신을 잃어버리고 남들에게 보이는 모습에 집착하게 됩니다. 남들의 평가와 시선에 자신을 맞추면서 삽니다.

가만히 생각해 보니 제가 너무 힘들게 살아온 것 같습니다. 남들의 시선과 평가를 의식하다 보니 마음이 늘 불편하고 불안하였습니다. 사실 그럴 필요도 없는데 말입니다. 좀 서툴고 좀 못나고 좀 못하면 어때서요. 그럴 수도 있지요. 이제는 저 자신을 좀 너그럽게 봐주렵니다. 제가 저를 사랑하지 않으면 누가 저를 사랑할까 싶습니다. 남들이 알아주는 별, 남들이 봐주어야만 별의 가치가 있는 별이 아니라 그냥 제 존재 자체가 별인 것을요. 저는 그 누구와도 비교할 수 없는 소중한 존재랍니다. 저는 남과 비교하지 않고 그냥 제게 주어진 길을 가고자 합니다.

저는 저 자신일 뿐입니다. 살아가면서 저의 장점, 저의 재능을 얼마만큼 잘 사용하느냐의 문제일 뿐입니다. 자신을 다른 사람과 비교하는 습관은, 한편으로는 불만을 낳고 다른 한편으로는 우월감을 낳을 뿐입니다. 자신보다 뛰어난 사람을 보면 기가 죽고, 자신보다 못한 사람을 보면 힘이 솟는 결과를 낳게 됩니다. 안타깝게도 '나는 안 돼!'라는 생각 쪽이 훨씬 우세합니다.

자신을 다른 사람과 비교하는 것은 바람직하지 않습니다. 저는 어느 누구와도 같지 않은 저만의 독특한 존재양식이 있습니다. 그러므로 "누가 더 낫다! 누가 더 모자란다!"라고 말할 수 없습니다.

청소년 욕설 문화의 반성적 기제와 교직 사회

오늘날 청소년들의 욕설 현상은 일종의 마그마 분출로 비유할 수 있습니다. 욕설이 표면적 현상이라면, 이것을 표출시키는 기저基底에 숨어 있는 중층적 형성 기제를 인식하지 않고서는 문제의 본질을 제대로 파악하기 어렵습니다. 욕설 언어를 형성하고, 표출하고, 욕설로 소통하고 의미를 작용하는 일련의 과정은 참으로 광범위한 맥락들을 수반하는 것입니다. 특히 사회문화적인 요소들은 매우 복잡다기複雜多岐합니다. 예컨대 디지털 매스미디어 환경과 첨단 기술의 정보화 네트워크들은 욕설 발화發話의 메커니즘 자체를 바꾸어 놓는 데에 이르고 있습니다.

자유로운 사회적 소통과 참여 현상도 욕설 발화의 통제 방벽을 훨씬 더 느슨하게 하는 쪽으로 변화되어 왔습니다. 인권의식이 확장과 더불어 표현 자유 자체에 대한 사회적 인식의 변화는 거칠고 감정분출적인 언어 행위들의 옳고 그름을 결과론적으로 재단하던 데서 그것의 동기 요인을 더 많이 고려해야 하는 분위기(문화)로 변화되었습니다.

욕설 문화가 수행하고 있는 억압 해소의 순기능을 대체해 줄 수 있는,

청소년들을 위한 대체문화에 대해서도 열린 시각을 가지고 임해야 할 것입니다. 청소년 놀이 문화를 그들의 사회적 삶과 상황에 맞게 만들어 감으로써 욕설 문화 극복의 대체 공간이 될 수 있을 것입니다. 또 욕설 언어와는 대척의 관계에 있는 유머 언어에 대한 교육적 가치 발견, 마음이나 명상 교육, 전통 언어 교육의 현대적 재발견 등도 욕설 언어 지도에서 강화하는 요소가 될 수 있을 것입니다.

디지털 기술 사회, 후기 정보화 사회로 일컬어지는 현대 사회에서는 청소년들의 삶과 학습의 형질 또는 현저하게 변화되고 있습니다. 이런 생태에서 학생들의 언어 문화 개선 노력은 집단적 캠페인도 중요하지만 개별 처방의 방책들이 기술적으로 강구되어야 할 것입니다. 따라서 상담 처방의 중요성이 더욱 강화되어야 할 것입니다. 또 학생들이 자기 언어의 부정적 모습을 스스로 모니터링하고, 그 과정에서 자기 주도성과 더불어 반성적 기제가 형성되는 것이 바람직합니다. 이런 프로그램들이 학교나 종교계나 청소년 관련단체 차원에서 이루어져야 할 것입니다.

미래 우리 교육을 통해서 길러야 할 인간상은 먼저 전인적 성장의 기반 위에 개성의 발달과 진로를 개척하는 사람이 되어야 할 것입니다. 이는 지덕체의 고른 성장, 개성의 발휘, 적성과 진로 모색, 자기주도성을 발휘하는 사람을 의미하고 있습니다. 또한 기초 능력의 바탕 위에 새로운 발상과 도전으로 창의성을 발휘하는 사람이 되어야 할 것입니다. 미래의 인재상은 기본 능력 신장, 확산적 사고, 문제 해결 능력, 독창성과 새로운 가치를 창출하는 능력 있는 사람을 요구하고 있습니다. 더불어 문화적 소양과 다원적 가치에 대한 이해를 바탕으로 품격 있는 삶을 영위하는 사람, 즉 문화인으로서 우리 문화에 대한 정체성을 갖춘 인재의 의미도 담고 있습니다.

시대와 사회의 요구를 반영하여 사회적으로 합의된 인간상은 세계와 소통하는 시민으로서 배려와 나눔의 정신으로 공동체 발전에 참여하는 사람, 즉 세계 시민입니다. 이를 위해 오늘 우리 교육은 우리의 청소년들이 의사소통, 정보통신 능력을 배양하도록 노력해야 하며, 글로벌 시민 의식과 배려와 나눔의 실천과 지구 공동체적 문제해결력을 가질 수 있도록 해야 합니다. 오늘을 사는 교육자가 중점을 둘 것은 지식의 전달자나 지식의 양을 늘려주는 것이 아니라 감성을 자극하고 보다 성숙한 삶의 자세를 갖추도록 촉진하는 것입니다. 앎과 삶이 따로국밥이 아니라 이것이 하나로 어우러지는 전인성全人性을 배우고 익혀서 살아가는 데 도움이 될 수 있도록 가르치도록 해야 합니다. 청소년들이 배우고 익혀서 자신의 삶과 험난한 세상살이로부터 소외되지 않고 자신의 뜻을 '실어 펼 수 있도록' 하는 삶의 적용 가능한 교육에 주력해야 합니다. 이 모든 것의 바탕에는 당연히 '덕德'이라는 인류 최고의 가치가 근저를 이룹니다.

교육은 청소년들의 지적 성장, 인격적 성장, 신체적 성장을 돕는 것입니다. 청소년들은 다양한 개성, 적성, 잠재력, 소질 등을 간직하고 있습니다. 그 수많은 청소년들 중 어느 청소년도 지구상에 똑같은 존재가 없습니다. 그래서 청소년들 한 사람 한 사람은 존엄한 존재입니다. 근대 산업혁명 이후 국가는 특정 소수의 자녀에 대한 교육만이 아니라 모든 국민의 자녀에 대한 교육에 개입하게 되었습니다. 헌법이 규정하는 교육의 의무는 이를 정확하게 해석한다면 교육을 받게 할 의무입니다. 학교에 갈 나이가 된 청소년들에게 부과되는 의무가 아니라, 그 청소년들을 양육하고 보호할 책임이 있는 부모 또는 보호자나 국가권력에 부과되는 의무입니다. 바로 이 지점에서 교사가 중요합니다. 학교 교육에서 청소년들의 성장은 교사의 전문성, 인격, 책무의식에 크게 의존합니다. 이 말은 학교의 일상적인 갱신과 발전 또는 학교혁신의 열쇠는 교사가 쥐고 있다는 것과도 상통합니다. 교사의 재충전 교육과 각종 연수에 심혈을 길이는 것도 교사가 교육의 성패를 좌우하기 때문입니다.

교육의 변화와 발전과 혁신을 이루도록 하기 위해서 교사는 끊임없이 지적 운동을 해야 합니다. 무엇으로 그런 일을 이루어낼 수 있을까요? 우리나라에서 가장 오랫동안 가장 일반적으로 사용된 방식이 "채찍과 당근Stick and Carrot" 방식입니다. 잘못하면 매를 들고, 잘하면 당근을 던져주는 방식입니다. 어지러울 정도로 널려 있는 승진가산점 제도는 전형적인 당근 던져주기 방식입니다.

이와 같은 교원평가는 신종 채찍 때리기 방식입니다. 채찍과 당근 방식은 엄밀하게 말하면 동물 사육 방식입니다. 동물에게서 그 야성과 자유로움을 빼앗고, 동물을 인간의 오락 욕구에 맞는 도구로 바꾸기 위해서 활용하는 방식이 채찍과 당근 방식입니다. 동물의 사육 방식을 교사에게 적용한다는 것은 바람직하지 않습니다. 더욱이 교원평가를 통해 성과급의 차등을 둔다는 것도 교직을 성과 중심의 기업문화로 이해하는 방식이고 교직사회를 서열화, 경쟁화하는 것으로 바람직하지 않습니다. 이러한 정책은 교육을 보다 더 잘하게 하려는 것인데 결과는 부작용만 초래하게 되니 그야말로 '긁어 부스럼'입니다.

보다 성숙한 방식으로 교사를 지원하고 독려하는 방식이 좋을 것 같습니다. 교사들의 심신 재충전과 상호협력을 중점으로 두었으면 좋겠습니다. 이렇게 교사들을 지원해 나간다면 교사들은 본연의 사명감으로 청소년들과 함께할 것입니다.

평생교육 시대, 지혜로운 교육

우리가 식품점에서 식료품을 사면 반드시 확인하는 게 유효기간입니다. 아무리 맛이 있고 값이 나가는 것이라도 유효기간이 지나면 판매할 수 없습니다. 유효기간이라는 말 그대로 그 기간만큼만 그 가격의 가치를 지니고 기간이 지나면 무용지물이 되고 맙니다. 마찬가지로 우리가 사는 이 시대를 가리켜, '평생교육 시대'라고 합니다. 변화된 시대 흐름에 따라 학교 공부를 넘어서는 지속적인 지식의 재충전이 필요합니다. 예전에는 학교에서 배운 지식으로 수십 년을 써먹기도 하였지만 이제는 그럴 수가 없습니다.

저와 같은 목사나 선생들도 쉼없이 각종 연수와 학위과정으로 공부를 지속해야만 하는 시대입니다. 공부를 하고자 마음만 먹으면 각종 대학의 평생교육원과 방송대학과 이십여 곳에 달하는 사이버 대학과 학점은행제 등 다양한 곳들이 우리 곁에 주어져 있습니다. 생각보다 학비도 저렴하고 온라인과 오프라인이 모두 가능한 세상입니다. 그러니 요즘은 학교가 없거나 돈이 없거나 시간이 없어서 공부를 못한다는 말을 못하는 시대입니다. 변화된 시대에 따라 지식도 대학의 전유물이 아니라 대중화되었습니다. 그러다 보니 지자체는 물론 시민단체 심지어 교회에서도 각종 강좌가 열리고 이를 동영상으로 공개하기도 하니 참 좋은 세상입니다.

이런 교육에서 요즘 눈에 띄는 게 상담교육 강좌입니다. '열 길 물속은 알아도 한 길 사람 속을 모른다.'는 말처럼 상담심리 공부는 사람의 마음을 공부하는 것이기에 어렵기도 하고 끝도 없습니다만 꼭 필요한 공부일 것입니다. 오늘날에는 이전 시대와 달리 복잡한 삶의 양상을 보이는 아이들을 교육하고 함께 살아가기 위해서도 상담심리 공부는 선택이 아니라 필수인 것 같습니다. 다행인 것은 상담심리학은 대부분의 대학부설 평생교육원이나 사이버대학은 물론 지자체나 각종 시민단체는 물론 교회들도 열린 강좌를 열어 쉽게 낮은 비용으로 편한 시간대에 공부가 가능합니다.

심리학자들의 연구에 따르면 부모가 아이의 행동에 대해 물질적 보상을 줄 경우, 그 행동에 대한 아이의 흥미가 감소될 수 있다고 합니다. 즉 공부 잘했다고 돈을 주면, 당장에는 공부를 열심히 하지만 돈을 받지 못하게 되면 공부를 하지 않는다고 합니다. 그리고 공부에 대한 흥미역시 감소하고 맙니다. 돈뿐만이 아닙니다. 학교나 가정에서 많이 사용하는 칭찬 스티커도 마찬가지입니다. 심리학에서는 이를 외재적 동기(보상)로 인한 내재적 동기(흥미)의 감소라고 말합니다.

처벌은 아이를 위험이 빠뜨리지 않기 위해, 나쁜 행동을 하지 않게 만들고 예절과 규칙에 어긋나지 않게 가르치기 위한 방법입니다. 처벌로는 강력하게 어떤 행동을 못하게 만들 수는 있어도 바람직한 어떤 행동을 하게 할 수는 없습니다. 아이를 사랑한다면 그래서 아이가 안전한 행동을 하고, 좋은 행동을 하며 예절과 규칙을 잘 지키기를 원한다면 처벌의 반대인 보상은 꼭 필요합니다.

처벌은 행동을 감소시키고 보상은 행동을 증가시킨다는 측면에서 반대이기는 하지만, 사실 아이들의 행동을 통제한다는 면에서는 공통점이 있습니다. 마치 동전의 양면처럼 하나만 가지고 갈 수는 없습니다. 처벌이 효과적이기 위해서는 대안행동을 알려줘야 합니다. 단지 알려 주는 것에서 끝나서는 안 됩니다. 아이가 대안행동을 할 때 분명한 보상을 줘야 합니다. 다시 말해 처벌을 잘 하려면 강화도 동시에 사용해야 합니다. 이 두 가지를 상황에 따라 유효적절하게 사용하는 부모와 교육자가 지혜로운 사람일 것입니다.

언젠가 인터넷 중독에 대한 교육을 다녀온 적이 있습니다. 여기서 인상 깊게 들은 이야기입니다. 인터넷 게임 중독에 몰두하는 청소년들이 우리나라에 많습니다. 아마 경쟁적 문화나 야외 활동 시설의 부족 등의 탓인 듯합니다. 이에 대해 '중독'은 아니라는 견해도 있습니다. 인터넷은 현대인의 필수품이기 때문입니다. 그러므로 '중독'이 아니라 '비만'이나 '과다사용'이 적절하다는 것입니다. 그러나 인터넷에서도 게임에 집중 내지 몰입하는 정도가 생활에 지장을 줄 정도라면 이는 중독이라고 말해도 무방할 것 같습니다. 사람에게 필요한 과업은 일과 인간관계입니다. 더 첨가한다면, 생동감을 느끼는 활동도 필요합니다. 공부와 친구 관계가 조화를 이루면서 지내도록 조언해 나가야 합니다. 적절한 범위에서 인터넷 게임의 사용을 허락하는 것이 좋습니다.

성장기 아이들은 땀을 흘리며 신체 활동을 해서 에너지를 분출하면 좋습니다. 격렬한 운동에 대한 취미는 사춘기에 개발됩니다. 격렬한 신체 활동을 비롯한 다양한 활동을 탐색하도록 격려할 필요가 있습니다. 인터넷 게임을 오래 할 때, "그만하고 공부해라" 보다 "그만하고 운동하자"는 말에 호응할 가능성이 더 높습니다. 그렇습니다. 이미 중독에 가까운 상황이고, 몰입한 상황에 하지 말라고 하는 것은 통하지 않습니다. 잔소리로 여겨지고 무시당할 수 있습니다. 그러면 서로 감정만 상하고 맙니다. "하지 말라"가 아니라 더 좋은 것이나 대체의 길을 제시하고 칭찬과 보상을 해 주는 방안이 좋을 것 같습니다. 사랑에도 지극 정성만이 아니라 지혜가 필요합니다. 이것이 지혜를 겸비한 멋진 사랑일 것입니다.

청소년기는 이른바 사춘기입니다. 자의식이 높아지고 부모로부터 독립하려고 합니다. 그래서 부모에게 도전하는 경우도 적지 않습니다. 이것은 정상적 발달입니다. 그러므로 인터넷 중독에 대해 걱정하는 부모에게 순종하지 않는다고 걱정하지 말고 아이들의 관심을 인정하고 걱정하는 마음을 표현하고 타협해 보는 것이 좋습니다. 인터넷에 대한 열정은 중학생 시기에 정점을 이루고 차츰 감소합니다. 우리 시대의 성장통입니다. 그런 아이에 대한 올바른 지도가 부모 역할의 핵심입니다.

이야기 넷

교육의
날개를
달아

우분투 정신의 교육

여기저기에서 오늘날 우리의 교육을 우려하는 목소리들이 많이 들려옵니다. 교육에 몸담은 입장에서 송구스러운 마음에 자책도 하고 다짐도 하면서 그런 목소리에 귀 기울여보곤 합니다. 하루가 멀다 하고 무상급식, 등교시간, 사교육비 절감, 대학등록금과 같은 교육 이슈들이 언론 매체에 가득합니다. 그때마다 교육 정책에 일관성이 없다는 이야기가 나옵니다. 각자의 정치, 경제적 입장과 지위에 따라 첨예한 갈등이 조성되기도 합니다. 오늘날 우리 사회에서도 '개천에서 용이 날 수 있는가?'와 같은 담론은 오래된 이야기입니다. 이제 교육은 개천에서 용이 나게 하는 촉매제도, 사회변화의 원동력의 가치도 잃어버리고, 기득권의 세습을 위한 장치로 전락했다는 비판도 거셉니다. 노력하는 교사들도 많이 있고, 긍정적인 부분도 있지만, 부족한 부분을 좀 더 생각해 보면 좋겠습니다.

한때 우리 사회에서 '마이클 샌델Michael Sandel 열풍'이 불었던 적이 있습니다. 그는 하버드대학교의 명강의로 유명한 학자로 그의 『정의란 무엇인가』는 우리말로 번역되어 나오자마자 베스트셀러가 되기도 하였습니다. 그가 던진 질문 중 하나가 잘 알려져 있는데, 이렇습니다.

기차가 달리는데 브레이크는 고장이고, 눈앞에는 갈라진 철길이 놓여 있습니다. 한쪽에는 여러 명의 노동자가, 다른 한쪽에는 한 명의 노동자가 있을 때 방향키를 쥔 나는 누구를 죽여야 하는가의 문제였습니다.

이를 두고 수많은 논의가 있었습니다. 숫자의 문제와 사람의 가치를 단순히 명수로 계산할 수 있느냐에서부터 보다 복잡한 윤리적 담론에 이르기까지, 그 선택을 강요하는 철로의 설계와 설정 자체가, 다시 말해 이미 주어진 환경에서 결정을 강요하는 규칙은 폭력이라는 의견도 있었습니다.

그러나 분명한 것은 우리는 삶에서 반드시 어딘가에 서 있어야만 한다는 것입니다. 내가 만든 환경, 내가 만든 규칙이 아니더라도, 우리는 철길 위의 노동자일 수 있고, 옆에서 구경하는 사람일 수도 있고, 누구를 죽일지 결정해야만 하는 위치에 있을 수도 있습니다. 시스템이 잘못되었다면 바꿔야 합니다. 그러나 아직 바뀌지 않았다면 어쨌든 각자의 위치에서 양심적 선택을 해야 합니다. 우리는 그 행동에 대해 어쩔 수 없었다고 할 수만도 없습니다. 물론 하나님은 구조적인 악도 판단하시겠지만, 그 안에서 내가 할 바를 했는가도 심판하실 것입니다.

양심적인 결단을 내리는 데 도움을 줄 수 있는 환경을 조성하고, 부족하더라도 최선을 다해 올바로 판단하도록 도와주는 일은 교육의 중요한 역할 중 하나입니다. 그렇기에 교육은 인간의 존엄성을 우선으로 가르쳐야 하고, 참여와 연대에 대해 가르쳐야 합니다. 또 학생을 교육의 대상으로만 볼 것이 아니라, 삶에 대해 결단을 내리고 책임을 지는 주체로 대하면서 보조성의 원리를 바탕으로 자신의 삶을 가꾸게 도와주어야 합니다. 이상적이라고 폄하할 것이 아니라, 교육의 주체인 학생들은 자신의 소명을 실현해야 하고, 나아가 사회의 규칙 자체에 문제가 있다면 정해진 틀을 바꿔나갈 힘과 능력이 있어야 합니다.

하지만 많은 경우 우리 사회의 교육은 정해진 답을 강요합니다. 부족하다는 이유로, 아직 모른다는 이유로 학생들이 각자의 자리에서 양심적인 판단을 하는 법을 아예 배우지 못하도록 마비시킵니다. 자유와 평등과 사랑과 평화와 인권은 없고, 강요된 답과 그에 대한 보상과 선택만 있습니다. 역지사지易地思之의 원칙은 양시양비론으로 변질되어, 판단을 미루게 하고 복음적 실천을 방해합니다. 우리가 선택하고 지지하는 교육정책은 우리 아이들이 자신의 삶과 사회에서 실천하도록 도와주고 그럴 힘을 길러주고 있습니까? 아니면 천박한 자본주의의 속물근성에 물든 우상을 쫓게 만들고 있습니까?

벽돌공의 아들이 신문기자의 아들 집에 놀러왔습니다. 벽돌공의 아들이 몸에 뒤집어쓴 하얀 벽돌가루 때문에 신문기자네 집의 우아한 소파는 금세 더러워졌습니다. 그러나 이 아버지는 소파를 털지 않았습니다. 나중에 꼬마 벽돌공이 돌아가고 나서야 아버지는 아들에게 그 이유를 말해주었습니다.

"얘야, 내가 왜 소파를 털지 않은 줄 아니? 그가 그 아버지의 직업을 부끄러워하지 않게 하기 위해서란다. 그는 네 친구이고 자랑스러운 이탈리아 노동자의 아들이란다."

에드몬도 데 아미치스Edmondo De Amicis의 유명한 동화 『사랑의 학교 Cuore』의 한 장면입니다. 『사랑의 학교』가 발표된 시점은 1880년대로, 이탈리아는 통일이 된 시 불과 10여 년 밖에 안 된 시점이있습니다. 당시의 이탈리아는 한 마디로 '모래 위의 성'이나 다름없었습니다. 로마제국 붕괴 이후 천년 넘게 따로 갈라져 살아온 탓에, 주민들 간의 이질감은 무척 컸습니다. 거기다 귀족과 평민이라는 전통적인 신분대립, 부르주아—프롤레타리아라는 산업사회의 계급문제까지 얽히고 설켜, 도무지 이런 나라가 제대로 유지될 수 있을까 하는 의심마저 불러일으킬 지경이었습니다.

아마치스가 『사랑의 학교』를 쓴 것도 이러한 현실과 관련이 있습니다. 그는 서로 다른 지역적·신분적·계급적 배경에, 다양한 성품과 소질을 지닌 어린이들이 함께 어우러지면서 서로를 이해하는 과정을 그려냈습니다. 그중에는 부유한 상인의 아들이 가난한 채소장수의 아들과 친구가 되기도 하고, 공부를 아주 잘 하는 아이가 그렇지 않은 친구를 도와주기도 합니다. 서로 간의 높은 장벽이 친구라는 관을 통해서 허물어진 것입니다. 그리고 그 친구 관계는 신분과 계급을 막론하고 모두가 함께 한 학교에서 만날 수 있었기 때문에 가능했습니다.

흔히 우정을 개개인들 간의 감정교류로만 여기기 쉽지만, 누군가가 누군가와 친구가 될 수 있다는 초점은 대체로 사회가 규정합니다. 연령에 따른 서열 문화가 강한 우리나라에서 나이가 서로 다른 사람끼리 친구가 되기 쉽지 않습니다. 그러나 조선시대의 사대부들에게 10살 차이쯤은 문제가 아니었습니다. 대신 신분이나 가문에 따른 장벽이 존재했습니다. 한때는 남녀가 친구가 되는 것이 금기인 시절도 있었고, 때로는 지역·종교·인종 등이 친구 관계를 제한하기도 합니다. 평등이란 다른 말로는 '누구하고나 친구가 될 수 있는 가능성'이라고 말할 수 있습니다. 물론 가능성 자체가 형식적 평등이라면, 만나서 친교를 쌓고 서로에게 우애를 나누면 될 것입니다. 우리의 교육 현장이 더 이상 줄 세우기의 반인륜적 교육이어서는 안 됩니다. 제가 최근 학교에서 강조하는 말은 '우분투 정신'입니다. 어느 인류학자가 아프리카에서 아이들에게 질문을 했습니다.

"1명이 먼저 가면 다 차지할 수 있는데 왜 함께 뛰어 갔지?"

그러자 아이들은 "우분투UBUNTU"라고 외치며 이렇게 답을 했습니다.

"다른 사람이 모두 슬픈데 어째서 한 명만 행복해질 수 있나요?"

'우분투'는 반투족 말로 '네가 있기에 내가 있다(I am because you are)'라는 뜻으로 수년전 소천召天한 넬슨 만델라 대통령이 자주 강조해 널리 알려지기 시작했습니다. 우! 분! 투! 당신 있어 내가 있습니다. 넬슨 만델라는 우분투를 다음과 같이 설명하였습니다.

"옛날에 우리가 어렸을 적에 여행자가 우리 마을에 들르곤 합니다. 여행자는 음식이나 물을 달라고 할 필요가 없습니다. 들르기만 하면 사람들이 밥상에 음식을 차려주기 때문입니다. 이것은 우분투의 한 측면이고, 다양한 측면이 있을 것입니다. 우분투는 사람들이 자신을 위해 일하지 말라는 것이 아닙니다. 중요한 점은, 그렇게 하는 것이 여러분 주변의 공동체가 더 나아지게 하기 위해서 그 일을 하느냐는 것입니다. 이런 것들이 인생에서 가장 중요한 것들이고, 만일 여러분이 그런 일을 한다면, 다른 사람들이 고마워 할 아주 중요한 일을 한 것입니다."

남아프리카 공화국 성공회 대주교인 데스몬드 투투Desmond Tutu 대주교는 1999년과 2008년에 각각 우분투의 뜻을 다음과 같이 설명하였습니다.

"우분투 정신을 갖춘 사람은 마음이 열려 있고 다른 사람을 기꺼이 도우며 다른 사람의 생각을 인정할 줄 압니다. 그리고 다른 사람이 뛰어나고 유능하다고 해서 위기의식을 느끼지도 않습니다. 그것은 자신이 더 큰 집단에 속하는 일원일 뿐이며 다른 사람이 굴욕을 당하거나 홀대를 받을 때, 자기도 마찬가지로 그런 일을 당히는 것과 같다는 점을 잘 알고 있기 때문입니다. 그런 점을 알기에 우분투 정신을 갖춘 사람은 굳건한 자기 확신을 가질 수가 있는 것입니다."

사람은 혼자서는 살아갈 수 없는 존재라는 것이 바로 우분투의 핵심입니다. 우분투는 우리가 서로 얽혀 있다는 점을 강조합니다. 홀로 떨어져 있다면 진정한 의미에서 인간이라고 할 수 없고, 우분투라는 자질을 갖추어야만 비로소 관용을 갖춘 사람으로 인정받을 수 있습니다. 우리는 자신을 다른 사람과 상관없이 존재하는 개인으로 생각할 때가 많습니다. 그러나 우리는 사실 서로 이어져 있으며 우리가 하는 일 하나하나가 세상 전체에 영향을 미칩니다. 우리가 좋을 일을 하면 그것이 번져 나가 다른 곳에서도 좋은 일이 일어나게 만듭니다. 그러므로 그것은 사람 전체를 위하는 일이 됩니다. 이런 점에서 제 나름대로 명색이 기독교학교가 지향할 방향을 생각해 보면서 만들어 본 것으로 매번 예배 순서지에 게재하고 매달 학교 소식지에 게재하는 내용입니다. 이것이 인성 교육의 방향을 모색하는 데 참고가 될까 싶어 제시해 봅니다.

우리 학교는 기독교정신에 따라 학생의 인권이 존중되고 함께 살아가는 평화감수성을 길러가는 사랑의 교육공동체를 이루고자 구성원 모두가 하나 되어 한마음 한뜻으로 모두가 행복한 학교를 만들어 가는 데 최선을 다하고 있습니다. 이를 위한 우리 학교의 방향입니다.

일등만을 인정하는 교육
환경을 죽이고 물질을 숭상하는 교육
기계와 기술이 인간을 대신하는 교육
그런 메마른 교육으로는 새로운 세상을 열어갈 수 없습니다.
지금 우리에게 필요한 것은 한 사람의 지도자가 아니라
더불어 살 줄 아는 열 명의 사람입니다.

교사는 종과 같습니다

『파랑새』의 작가 모리스 마테를링크Maurice Maeterlinck는 인생을 한 권의 책에 비유하였습니다. 즉 "인생은 한 권의 책과 같다."라는 말입니다. 하루도 거르지 않고 매일매일 한 쪽씩 인생의 책을 엮어가는 사람들 속에 기록되는 내용이 다르고, 표현되는 빛깔이 다르고 실리는 무게가 모두 다르지만, 유독 교사들이 쓰는 인생의 책만이 어느 한 페이지, 어느 한 행, 어느 한 글자라도 소홀히 다룰 수 없음은 교직이라는 무거운 무게 때문만은 아닐 것입니다. 그래서 교직이 어려운 것인지도 모르겠습니다.

"스승의 그림자는 밟지도 않는다."라고 옛 선현들은 가르쳤는데, 서구 문물의 자유분방한 유입과 다양한 기치관의 혼란으로 일부이긴 하지만 언제부터인가 제자가 스승을 구타하고, 전후 사정은 무시한 채 학부모가 교사에게 폭언을 서슴지 않는 이 세태를, 교권침해라고 그냥 흘려버리기엔 교육의 한 구석이 뭔가 허전한 오늘날의 이 안티끼운 현실을 우리는 어떻게 해석해야만 하는 건지 그저 난감하기만 합니다. 그러나 조금만 눈을 크게 뜨면 우리 주위엔 자랑스럽고 훌륭한 스승이 얼마든지 많이 있습니다. 아무도 눈여겨 보지 않는 어느 낙도의 분교장에서부터, 두메 학교의 까칠해진 부부 교사는 물론, 칭얼거리는 어린 아이까지 안쓰러운 마음으로 놀이방에 맡기고 수업 연구 지도안을 다듬는 젊은 여교사들의 다사로운 손길이 있는가 하면, 한 자라도 더 가르쳐 보겠다고 목소리를 높이며 부진아를 돌보는 자상한 담임교사의 애정 어린 정성이 있는 한, 우리 교육은 결코 쓸쓸하지 않습니다.

문득, 미국의 한 소도시에서 있었던 실화를 영화화한 〈굿모닝 비둘기 선생〉이라는 영화가 생각납니다. 주인공 비둘기 선생님은 그 도시 소학교에서 늙도록 교편을 잡아온 늙은 처녀 선생님입니다. 시장은 물론 교통 순경도 그의 제자요, 채소 장수에서 죄수까지 그의 제자 아닌 시민이 거의 없을 정도입니다. 이 비둘기 선생님이 횡단보도를 건널 때는 교통 순경이 뛰어와 모든 차량을 멈추게 합니다. 그러면 모두들 차에서 내려 정중하게 고개를 숙입니다. 한편, 비둘기 선생님이 앓아누웠다하면 병 문안을 위해 온 도시의 업무가 마비될 정도라니……. 선생님의 권위란 이렇게 학교 안팎과 관계없이 보장되어야 한다는 것이 잠다운 스승의 모습일지 모르겠습니다.

『예기禮記』「악기편樂記篇」에 나오는 "고지이 소자소명叩之以 小者小鳴"이라는 말이 생각납니다. 이 말은 종을 크게 치면 크게 울리고, 작게 치면 작게 울린다는 말입니다. 교사는 종과 같습니다. 실추된 교권을 회복하고 존경받는 스승의 풍토가 뿌리내리기 위해서는, 사회 제도나 교육 당국의 노력도 중요하지만 교사들 스스로의 자성도 먼저입니다. 제도나 학교나 학생들과 학부모를 탓하기 이전에 주어진 자신의 사명을 감당해 나가는 교사들의 모습을 기대해 봅니다.

자기 철학을 만들어 가는 학교

자본의 노예로 살 수 밖에 없는, 타인을 상상하기 힘든 우리의 다음 세대들에게 '좋은' 교육만으로 인생을 바꿀 힘이 있다고 말할 수 없습니다. 온도가 서서히 올라가는 냄비 속에 담긴 개구리와 같은 우리 교육의 현실 속에서 학생들의 감각 상실과 주체성 상실은 당연한 결과입니다. 공교육의 시장화는 학교와 교사들을 '교육 서비스 공급자'로, 학생과 학부모 및 기업을 '교육 소비자로'로 보는 접근 방식으로 나타나 있습니다. 학교가 시장이 되었으니 그곳에는 주체성이 존재할 수 있는 철학적 기반은 애당초 없습니다. 교육의 시장화는 학습자 중심주의, 교육의 다양화로 포장되고, 학교와 교사의 경쟁을 통해 양질의 교육 서비스를 '선택'할 수 있게 하고 있습니다. 다양화된 교육 서비스를 학생과 학부모가 선택한다는 생각은 자립형사립고 정책과 같은 형태로 구체화되었습니다.

우리 사회는 약자에 대한 배려가 매우 부족합니다. 경쟁에서 도태되면 패배의 몫은 온전히 개인의 탓으로 돌아갑니다. 이에 따라 수많은 소중한 생명들이 이른 시절에 안타깝게 꺼져 갑니다. 이런 사회를 만든 책임에서 우리 교육계도 벗어날 수 없습니다. 일선의 많은 학교들이 글로벌 인재 양성을 위한 역량강화라는 주제 아래 소수의 엘리트를 중심으로 하는 수월성 교육을 강조해 왔습니다.

서강대 최진석 교수는 철학을 '세계를 관리하고 지배하는 데 필요한 높은 수준의 기술로 이루어진 전략'이라고 이야기 합니다. 재미있는 것은 이 철학을 생산한 사람은 그 시대의 토양에 따라 기술로써 고안했지만 그것이 다른 곳으로 옮겨지게 되면 수입한 사람들에게는 진리가 된다는 것입니다. 이것은 철학이 생산된 지역, 생산한 사람에게는 가변적이지만 그것을 진리로 받아들이는 사람에게는 비판할 수 없는 대상, 선정한 것으로 여긴다는 뜻이기도 합니다. 철학을 생산하지 못하고 받아들여 적용하기만 하는 집단에서는 그 일이 반복될수록 철학을 생산하려는 의지는 점점 사라지고, 신봉하는 철학을 누가 끝까지 지키는가만 중요하게 여겨집니다. 이는 변화하는 세상에 유연하게 대처하지 못하고 극도의 경쟁만이 이루어지게 됩니다.

우리 학교는 어떤가요? 지금까지 우리 교사들은 학교를 관리하고 지배하는 철학을 생산하였을까요? 아니면 교장 선생님의 철학, 교육의 유행을 적용하기만 하였을까요? 지금까지 많은 학교에서는 교육 과정의 첫머리에 학교장이나 상급 기관의 운영 철학을 두었습니다. 그러나 이제는 교장 선생님을 포함한 교사 모두가 철학의 생산자가 되어 아이들, 학부모, 지역사회의 여건들을 고려하여 우리에게 필요한 교육 철학의 생산자가 되어야 할 때입니다.

이제는 교장과 교사들은 상급 기관의 교육 과정에 아이들을 맞추는 것이 아니라, 학교의 여건과 학교의 아이들과 교사의 여건에 맞게 교육 과정을 재구성하는 주체가 되어야 합니다. 학교 구성원들이 자신들의 힘으로 차별, 위협, 경쟁, 이기심보다 공생, 나눔, 사람, 공정함, 정의를 이야기할 수 있는 교육을 만들어 가야 합니다. 그것이 바로 우리 사회를 바꾸고 우리 아이들을 살리며 또 공교육도 존중 받을 수 있는 길입니다. 무엇을 어떻게 가르칠 것인가에 대한 근본적인 성찰이 필요합니다. 여기서 무엇이란 기대하는 학생의 모습일 것이고, 어떻게는 교사나 학교가 학생을 어떻게 인식할 것인가의 문제입니다. 욕망이 지배하는 사람이 아니라 인간적 품위를 지키는 삶을 이야기해야 합니다. 참여, 소통, 협력, 배움과 같은 개념들이 우리 학교 현장에서 다양한 교육 과정에서 확대 재생산되어야 합니다.

'필립스 엑시터 아카데미'에서 배우는 교육 혁신

끊임없이 발생하는 불미스럽고 비도덕적인 각종 사건 사고들. 이는 인성 교육의 부재와 부족 때문이라고 합니다. 이것을 인성人性이 사라진 사회가 낳은 인재人災라고 지적합니다. 사람의 됨됨이보다 목표를 위해 과잉 질주하던 우리나라에 크나큰 시련이 닥쳤습니다. 급기야 인성교육진흥법이 국회에서 통과되기에 이르렀습니다. 이 법에 따라 인성 교육의 중요성에 대한 논의와 기대가 여기저기에서 들려오고 있습니다. 사회가 불안정하고, 교육 정책의 혼란이 가중될수록 인성 교육이 중요합니다. 화려한 성공보다 행복한 리더가 되기를 바란다면 인성 교육에 주목해야 합니다.

최근 서울대 의대를 비롯하여 각 지역 교육청에서 인성 교육 강화 방침을 발표하면서 인성 교육에 대한 중요성이 날로 커지고 있습니다. 실제로 요즘 직장에서도 가장 주목받는 인재는 자기 자신만을 아는 '이기적인 인재'가 아니라 남을 배려하는 '이타적인 인재'입니다. 명문학교를 졸업한 이기적인 지식엘리트가 아니라 남을 배려할 줄 아는 인성을 갖춘 '인성엘리트'를 필요로 합니다. 그럼에도 우리나라의 가정 교육과 학교 교육은 무조건 성적이 우수한 엘리트를 만드는 데만 치우쳐 있습니다. 현재 우리나라에서 인성 교육은 어떻게 이루어지고 있을까요? 학교에서 선생님은 학생들에게 "인In 서울에 있는 대학이라도 가기 위해서는 무조건 공부해."라고 시킵니다. 가정에서 부모들은 "아빠 엄마는 돈 벌테니 너는 공부만 열심히 하라"라고 가르칩니다. 이런 상황에서 인성교육은 등한시될 수밖에 없습니다.

이런 점에서 '나 자신만 위해서가 아닌, 지식이 없는 선함은 약하고, 선함이 없는 지식은 위험하다.'는 교육 철학으로 설립된 세계 최고 명문고등학교인 필립스 엑시터 아카데미Phillips Exeter Academy는 달랐습니다. 미국 최고 명문고의 1% 창의 인재 교육법, 페이스북의 마크 주커버그, 세계적 베스트셀러 『다빈치코드』의 댄 브라운Dan Brown, 미국 14대 대통령 프랭클린 피어스Franklin Pierce, 영미권에서 가장 주목받는 소설가 중 한 명이자 노벨문학상 후보자로 거론되는 프린스턴대 이창래 교수……. 이들의 공통점은 모두 필립스 엑시터를 졸업했다는 것입니다. 이 학교는 "하버드대학교가 선정한 사립학교 가이드"에서 세계 최고 명문 고등학교로 손꼽히곤 합니다.

이 학교는 단순히 공부만 잘한다고 최고의 인재가 될 수 없다고 가르칩니다. 그 이유는 지식만 갖춘 사람에 그치지 않고 자신이 속한 사회와 조화를 이루는 사람, 남을 배려하는 사람, 문화적 다양성을 추구하는 사람이야말로 글로벌 시대에 미래를 이끌어나갈 수 있는 인재가 될 수 있다는 이유에서입니다. 그래서 다른 사람을 배려하는 인성을 기본으로 갖춘 최고의 인재를 양성하는 것을 목표로 합니다. 1781년 존 필립스 John Phillips는 이 학교의 설립 이념을 이렇게 밝혔습니다.

"교사의 가장 큰 책임은 학생들의 마음과 도덕성을 기르는 것입니다. 지식이 없는 선함은 약하고, 선함이 없는 지식은 위험합니다. 이 두 가지가 합쳐서 고귀한 인품을 이룰 때 인류에 도움이 되는 인재를 양성할 수 있습니다."

이 학교는 이를 토대로 다른 사람을 존중하고 배려하는 'Non Sibi('자신만을 위하지 않는'이라는 뜻의 라틴어)' 정신을 실천하는 이타적인 인재를 배출하는 것을 최고의 목표로 삼았습니다. 이러한 교육철학 아래 학생들이 단순히 지식만을 갖춘 인간에 그치지 않고 자신이 속한 사회와 조화롭게 어울리는 사람, 남을 배려하는 사람, 문화적 다양성을 추구하는 인재로 거듭날 수 있도록 하는 데 초점을 맞추면서 인성을 갖춘 인재를 키우는 것이야말로 진정한 교육이라는 말합니다. 'Non Sibi'는 일상에서 자주 언급되는 언어입니다. 이는 '이곳에서 배운 것을 자신뿐 아니라 타인을 위해 써라'라는 교훈을 강조하는 것입니다.

이 학교는 민주적이고 수평적인 교사 회의를 통해 자유로운 분위기의 토론으로 학교를 이끌어 갑니다. 또한 입학사정관제를 통해 열정과 잠재력이 빛나는 개천의 용을 찾아 이들과 함께 성장하기를 꿈꿉니다. 이를 바탕으로 교실에서 교사로부터 주목을 받지 못하고 뒤처지기 일쑤인 수업 방식에 대한 고민으로 타원형 탁자에서 열두 명의 학생들이 교사와 둘러앉아 서로의 얼굴을 마주하는 동등한 입장에서 토론을 벌이는 수업을 실시합니다. 이러한 수업으로 교사 중심의 주입식이 아닌 자기주도적으로 수업을 미리 준비하고 함께 토론하면서 다른 사람을 존중하고 배려하는 교육이 이루어집니다.

이 학교는 지성만을 갖춘 인재를 원하지 않습니다. 학생들은 감성을 키우는 예술 수업으로 정서를 가다듬고, 자신을 단련하는 체육 수업으로 건강한 신체로 거듭납니다. 이를 통해 재능에 몰입하여 지성, 감성, 체력이 조화를 이룬 전인적 인간으로 성장합니다. 또한 기숙사에서 학생들이 공동체 정신을 바탕으로 다른 사람과 함께 살아가는 법을 배우고 자신을 관리하는 힘도 기르게 합니다. 이를 통해 학생들은 훗날 더 큰 자유의 바다를 만났을 때 두려움 없이 맘껏 헤엄칠 수 있습니다. 더불어 타인을 돕는 봉사활동과 다채로운 교류 활동으로 세상과 호흡합니다.

이 시대적 당면 과제인 인성 교육

　오늘날 총체적 교육의 위기 시대에 성장기 자녀를 둔 부모들의 고생은 말이 아닐 지경입니다. 공교육에 소요되는 비용만 해도 만만치 않은데, 몇 곱절이나 되는 사교육비를 충당하느라 허리가 휘청거릴 지경입니다. 우리나라의 교육 풍토는 정말 독특하다 못해 기이奇異하기까지 합니다. 우리나라의 교육 현실이 얼마나 특별했으면 세계 여러 나라에서 흥미진진한 눈초리로 바라보고 있습니다. 유럽의 한 국영 TV 방송국에서는 우리나라의 고3 수험생의 하루 일과를 밀착 취재해 갔는데, 그 프로그램의 제목은 '세상에 이런 일이!'였습니다. 방송을 시청한 사람들은 다들 한 목소리로 '어떻게 성장기 청소년이 저렇게 하루를 살아갈 수 있는가?'라며 놀라움을 금치 못했다고 합니다. 그것도 청소년 한 명이 아니라 대부분이 그렇고 이를 당연하게 여긴다는 사실에 아연실색啞然失色하였다고 합니다. 피를 말리는 경쟁구도 속에 살아남기 위해 죽을 고생을 하고 있는 이 땅의 청소년들입니다. 또한 왜곡된 교육 구조에 제대로 적응하지 못한 많은 학교 밖 청소년들은 더 큰 고통 속에 살아가고 있습니다. 우리 청소년들을 창살 없는 교도소와 같은 상황으로 몰고 가는 비인간적인 교육 구조입니다.

　도대체 왜 이렇게 해야 하는지요? 기형적인 교육 구조의 내면을 가만히 들여다 봅니다. 우리 기성세대들의 과도한 욕심과 이기심, 사교육을 부추기는 교묘한 상술, 그리고 저를 포함한 교육계 종사자들의 무책임과 게으름이 독버섯처럼 자리 잡고 있습니다. 비인간적인 교육 제도로 인한 가장 큰 피해자는 바로 우리 청소년들입니다. 그들이 일상적으로 겪고 있는 정서적, 심리적 압박과 그로 인한 왜곡된 가치관은 우리의 미래 사회를 암담하게 만들 것입니다. 한창 꽃피어나야 할 청소년들이건만 엄청난 무게의 십자가를 하나씩 등에 지고 힘겹게 걸어가고 있습니다. 갈팡질팡하는 교육 정책, 교육 철학의 부재, 이리저리 흔들리는 공교육, 하늘 높이 치솟는 사교육, 교육의 총체적 위기 상황, 그로 인해 우리 청소년들은 채 피어나기도 전에 시들어가고 있습니다.

　언젠가 학생을 찾아야 할 일이 있어 학교 근처 PC방에 갔을 때의 일이었습니다. 평소에는 잔뜩 위축되어 있던 학생이었는데 PC방에서 본 그 학생은 제가 아는 학생이 아니었습니다. 얼굴에 생기가 돌고 눈빛이 살아 있었습니다. 무엇을 하는지 힐끗 봤더니 컴퓨터 게임 전투를 하고 있었습니다. 현실 세계 안에서는 모든 것이 꼬이고, 모든 것이 불만족이었는데, 가상 전투가 벌어지는 게임 세계 안으로 들어가니 자신이 무대의 주인공이었습니다. 모든 것을 좌지우지할 수 있는 제왕帝王이 되었습니다. 무수한 목숨을 살릴 수도 죽일 수도 있는 절대 지존이었습니다. 그러니 본인을 데리러 온 제가 달갑지 않았을 것입니다. 이를 알기에 모르는 체 기다려 주니 실컷 게임에 몰입하여 즐겼습니다. 그러나 마냥 기다릴 수는 없어 부득이 그만하라고 하였습니다. PC방을 나오는 순간

학생은 어느새 의기소침한 예전의 학생으로 되돌아가고 말았습니다.

이것이 오늘날 우리 청소년들의 실상입니다. 가상 세계를 벗어나는 즉시 암담한 현실과 마주해야만 합니다. 짜증나는 일과와 부담스러운 분위기가 삶을 짓누릅니다. 이런 이유로 청소년들은 자기만의 세계, 모든 것을 스스로 좌지우지할 수 있는 인터넷 바다에서 마음껏 파도타기를 즐기는지 모릅니다. 꽃 같은 우리 청소년들의 얼굴을 어둡게 만드는 이 척박한 교육 구조를 개선하기 위해 어떤 노력이 필요한지 고민에 고민을 거듭해야 할 것입니다.

좋은 교육이란 무엇일까요? 자연 자원이 없는 나라이니 인적 자원의 중요함을 강조하며 무한 경쟁으로 치닫고, 적자생존適者生存일 수밖에 없다고 하면서 경쟁에서 승리하는 교육, 묻지도 따지지도 말고 무조건 암기하도록 하는 것이 좋은 교육일까요? 아니면 행복한 삶을 누릴 수 있도록 스스로 지식을 만들어내고 길러주는 것이 좋은 교육인가요? 좋은 교육의 핵심은 인성이 담겨야 합니다. 인성은 아무리 강조해도 지나치지 않습니다. 최근 지식습득, 실력 향상에만 집중하던 교육이 변화의 조짐을 보이고 있습니다. 학교 폭력과 청소년 범죄가 늘고 인터넷과 스마트폰 중독이 늘면서 청소년의 인성 교육의 중요성이 대두되고 있습니다.

최근 한국교육개발원이 전국 성인 1,800여 명을 대상으로 실시한 교육 여론 조사에 따르면 우리 국민 10명 중 4명 가까이(35.8%)가 정부가 가장 시급히 해결해야 할 교육 문제로 학생의 인성을 꼽았다고 합니다. '교육은 백년지대계'라는 말이 있습니다. 교육이 어떻게 이루어지고 있는지, 그리고 그러한 교육이 성공적인지에 따라 우리 사회의 모습이 엄청나게 달라질 수 있습니다. 올바른 인성 교육을 통해 바른 인재를 기를 수 있다면 정의롭고 아름다운 사회가 구현될 것입니다.

지난 2014년 12월 29일, 우리나라의 교육현장에 새로운 바람을 불러 일으킬 역사적인 결정이 이뤄졌습니다. 인성교육진흥법이 통과되었습니다. 이 법은 2014년 5월 발의되었지만, 세월호 참사로 전국이 그야말로 초상집 분위기가 되면서 무기한 연기되다가 결국 2014년을 이틀 남기고 통과되었습니다. 어린이와 청소년의 인성 교육을 위한 법안이 생겼습니다. 여야의원 102명의 공동 발의한 이 법은 출석한 국회의원 199명이 만장일치로 통과시키면서 보기 드문 사례로 기록되었습니다. 이 법에서 강조하는 것은 예禮, 효孝, 정직, 책임, 존중, 배려, 소통, 협력이라고 합니다. 이는 전혀 새로운 것이 아닙니다. 어려운 말도 아닙니다. 실천이 너무나도 쉬웠음에도 그동안 우리의 교육 현장은 입시 교육에만 매달려 왔습니다. 늦었지만 지금이라도 우리 아이들의 교육과 미래를 다시금 생각 할 수 있는 계기가 마련된 것 같습니다.

　법안 통과에 따라 정부는 2015년 상반기에 각 부처(차관급)와 민간인 전문가 20여 명으로 구성되는 '인성교육진흥위원회'를 구성하고 운영에 들어갔습니다. 위원회를 통해 인성 교육의 방향과 틀이 정해지면 '인성교육진흥원'도 곧 설립될 것입니다. 교사에 대한 인성 교육도 강화될 것입니다. 사범대와 교육대학 등 교원 양성기관에서는 예비교사들이 의무적으로 인성 교육을 학점으로 이수해야 합니다.

　이러한 인성교육진흥법이 교육 현장에 어떤 영향을 미칠까요? 학습 위주의 교육 현장에 인성 교육이 강화되면 제대로 된 스승과 제자의 모습을 되찾는 기회가 될 수 있을 것입니다. 의무적인 교육이긴 하지만, 인성을 함양하기 위한 프로그램을 통해 지시보다는 사제지간의 징情이 더 교류될 것입니다. 그러나 그동안 해 오지 않았던 것을 법에서 강압으로 교육을 하는 만큼 부작용에 대한 대비도 단단히 준비해야 할 것입니다.

　우선 대학입시에 모든 교육이 집중된 우리의 교육 현실을 보면 인성교육진흥법의 시작이 긍정적일지는 아직 의문이라는 시각이 많습니다. 우선 대학교 입시 과목에 인성교과목을 넣어야 하는지 부터가 문제가 될 것이며 국·영·수 중심의 학과제 속에서 과연 인성과목이 제대로 자리를 굳힐지도 의문입니다. 또한, 대학입시에 인성 과목이 하나 더 끼어 들어가면 수험생에게 더 힘든 상황이 될 수 있고, 결국 학부모들의 사교육비 과중으로 이어질 수 있다는 지적입니다. 일선 교사들도 힘들어 질 것입니다. 그렇지 않아도 과중한 업무로 정작 수업에 몰입하기 힘든 상황인 현실에서, 인성 교육을 의무적으로 배워야 하고 이를 학생들에게 전파해야 하는 것은 결국 교사들의 몫입니다. 법을 내세워 무조건 그들에게 인성 교육을 강압해서는 안 될 것입니다. 교사에게 스트레스를 받고 과중한 부담이 된다면 학생에게 이를 수 있습니다. 법의 적용도 시간을 가지고 유연하게 할 필요가 있습니다.

　인성 교육을 경제적인 관점에서 유용하게 논의할 수 있습니다. 인터넷, 3D컴퓨터, 빅데이터의 시대에 살고 있는 현대인들입니다. 그야말로 정보와 IT로 둘러 쌓여 있습니다. 그런데 이들의 공통점이 있습니다. 모든 것이 경제와 무관하지 않다는 사실입니다. 모든 발견과 발명, 진화와 진보는 경제적인 베이스 안에서 움직이고 있습니다. 우리 사회에서 발생하는 1년간의 갈등 비용이 국가 1년 예산에 육박하는 300조 원에 이른다는 조사 결과를 본 적이 있습니다. 인성 교육을 단순히 감성적이고 도덕적인 교육으로 볼 것이 아니라 경제적인 시각으로 확대해 볼 필요가 있습니다.

　인성 교육은 이제 시작하는 것이 아닙니다. 훈장님께 종아리 맞아가며 '하늘 천天 땅 지地'를 배웠던 우리 조상들 때부터 인성 교육은 이미 생활이었습니다. 일선 학교들은 인성을 지닌 학생들로 교육시키기 위해 다양한 교육을 실시해 왔고 그렇게 하고 있습니다. 하지만 의무교육이 아니기에 지역별, 학교별 차이가 컸습니다. 그런데 앞으로는 상황이 달라질 것입니다. 법의 지원 사격으로 인성 교육이 체계적으로 몸집을 키울 준비를 하고 있습니다. 인성 교육을 진행 중이거나 준비 중인 교육기관들도 늘어나고 있습니다.

이처럼 인성 교육의 시간과 기관은 늘어날 것입니다. 그러니 이제 인성 교육은 안심해도 될까요? 그렇지 않습니다. 이제는 국민 모두가 제대로 된 인성 교육에 관심을 가져야 할 때입니다. 인성 교육은 전통적인 유교사상에 집중해서는 안 됩니다. 새로운 시대에 새로운 흐름을 받아들이고 신세대의 기호에 맞게 유연하게 적용해야 합니다.

100년 대계로 불리는 교육, 나아가 1천년 대계로 그려질 인성 교육을 완성하기 위해서는 해답을 찾기보다는 과정과 변화에 집중하고 노력해야 합니다. 이를 위해서는 실천이 우선입니다. 인성 교육은 지식 교육이 아닙니다. 도덕 시험 점수가 높다고 도덕적인 인간이 아니듯이 말입니다. 올바른 인성 교육은 정답을 맞히는 것이 중요한 게 아니라, 실천이 먼저이고 핵심입니다. 중국 속담에 "들은 것은 잊어버리지만, 본 것은 기억한다. 하지만 행동한 것은 진정으로 이해하게 된다."는 말이 있습니다. 행동이 없는 꿈은 단순한 소망에 지나지 않으며, 꿈이 없는 행동은 시간만 허비할 뿐입니다. 그러나 행동이 있는 꿈은 세상을 변화시킬 수 있습니다.

이제 공교육의 한 장르로 발을 떼게 된 인성 교육 전 세계에서도 찾아보기 힘든 우리만의 독특한 교육의 한 형태로 발전시켜 나가야 합니다.

앞으로 인성교육진흥법에 따른 인성 교육 활성화를 통해 우리 교육이 우리나라 나아가 전 세계를 움직이는, 흔들림 없는 뿌리가 되어 주길 기대합니다.

실력 이전에 사람이 먼저인 인성 교육

미국의 극작가 아더 밀러Arthur Miller가 쓴 『아들을 위하여』라는 작품이 있습니다. 이 작품은 전쟁이라는 극한 상황에서 이루어진 인간의 이기심과 추한 모습을 보여 주는 작품입니다. 주인공 조 켈리Joe Kelly는 세 아들을 둔 평범한 중소기업가로서 비행기 부품을 납품하는 군납업자였습니다. 제2차 대전이 일어나자 불량 실린더 부품을 속여 납품하여 그것 때문에 비행기가 추락을 하여 21명이라는 아까운 젊은이들이 목숨을 잃었습니다. 그러나 교묘한 방법으로 그 책임을 면하고 호화롭게 잘 살아 갔습니다. 둘째 아들이 아버지에 대하여 "부정으로 이렇게 잘 사는 것이 부당하다" 말하지만 그는 "이것은 모두 너희 삼 형제들을 위해서"라고 말합니다. 그런데 비행기가 추락하여 21명의 젊은이들이 죽을 때 행방 불명되었던 맏아들이 그 비행기에 탑승했었다고 밝혀졌습니다. 그는 자신이 팔아넘긴 불량 부품으로 인해 자신의 맏아들이 사망한 것을 알고는 견딜 수 없는 절망감에 자살하고 말았다는 내용입니다.

어떻게 해서라도 내 가정 식구들만 잘 살면 된다는 가정 이기주의가 귀한 아들과 소중한 생명들을 앗아가 버렸습니다. 개인 이기주의는 미움과 시기, 질투를 일으켜 상대방을 죽입니다. 가정 이기주의는 우리 자신을 포함한 우리와 이웃을 죽입니다. 국가 이기주의는 전쟁을 일으켜 대량 살상을 합니다.

성경에 보면 '베데스다'라는 연못 이야기가 나옵니다. 이 연못에는 오랫동안 내려 오는 전설이 있었습니다. 잔잔하던 연못이 한번 요동하기를 시작할 때 어떤 불치의 병에 걸린 사람이라도 맨 처음 들어가면 다 낫는다는 것이었습니다. 그래서 온갖 치료를 해 보았으나 가망이 없는 환자들이 각처에서 모여 들었습니다. 시각 장애인, 다리를 저는 사람, 혈기 마른 사람 등 많은 병자들입니다. 이 연못가에 모인 사람은 모두 병자이기 때문에 공통점은 번민과 고통, 걱정과 근심으로 가득 찬 사람들이었습니다. 모두 치료 받아야 할 인생들입니다.

이 연못가에 모인 사람들은 오늘 우리가 살고 있는 삶의 현장을 그대로 말해 주고 있습니다. 우리는 모두 번민과 고통 속에서 헤어나지를 못하고 있습니다. 어떤 의미에서 우리 모두가 치료 받아야 할 인생들입니다. 언제 움직일지도 알지 못하는 막연한 기대 속에서 연못만 바라보고 있는 것이 우리의 현실입니다.

같은 아픔과 고통의 문제를 안고 있으면서도 동정이나 양보와 사랑은 전혀 찾아 볼 수 없는 현장입니다. 내가 살기 위해서는 너를 따돌리고 너를 밟고라도 내가 먼저 들어가야 한다는 경쟁심이 사람을 사람답게 살지 못하게 하고 있습니다. 그야말로 우리가 사는 이 세상은 따뜻한 사람 냄새로 흥겨운 인간관계를 기대하기 어려운 인간성 상실의 시대입니다. 그저 자기 이익에 급급한 사람들입니다. 인간미가 없습니다. 동정이 없습니다. 협동심이 없습니다. 대화나 체면이나 바른 인간상은 찾아보기가 어렵습니다. 남이야 어찌되든지 나만 잘 살면 된다는 자기중심성이 팽배합니다. 인정이나 윤리와 도덕과 질서 같은 것은 찾아보기 어렵습니다. 여기에 우리의 고민이 있습니다. 입장과 처지가 같은 사람들이 모여 있으나 마음은 서로 다른 곳에 있습니다. 같은 운명을 가지고 있으면서도 생각은 서로 분산되어 있습니다. 서로 뭉쳐 있는 것 같으나 산산조각이 나있는 현장이 바로 베데스다 연못가의 모습입니다. 군중 속에 끼여 살면서도 외로운 것이 우리의 삶입니다.

오늘 우리 사회에서 베데스다 연못의 전정한 기적은 천사가 와서 연못을 휘저을 때 제일 먼저 가는 사람에게 병 고침이 이루어지는 것이 아니라 질병과 가난과 고통 속에서도 너와 내가 하나 되어 서로 양보하고 배려하고 사랑하는 모습입니다. 오늘날 여기저기에서 우리의 교육을 비판하면서 제기하는 말들이 인성 교육입니다. 실력 이전에 사람이 먼저 되라는 것입니다. 맞는 말입니다. 그러나 이는 그저 구호나 선언으로 당위로만 그쳐서는 효과나 성과를 거둘 수가 없습니다. 더욱이 입시라는 교육적 난제 앞에 인성 교육이 가능할지 의문입니다. 우리 사회가 지나치게 학벌위주의 사회이고 학교 교육이 입시를 전제로 짜인 상황에서 인성 교육은 그저 공허한 외침일 뿐일지도 모릅니다.

저는 인성 교육이 제대로 되려면 어느 교과나 시간을 정해서 하는 것이 아니라 학교 전반의 의식 개혁으로 이것이 강조되고 습관화해야 한다고 봅니다. 또한 우리 사회가 전반에서 공동체 의식이 성숙하게 발현되어야 한다고 봅니다.

인성 교육 어떻게 할 것인가

"올바른 인성을 갖춘 시민을 육성해 사회 발전에 이바지한다."

2015년 7월에 시행되는 인성진흥교육법 제 1조의 한 문장입니다. 최근 자라나는 세대에 대한 인성 교육의 강화가 시급하다는 사회적 분위기가 형성됨에 따라 이를 의무로 규정한 세계 최초의 법이 제정되었습니다. '세계 최초'라고 하니 이것이 역사적인 사건이고 대단한 일로 조명되어야하는 것인가 하는 생각이 듭니다. 올바른 인성을 갖춘 시민 육성을 위해 법이 제정됐다는 것이 반가운 일인 것만이 아닌 오죽하면 법까지 만들어야하는 것인가 하는 안타까운 마음도 듭니다. 아무튼 반가운 일인지, 안타까운 일인지에 대한 평가는 차치하더라도 우리 학교 현장의 인성 교육에 대한 적신호가 켜졌다는 사실은 분명한 사실인 것 같습니다. 학교라는 시스템 안에서 아이들의 인성 교육이 원활하고 충분하게 이뤄진다면 더할 나위 없겠지만 실제로는 입시 위주와 성적지상주의가 당연시되는 오늘의 상황에서 인성 교육에 대한 새로운 접근이 필요할 것입니다.

저는 인성 교육에 대한 두 가지의 상반된 입장들이 어떻게 조화를 이룰 지를 주의 깊게 살펴보고 있습니다. 우선, 국회 인성교육실천포럼(대표: 새누리당 정병국 의원), 인성교육범국민실천연합(대표: 안양옥 한국교원단체총연합회장), 한국교육개발원, 한국교원단체총연합회, 교육부, 중앙일보 등의 단체 및 기관은 학교폭력 심화, 증오범죄 증가, 노동력의 질적 저하 등의 현상에 대한 처방으로서 인성교육진흥법이 효과를 발휘할 것으로 기대하고 있습니다. 또, 인성 교육 강화가 국가경쟁력 강화의 원동력이 될 것으로 내다보고 있습니다.

그렇다면 자살 예방이 가능해지고, 이혼율 감소로 건강한 사회상이 마련될 수 있으며 전통적 가치를 존중하기에 경로효친으로 세대 통합이 가능해집니다. 또한 공동체 의식을 함양하여 사회통합이 가능해짐은 물론 인성이 실력이 되어 국가경쟁력도 신장되고 도덕심 함양으로 법질서가 확립되면 그에 따른 사회 공권력을 유지하기 위한 인력과 시설의 비용이 절감될 것으로도 봅니다.

그러나 진보적인 시각의 교육감들과 전국교직원노동조합(전교조) 측은 우려의 목소리를 내고 있기도 합니다. 학교폭력은 증상이며 그 원인은 입시 위주의 교육과 이를 강요하는 사회구조의 모순인데, 그 원인을 방치하고 증상만을 없애려는 근시안적 정책이라는 비판이 주를 이룹니다. 학교 현장의 혼란과 과중한 업무 부담, 기만적 인성 교육의 실패 등의 결과를 초래할 것이라고 내다 보고 있습니다. 이에 더하여 효, 예, 정직 등의 가치를 강조함으로써 자칫 국가주의 이데올로기를 주입하는 도구로 인성 교육을 활용하려는 것이 아닌가 하는 의심의 눈초리를 보내기도 합니다. 또한 인성을 경쟁력으로 보는 기업의 태도에 대해서, 순응하는 노동자를 양성하려는 의도가 있다는 비판도 제기하기도 합니다.

이처럼 기대와 우려가 공존하는 상황이지만, 정작 일반국민들은 인성교육진흥법이 어떤 내용인지, 어떻게 시행될 것인지 잘 모르고 있습니다. 이는 학교 현장도 마찬가지입니다. 한낱 기우杞憂일지 모르나 자칫 인성 교육이 법과 제도로 위에서 아래로 강압적인 분위기로 도입되다 보면 학교현장의 공감과 호응을 이끌어내지 못하여 인성 교육 본연의 목적을 망각한 채, 그저 실적위주로 보여주기 식으로 진행되지는 않을까 하는 우려도 가져봅니다.

인성 교육은 단지 몇 번의 프로그램으로 완성되는 것이 아닙니다. 지금까지 학교에서 인성 교육 프로그램이 없었던 적은 없었습니다. 오히려 인성교육우수학교나 시범학교 등으로 강조해 왔습니다. 그럼에도 학교의 인성 교육이 문제가 떠오른 것은 이것이 결코 지엽적인 차원이 아닌 총체적인 영역에서 접근해야 하기 때문일 것입니다. 유아기부터 대학 진학까지의 교육 전반에, 가정과 사회 전반을 감안하는 장기적이고 유기적이며 관계적인 안목에서 계획되고 실행 점검되어야 실효성이 있을 것입니다. 이제는 법까지 만들어졌고 시행을 눈앞에 두고 있습니다. "해야 한다", "안 해도 된다" 하는 소모적인 논쟁은 지양해야 합니다. 인성 교육을 위해서는 진보나 보수가 따로 없습니다. 인성 교육을 어떻게 잘해 나갈지에 대한 발전적인 논의와 협력이 요구되는 시점입니다. 변화되는 세상의 흐름에 민감하게 반응하며 대처하기 위한 지혜로서 인성 교육은 우리 기독교계에서도 중요하게 논의될 주제일 것입니다.

인성 교육 진흥을 위한 우리의 자세

　요즘 뉴스 보기가 겁이 날 정도입니다. 너무 많은 사건 사고가 이어지다 보니 이제 웬만한 내용으로는 무덤덤해지기까지 합니다. 지표로 보는 현실은 더 비참합니다. OECD 가입국 중 자살률이나 이혼율, 성폭행 발생률 등에서 우리는 부끄러운 1위를 차지하고 있습니다.

인간성이 사라져 가고 있습니다. 우리는 그동안 교육의 중요성을 강조해 왔고 우리가 잘 살 수 있는 길은 교육밖에 없다고 생각했습니다. 그런데도 우리나라가 이처럼 부정적 지표에서 1위를 차지하는 것은 그동안 우리의 교육이 잘 살아보자는 경제적 풍요에만 집중된 나머지 인간의 진정한 행복을 가져다 주는 생활의 질을 높이기 위한 인간성 교육에는 너무 무관심했기 때문입니다.

　그만큼 과거 우리의 현실은 너무 어렵고 힘들었습니다. 기본적인 먹을거리가 없어 보릿고개를 겪었고, 너무 먹고 살기 힘들이 독일에 광부와 간호사로, 사우디아라비아와 같은 척박한 사막의 건설 현장으로, 베트남 전쟁으로 떠나기도 하였습니다. 그야말로 목숨 걸고 일했습니다.

그렇게 악착같이 일하고 돈을 벌면서 우리는 경쟁에 너무 익숙해졌습니다.

학교에선 공부 잘 하는 것이 효도였고 모범생이라 칭찬받았습니다. 그렇게 교육 받고 사회에 나가 더 좋은 직업, 더 많은 연봉을 얻기 위해 경쟁에서 이기기 위해서 우정, 관용과 배려보다는 증오와 이기심을 키우며 학력, 재력, 권력을 차지하는 것이 성공한 사람이라 치켜세웠습니다. 이것이 우리의 자화상이었습니다.

'인성교육진흥법'이 2015년 7월 21일부터 시행된다고 합니다. 이에 대해 사후약방이란 말이 들려오기도 합니다. 요즘 청소년들이 문란해진 원인이 어디 있을까요? 물론 타락한 속물적 자본주의에 기인하기도 하지만, 우리 어른들이 모범을 보여 주지 못한 결과이기도 합니다. 늦은 감이 있지만 지금부터라도 상업적 중독문화, 온갖 폭력과 외설로부터 청소년을 지켜내야 합니다. 그리고 물질적으로 살아온 부모의 가치관도 바뀌어야 합니다. 정치권에서부터 모든 사회 구성원이 성찰과 반성적 태도로 거듭나지 않으면, 프로그램만으로는 지금의 10대를 바꾸기란 불가능합니다. 인성교육진흥법안을 보면 "인성 교육이란 자신의 내면을 바르고 건전하게 가꾸고 타인, 공동체, 자연과 더불어 살아가는 데 필요한 인간다운 성품과 역량을 기르는 것을 목적으로 하는 교육을 말한다." 고 명시되어 있습니다. 여기서 주목할 것은 자신의 내면을 가꾸면서, 동시에 더불어 살아가는 사회성을 강조한 것입니다.

하이데거Heidegger, Martin가 말하기를 원래 존재Dasein는 자기중심적이고 계산적이지만 인성은 관계론적 존재로 나눔과 배려, 공동사회, 봉사로 이끄는 공존Mitsein이라 하였습니다. 인성은 일생동안 '기르는 것'입니다. 기른다는 말은 자기가 아닌 것을 키움을 뜻합니다. 그러나 이 법의 시행령 안에는 구체적 내용이 없고 행정적 절차만 나열돼 있어 아쉬움이 따릅니다. 내용을 들여다보면 뭔가 좀 이상합니다. 예전에는 당연시 되던 효孝나 예禮, 바른 가치관을 국가가 점검하고 지자체와 함께 가르쳐 보겠다며 인성 교육 기관도 양성하고 교원에게도 의무적인 연수를 시키겠다는 것인데 좀 어수선해 보입니다. 이러한 교육이 국가 중심의 규제나 평가 혹은 단기적인 성과를 위한 교육이 아니라 자발적인 실천을 중심으로 한 교육이 되어야 합니다. 잡무가 많은 우리나라 교육 현장에서 인성 교육이 교사들을 옥죄는 또 하나의 규제형이 아니라 자율을 중시한 지원형으로 시행되기를 바랍니다. 학교 현장의 입장과 의견을 무시한 국가 주도의 주입식 인성 교육은 실효성이 의심스럽습니다. 그로 인해 이 법이 자칫 학교에 불편한 규제가 되지 않을까 염려도 됩니다.

또한 우리 사회가 인성이란 주제에 대해 너무나 단편적인 시각으로, 유행처럼 접근하고 있지 않은지에 대한 생각도 해 봅니다. 학생들이 바른 인성을 갖추지 못한 것은 인성 교육을 위한 시간이나 교육 프로그램이 부족해서가 아닙니다. 옛날 전통적 환경과는 달리 경쟁적 입시 위주교육이나 핵가족화, 황금만능주의 등 사회나 환경적 요인과도 관련이 깊습니다. 이렇게 중요한 사회적 환경에 대해 기성세대들이 소홀하다가 윤 일병 사망 사건이나 학교폭력, 자살 등 사회도덕적 상황이 걷잡을 수 없이 심각해지면 인성 교육 문제를 들고 나옵니다. 마치 인스턴트처럼 '인성 교육'을 새삼 강조하고 법제화까지 서둘러 만들어 낸다는 느낌을 지울 수 없습니다.

아프리카 속담에 "한 아이를 키우기 위해서는 온 마을이 필요하다."라는 말이 있습니다. 교육은 학교에서만 하는 게 아니라 가정이 더 중요하고, 아울러 사회 구성원 모두가 서로 서로를 가르치는 학교가 되어야 합니다. 이런 점에서 청소년들이 존경할 만한 어른이 없다고 하는 것은 안타까운 일입니다. 어른들이 먼저 남이 보든 그렇지 않든 기본 생활 질서를 지키고 이기심을 극복하고 서로 양보하고 배려하고 협력하는 모습을 보여 주어야 합니다. 이런 성숙한 사회야말로 자연스럽게 인성 교육의 장場입니다. 인성 교육은 학교, 가정, 지역사회와도 밀접하게 이루어져야 합니다. '나'로 시작한 인성 교육은 학교, 가정, 지역사회, 그리고 세계시민으로서 자의식으로 이어질 수 있습니다.

평화로운 작은 마을이 있었습니다. 잘 사는 마을은 아니었지만 교육 열이 높았기 때문에 사람들은 누구나 자식들을 서당에 보냈습니다. 서당은 마을 한 가운데에 있었습니다. 서당 근처에 가면 바람결에 글 읽는 소리가 낭랑하게 들려오곤 했습니다. 그런데 서당 선생님은 혀가 짧은 사람이었습니다. 어느 날 서당 선생님은 '바람 풍風' 자를 가르치게 되었습니다. 그러나 그는 혀가 짧아서 '바담 풍'으로밖에는 소리가 나지 않았습니다.

"바담 풍!"

"바담 풍!"

선생님이 '바담 풍' 하니 학생들 역시 '바담 풍' 하고 따라 읽었습니다.

"아니, 아니. 바담 풍이 아니라 바담 풍이라니까!"

서당 선생님은 화가 나서 말했습니다.

그러나 학생들은 선생님이 '바담 풍' 하니 이번에도 역시 '바담 풍' 하고 읽을 수밖에 없었습니다.

"바담 풍!"

그러자 서당 선생님이 불같이 화를 냈습니다. 그리고 이번에는 한 자, 한 자 힘을 주어 어렵게 '바람 풍'을 발음했습니다.

"나는 바담 풍 해도 너희들은 바람 풍 해라."

위의 이야기에서 "나는 바담 풍 해도 너는 바람 풍 해라"라는 것처럼 기성세대들이 자신들의 잘못을 고치는 것보다는, 아이들에게 인성 교육을 가르침으로써 여기까지 만들어낸 참담한 부조리의 책임과 대가를 모면하려고 하는 또 하나의 꼼수는 아닌가 하는 생각마저 듭니다. 그렇다고 인성 교육을 하지 말자는 것이 아닙니다. 무슨 일이든 첫 단추를 잘 꿰어야 하는 것처럼 좀 더 깊이 바라보고 체계적이고 준비된 것으로 인성 교육을 했으면 하는 바람입니다.

사회학습이론의 창시자 반두라Bandura는 교육에서 보여 주기의 중요성을 일깨워 주었습니다. 그는 사람이 사회적 상황 속에서 다른 사람의 행동을 보고 들음으로써, 모방을 통하여 많은 것을 학습한다고 하였습니다. 유아는 소꿉놀이 중에 생활 속에서 관찰한 부모의 역할을 모방합니다. 이처럼 유아들은 부모, 교사, 또래와 같은 모델을 관찰하고 모방하면서 학습합니다. 아동들은 다른 사람의 행동을 관찰함으로써 그들의 행동, 사고, 감정을 습득합니다. 사람은 자기 내부의 요구와 인지적인 관심에 따라 자기의 행동을 결정하는 적극적인 존재입니다. 반두라의 이론대로 인성 교육은 보여 주기가 중요합니다. 그런데 아이들에게 인성을 교육시킨다고 하면서 어른들의 자각과 솔선수범이 제대로 드러나지 않는다면 인성 교육 진흥의 실효성을 거둘 수 없습니다. 이라크 파병으로 떠나야 하는 젊은 미군 장병들과 부모들의 송별행사에서 연설한 어느 미 장군의 말이 인상적입니다. 그는 "우리는 정의를 위해 전쟁을 하러 갑니다. 생명을 걸고 싸워야 하는 일임으로 여기에 있는 모든 징병이 살아 돌아올 것이라 약속드릴 수는 없습니다. 그러나 모든 전장 속에서 저희들이 가장 먼저 들어가고, 제일 나중에 나올 것이라는 것을 약속드

리겠습니다.”라고 말해 젊은 장병들과 부모들에게 용기와 자긍심을 일깨워 주었습니다. 솔선수범은 무엇보다 자기 스스로 변화를 수용하고 이끌어 내는 데 가장 중요한 단서가 됩니다. 신약성경에서 바울은 자신을 본받아 살라고 말했습니다. 이 말은 결코 쉽게 할 수가 없습니다. 바울은 두렵고 떨리는 마음으로 기독교신앙을 처음 갖는 이들에게 자신을 바라보라 하였습니다. 고린도전서 11장 1절입니다. “내가 그리스도를 본받는 것처럼 여러분은 나를 본받는 사람들이 되십시오.” 이는 위인으로 존경받는 이들의 삶에서도 쉽게 찾아볼 수 있습니다.

인성 교육은 지식으로 그쳐서는 안 됩니다. 시험을 위한 교과목이 아니라 실천하고 생활화하도록 지원해야 합니다. 기본 생활 습관과 인성이 바로 서면 수업 태도와 집중력, 지적 성장에도 됩니다. ‘인성이 진정한 실력’입니다. 기본적으로 인성 교육은 마음을 열게 하는 것부터 시작해야 합니다. 마음 트기, 마음 열기부터 시작해야 합니다. 단편적으로 끝나는 게 아니라 마음의 알을 깨끗이 주변에 널려 있는 것들이 연계가 되어야 합니다. 모든 게 연결되어야 인성이 변화됩니다. ‘우리’라는 마음을 갖는 게 중요합니다. 인성 교육은 연계성이 있어야 합니다. 프로그램 하나로 끝나는 게 아니라 모두가 연결고리를 가지고 있어야 합니다. 전 교과에서 창의·인성 교육 과정을 재구성하고, 인성을 강조하는 활동으로 이어져야 합니다. 인성 교육은 최근 강조되고 있는 진로 교육과 2016년 전면 시행될 자유학기제와 연계하는 것도 좋습니다. 꿈을 찾아가는 과정에서 올바른 가치관과 태도를 배우고 실천하는 인성 교육은 중요합니다.

인성 교육이란 무엇일까요? 아이들을 변화시키려면 우리가 무엇부터 해야 하는지는 조금만 생각해 봐도 알 수 있습니다. 인성 교육은 단순한 지식전달 교육이 아니라, 나 역시 변화될 때까지 함께 온몸으로 몸부림쳐야 하는 지금까지와는 전혀 다른 패러다임의 교육법임을 상기해야 할 것입니다.

인성교육진흥법에 따른 우리의 과제

　사회적 이슈가 되었던, 여러 가지 비윤리적 사건 사고로 인해 지난 2014년 12월 29일 인성교육진흥법이 제정되었습니다. 이에 대해 발 빠르게 교육프로그램을 준비하는 단체들도 많습니다. 여기에는 여러 종교 기관들도 있습니다. 인성은 사람이 세상에 태어날 때부터 지녀야 했던 사람으로서의 품격입니다. 어쩌다 사람의 착한 본성을 교육이라는 이름으로, 법의 지렛대로 강제할 수밖에 없었나를 생각해 봅니다. 앞으로 인성교육진흥법이 구체적으로 어떻게 적용될지는 모르겠습니다만 이것이 학교 현장에서 제대로 시행되고 그 결실을 맺도록 다양한 논의가 펼쳐지기를 기대해 봅니다. 또한 개인의 도덕성이나 개인적 덕목이나 성품 교육의 인성 교육은 한계를 지닐 수밖에 없습니다.

　인성은 인권과 평화와 정의라는 공의적 개념들과 상호 보완적이어야 하는데 우리 사회에서 인성 교육은 덕목 중심으로 학생들 개개인에게 책임을 묻는 형식으로 이루어지는 것이 문제입니다. 인성교육진흥법도 국가가 학생들의 의견을 무시하고 기성세대와 기득권자의 입맛에 맞게 학생들을 기르겠다는 의도가 깔려 있습니다. 입법 과정도 새누리당과 한국교총과 같은 보수 성향이 중심이 되어 절차상 의견수렴도 제대로 갖추지 않았습니다. 입법 후에도 시행령이나 시행 규칙도 교육적인 관점보다는 외부 이해관계를 갖고 있는 다양한 세력들의 입장에서 검토되고 있습니다. 학생들의 눈높이와 학교 현장의 입장에 기반을 두지 않은 어떤 정책과 교육 관련 법도 허구적일 수 있으며, 이벤트로 교육을 해서는 안 된다고 봅니다. 가능하면 교육 과정 속에서 교사들의 자발성과 자존감을 세워 가면서 단위 학교 안에서 학생과 교사, 교사와 학부모 등 구성원 간의 신뢰가 형성되어야 교육이 가능할 것입니다.

저는 교육계에 몸담고 있기에 인성교육진흥법에 대해 주의 깊게 살펴보고 이를 어떻게 학교 현장에 적용해 나갈까 하는 방안을 모색해 보는 중입니다. 인성교육진흥법에 대해 다양한 논의를 접하면서 의아한 것은 이에 대한 지나치게 개인의 인성에 초점을 맞출 뿐 사회적인 논의가 많지 않습니다. 인성이라는 주제는 교육 현장만의 과제일 수 없습니다. 우리 교육의 현실은 상급학교 진학의 입시가 중점 과제이고 우리 사회는 학력을 중시합니다. 이런 교육과 사회구조 안에서 인성 교육이 이루어질 수밖에 없습니다. 또한 분명한 사실은 개인의 인성이 실현되는 현장은 사회일 수밖에 없습니다. 하루가 멀다 하고 보도되는 사회지도층의 비도덕적인 행태들과 사회적 약자들의 가슴 아픈 현실을 외면한 채, 학생들에게 자신의 인성만 함양하면 된다고 가르칠 수는 없습니다. 환경 파괴의 현실은 주의 깊게 바라보지 않고는 가녀린 꽃에게 잘 자라라고 말하는 것과 같은 것은 아닐지요? 인성교육진흥법이 제대로 적용되고 실행되려면 개인의 인성 함양에 못지않게 더 중요한 것이 사회윤리적인 논의와 이해일 것입니다.

미국의 대표적인 기독교사회윤리학자이자 신학자인 라인홀드 니부어 Reinhold Niebuhr의 명저로 『도덕적 인간과 비도덕적 사회』가 있습니다. 이 책의 내용입니다. 개개의 인간은 자신의 이해관계뿐만 아니라 다른 사람들의 이해관계도 고려하며, 또한 때에 따라서는 행위의 문제를 결정함에 있어 다른 사람들의 이익을 더욱 존중할 수도 있다는 의미에서 도덕적입니다. 그들은 본성상 자신들과 비슷한 사람들에 대한 공감과 이해심을 갖고 있습니다. 이 경우 동류의식을 느끼는 범위는 사회 교육에 의해 얼마든지 확장됩니다. 그들은 이성적 능력을 통해 정의감을 키워 갑니다. 이 정의감은 교육에 의해 연마되고, 그 결과 자신의 이해관계가 얽혀 있는 사회적 상황을 공정한 객관성의 척도로 바라볼 수 있을 정도로 이기주의적인 요소들을 정화시킵니다. 그러나 이 모든 성과들은 전혀 불가능한 것은 아니지만 인간 사회와 사회 집단에서는 개인들에 비해 훨씬 획득되기 어렵습니다. 모든 인간의 집단은 개인과 비교할 때 충동을 올바르게 인도하고 때에 따라 억제할 수 있는 이성과 자기 극복 능력, 그리고 다른 사람들의 욕구를 수용하는 능력이 훨씬 결여되어 있습니다. 게다가 집단을 구성하는 개인들이 개인적 관계에서 보여 주는 것에 비해 훨씬 심한 이기주의가 모든 집단에서 나타납니다.

집단의 도덕이 이처럼 개인의 도덕에 비해 열등한 이유는, 사회는 이 자연적 충동들에 의해 응집력을 갖고 부분적으로는 자연적 충동들에 버금갈 만한 합리적인 사회 세력을 형성하기가 힘들기 때문이며, 이는 오직 개인들의 이기적인 충동으로 이루어진 집단이기주의Group Egoism의 표출이기도 합니다. 왜냐하면 개인들의 이기적 충동은 개별적으로 나타날 때보다는 하나의 공통된 충동으로 결합되어 나타날 때 더욱 생생하게, 그리고 더욱 누적되어 표출되기 때문입니다.

19세기 노르웨이의 극작가인 헨릭 입센Henrik Ibsen의 작품 가운데 「민중의 적」이라는 희곡이 있습니다. 아주 좋은 관광지로 소문이 나서 막대한 돈을 벌어들이던 온천 마을이 있었습니다. 수많은 사람들이 몰려와서 돈을 뿌리다시피 하고 가는 이 마을은 그야말로 흥청대는 경기 속에 부유한 마을로 다른 마을의 부러움의 대상이 되었습니다. 그러다 보니 이 마을 사람들은 온천 관광 관련의 숙박업, 요식업, 편의시설 등으로 직업을 바꿨습니다. 지역 경제가 활성화되다 보니 외지인들도 하나 둘씩 유입되어 인구도 증가하였습니다. 그러던 어느 날 이 마을의 어느 의사가 온천물을 연구해 본 결과, 온천물 성분 중에 사람의 몸에 아주 해로운 물질이 있음을 알게 되었습니다. 그는 이 사실을 사람들에게 알렸습니다. 의사의 양심과 사명감으로 아주 열심히 사람들에게 온천물의 위험을 알렸습니다. 그런데 사람들은 그의 이야기에 시큰둥하는 표정만 지을 뿐 누구도 찬동하거나 동조하지 않았습니다. 그 이유는 분명 그의 말이 맞음을 알지만 이것을 인정하는 순간 자신들이 지금까지 해 온 일이 잘못된 것이었고 이제 더 이상 누려 온 부를 이어갈 수 없게 될 것이기 때문이었습니다. 그는 아무도 알아주는 사람이 없고, 인정해 주는 사람이 없었지만 '아무리 생각해도 이건 아니지 않나' 하는 생각에 사람들의 생명과 건강을 위해 더 열심히 이 사실을 알렸습니다. 그러다 보니 하나둘 그의 이야기가 불편하지만 귀를 기울이는 사람들이 생겨났습니다. 그는 이들과 같이 이 문제를 고민하다 보니 자신의 돈벌이에는 소홀할 수밖에 없었습니다만 그래도 보람과 정의감에 기뻤습니다. 그리고 자신이 하는 일이 시급하고 중요한 일이기에 그럴 수밖에 없다고 여겼습니다.

급기야 마을의 중진들이 모여 이 문제에 대한 긴급회의를 열었습니다. 이 마을은 다른 마을에 비해 지적인 사람들이 많고 양심적인 사람들이 많고 비교적 민주적으로 공동체를 운영하는 형태로 모든 문제를 대화와 타협으로 결정해 왔습니다. 그런 합의와 구조의 핵심이요, 최고의결기구가 바로 이 중진들이 모이는 회의였습니다. 이 중진들은 이 마을주민들이 지성과 덕망을 고루 갖춘 종교지도자, 교육자, 문화예술인 등으로 구성되었습니다. 회의의 결정은 절대적이어서 모두가 따라야만 하였습니다. 만약 그렇지 않으면 이 마을에서 살 수가 없었습니다. 그러기에 회의는 신중에 신중을 기하면서 진행되어 왔습니다. 이 회의에 상정된 온천물의 유해 성분에 따른 온천물 폐쇄 논의는 사안이 워낙 중요해서 그런지 이 회의가 생긴 이래 가장 오랜 시간 논의가 이루어졌습니다. 그의 이야기도 충분히 들었고 그와 관련된 자료와 전문가들의 이야기도 들었습니다. 그렇게 철저히 조사해 본 결과 그의 말이 맞음을 알게 되었습니다. 이제 중진들은 회의를 마치면서 이 문제에 대한 결정 사항을 발표해야만 하였습니다.

모두가 숨을 죽이면서 기다린 결정은 놀랍게도 이 사실이 밖에 알려지지 않도록 계획을 세우기로 한 것이었습니다. 결국 그들은 그들에게 돈을 만들어 주는 그 온천을 결코 포기할 수가 없었던 것입니다. 온천물은 그들에게 있어서 단순한 물이 아니라 돈이며 삶의 질을 높여 주는 소중한 수단이었습니다. 그들은 온천물의 오염 원인을 제거하여 정화하여 문제를 해결하려 하기 보다는 이를 은폐하기로 하였습니다. 결국 그들은 자신들과는 아무런 상관이 없는 외지인들의 생명과 건강보다는 자신들의 이익을 지키려는 데 급급하였습니다. 이 결정을 내린 중진들은 이 마을에서 가장 지적이고 양심적인 사람들로 존경받는 사람들이었지만 이들은 이런 결정을 내리고 말았습니다. 어쩌면 이들도 이런 결정을 내리고 싶지 않았을지 모릅니다. 그러나 자신들을 중진의 자리에 올려준 유권자인 마을 주민들과 자신들의 지지자들의 이익을 외면할 수는 없다고 여겼는지 모릅니다. 이것이 이들의 한계요, 약점이었습니다.

그는 이 마을 사람들의 성품을 알고 중진회의의 구성원들을 알기에 당연히 자신의 뜻대로 결정될 것으로 여겼습니다. 이 일로 인해 자신은 물론 마을 사람 모두에게 더 이상의 풍요가 보장되지 않으니 온천물이 나오기 전의 불편한 삶으로 돌아갈 수 있음을 알기에 안타까운 마음도 들었습니다. 그래도 양심에 따라 살아야 한다고 확신하였습니다. 그런데 중진회의의 결정은 너무도 뜻밖이었습니다. 자신의 귀를 의심할 지경이었습니다. 그가 더 놀란 사실은 대부분의 사람들이 그 결정에 이의를 제기하지 않았고, 그나마 자신과 뜻을 같이한 이들마저 그 결정에 따라야 한다고 설득하려 했습니다. 그는 더욱 거세게 이를 비판하고 나섰습니다. 의사의 양심을 걸고 도저히 이것을 그냥 지나칠 수 없었습니다. 그는 무고한 사람들이 온천을 즐기다가 당할 아픔을 예견하면서 오직 자신의 풍요한 삶만을 내다보는 이기적인 마을 사람들을 그냥 둘 수가 없었습니다. 그러나 이를 외치는 사람은 그 이외에는 아무도 없었습니다. 집단의 논리, 권위를 지닌 중진회의의 결정에 누구하나 이의를 제기하지 않았습니다. 그리고 그 결정이 자신에게 이익이 됨을 누구보다 잘 압니다. 그는 마침내 마을 사람들로부터 미친 사람으로 내몰리고 끝내는 마을 사람들의 적이 되고 말았습니다. 결국 그의 말은 공허한 메아리일 뿐, 아무런 성과도 없었습니다.

이 이야기는 연극 공연을 위한 대본입니다. 그러니 고상한 놀이(유희)를 위한 즐거움과 감성의 힐링일 뿐 이상도 그 이하도 아닐까요? 그렇지 않습니다. 이 이야기는 아주 오래전 연극을 보러 오는 이들만 생각해 볼 거리가 아닙니다. 곱씹어 생각해 보면 그 어떤 종교지도자의 설교나 강론이나 설법 못지않은 주제가 있습니다. 저는 이 이야기가 너무도 현실적으로 가슴에 와 닿습니다. 어쩌면 저도 이 마을 사람들처럼, 중진의 한 사람처럼 생각하고 느끼고 의견을 내는 지도 모릅니다. 그리고는 제 내면의 작은 목소리가 '이건 아니지 않냐'고 말하면 이를 애써 외면하면서 그게 어쩔 수 없는 현실이고 다수의 뜻이라고 합리화할지도 모릅니다.

저 또한 가만히 보면 정말 아닌 것인데도 조직의 이익을 위해 진실을 외면하고 동조하는 경우가 많습니다. 그저 좋은 게 좋은 것이라는 생각, 사람 사는 곳이 어떻게 원칙과 도덕으로만 가능한가, 과정은 좀 도덕적이지 않아도 지향하는 목표가 맞는다면 과정은 좀 문제가 있다 해도 되는 것이 아니냐는 논리가 팽배합니다. 이런 모습이 우리 사회의 곳곳에서 부정과 부패와 관행이라는 이름으로 묵인되고 공인되기도 합니다. 이는 우리 사회에서 양심과 지성으로 대표되는 종교계와 교육계도 마찬가지입니다. 그러다 보니 위의 마을의 의사와 같은 자각이 있어도 외치지 않고 넘어가기도 합니다. 어쩌면 위의 마을에서도 온천물의 문제를 깨달은 사람은 의사 이전에도 있었고, 의사 이외의 사람들도 있었을 지도 모릅니다.

끊임없이 배우고 익혀야 하는 교사

배우지 않고는 더 좋은 사람이 될 수 없습니다. 더욱이 저와 같이 가르치는 사람은 배움을 그쳐서는 안 됩니다. 배우지 않고는 학생들을 잘 가르칠 수 없습니다. 지금 알고 있는 지식은 너무나도 한정적입니다. 깊이 파고 들어가면 끝이 없습니다. 그래서 교사들은 방과후나 주말은 물론 방학이 되어도 배움에 대한 열정을 식히지 않습니다. 연수를 가서 배우기도 하고 자기 연찬을 통해 배우기도 하며 외국을 나가서 배우기도 하고 학위과정으로 배움을 이어갑니다.

배움은 부끄러운 것이 아닙니다. 평생 배워야 합니다. 누구에게든지 자기에게 도움이 된다면 배움을 마다하지 말아야 합니다. 배움을 꺼릴 그 어떤 핑계도 통하지 않습니다. 부끄럽다고 생각할 필요가 없습니다. 내가 알아야 될 것이라면 친구에게라도 배워야 하고 나이가 적은 이들에게도 배워야 합니다. 배움에 대한 열정이 식어지면 그때부터 발전을 기대할 수 없습니다. 학문은 역류하는 배와 같습니다. 물이 흐르는 반대편으로 배를 저어갈 때 중단하면 그때부터는 답보 상태도 아니고 후퇴 상태가 되고 맙니다. 역류하는 배를 움직이기 위해서 올라가기 위해서는 피와 땀, 그리고 노력이 필요합니다. 하루도 쉴 틈이 없습니다. 새벽이고 낮이고 밤이고 틈만 나면 책과 더불어 씨름해야 자신의 발전을 기대할 수 있습니다.

우수한 선생님은 학원에 다 있는 말을 들으면 좀 화가 나기도 합니다. 교사 자격증을 취득하기가 요즘은 하늘의 별따기만큼이나 어려운데, 학교 교사보다 학원 강사가 더 우수하다니요! 이런 말을 들으면 교직의 길을 걸은 한 사람으로서 자존심이 상합니다. 교사의 실력이 학생들의 실력으로 이어집니다. 교사의 실력이 떨어지면 학생들의 실력도 기대할 수 없게 됩니다.

교사는 실력을 향상시키기 위해 배움의 열정뿐만 아니라 노력, 수고도 아끼지 않아야 합니다. 작은 것 하나라도, 자꾸 배워 나가면 실력이 차곡차곡 쌓이게 됩니다. 교사의 특권으로 주어진 수업과 업무처리 이외의 시간과 방과후 시간과 휴일과 방학을 이용해 끊임없이 배워 나가는 교사의 모습을 기대해 봅니다. 이런 점에서 교사도 늘 배워야만 하는 학생입니다. 늘 새로운 지식을 갈망하고 배운 것을 전해 주는 소중한 사명자입니다.

청소년의 꿈과 끼를 살려줄 진로 교육

　우리나라 청소년의 사망 원인 1위는 바로 자살입니다. 그 증가율도 계속 높아지고 있어 사회와 국가적인 관심이 시급한 시점입니다. 청소년 자살의 특징은 자살 동기가 명확하고 충동성이 강해 격려나 위로, 자신감을 찾도록 하는 등 도움을 줄 수 있는 방법이 많습니다. 청소년 자살 예방을 위해 청소년에게 긍정적인 생각, 가족 간의 소통과 긍정적 지지, 원만한 교우 관계, 정신건강 교육과 서비스 등 개인, 가정, 학교, 사회의 보호 요인으로 넓혀 가야 합니다. 이런 차원에서 청소년 진로 교육은 매우 중요합니다. '진로'가 교육계의 화두로 자리 잡은 지 이미 오래이고, 이에 발맞춰 현 정부의 교육정책 방향이 진로에 집중되었습니다.

　자유학기제는 중학교 과정 중 한 학기 동안만이라도 시험 부담 없이 자신의 꿈과 끼를 찾는 참여형 중심의 진로탐색 기회를 주는 정책으로써, 획일적인 입시 위주의 교육 속에서 소질과 적성에 맞는 꿈을 찾아갈 수 있도록 변화되어야 한다는 필요성에 의해 시작되었습니다. 이에 교육부는 지난 2013년부터 연구학교를 지정하고 운영해왔고 2014~2015년에는 희망학교를 확대, 2016년부터 전면 실시하는 등 자유학기제를 단계적으로 추진합니다.

하지만 자유학기제 전면 실시를 앞두고 현장에서는 진로 교육 콘텐츠 개발과 발굴에 어려움을 호소하고 있습니다. 학교에 투입되는 대부분의 프로그램이 일회성 검사나 직업 체험에 초점을 두고 있다 보니 온전한 진로 교육이 이루어지지 못하고 있는 게 사실입니다. 검사와 직업 체험은 일부 과정일 뿐이지, 결코 진로 교육의 진정한 대안이 될 수 없기 때문입니다. 더군다나 사람과 직업을 각각 몇 가지 특성에 따라 분류하고 양자 간의 연결 또는 짝짓기 하는 단선적인 검사는 급변하는 직업세계에서 점차 설득력을 잃어가고 있습니다. 이제는 유연하지 못한 경로에서 벗어나 청소년들에게 일과 직업에 대한 새로운 가치관 확립이 우선시되는 진로 교육이 주를 이뤄야 합니다.

이를 위한 하나의 과제로 '꿈 찾기'가 있습니다. 학생들이 스스로 미래에 자신이 선택하고자 하는 식업에 관한 자료를 찾아보는 것이 좋습니다. 미래를 살아갈 학생들이 미래사회에 다양한 직업이 있음을 학생들 자신이 찾아보면서 발견하도록 하는 것입니다. 이 과정에서 중요한 것은 단순히 그려내는 것이 꿈을 실현하는 것이 아니라 그 분야에 대해 얼마나 알고 집중적으로 준비하고 노력을 하는가가 중요한 과제일 것입니다.

매일 그림을 보기만 하는 사람은 그림 관람자나 감상자가 됩니다. 하지만 그리워하는 대상을 매일 그리는 사람은 화가가 될 가능성이 높습니다. 그리워하는 것을 하루도 쉬지 않고 그리며 나타나는 결과물이 그림 작품이 됩니다. 처음부터 원하는 그림을 생각만큼 쉽게 그리지 못할 수 있습니다. 자신이 그리고 싶은 그림 주제를 선정하고 이런 저런 구도를 생각한 다음 이렇게 그려 보고 저렇게 그려 보는 가운데 작품이 완성됩니다. 사실 완성된 작품은 존재하지 않는 것입니다.

지금 완성한 작품은 지금부터 미완성의 작품입니다. 아쉬움이 남는 작품이어야 이전과 다른 작품을 구상할 수 있습니다. 작품이란 작가의 품격을 나타냅니다. 그래서 작품은 언제나 실패작일 수 있습니다. 실패작이라야 배움이 일어납니다. 미완성이라야 완성을 지향해 갑니다. 실패작에서 멈추지 않고 미완성 작품에서 그만두지 않으면 작가의 품격이 드러날 수 있는 작품으로 완성되어 갑니다.

완성은 이런 점에서 완성된 결과물이 아니라 완성되어 가는 과정에 있습니다. 완성은 명사가 아니라 동사입니다. 반복해서 그림을 그리면 반전이 일어나는 것입니다. 어느 순간 자신의 그림이 작품이 되는 순간을 맞이합니다. 작품은 혼신의 힘을 다해 매일 반복할 때 어느 날 갑자기 자신의 품격이 드러나는 순간에 탄생합니다.

전문가가 되는 유일한 길은 자신이 좋아하는 일을 하루도 쉬지 않고 꾸준히 반복하는 것입니다. 한순간도 쉬지 않고 떨어지는 물방울이 바위를 뚫는 것과 같습니다. 위대함은 작은 실천을 진지하게 반복한 결과에 지나지 않습니다. 한걸음이 먼 길을 가게 만들고, 1m의 작은 차이가 100m의 먼 거리를 만들어 냅니다. 모든 위대함은 작은 차이의 반복으로 탄생한 성취 결과입니다.

반복이 완벽을 만듭니다. 반복하는 과정에 어느 순간 반등이 일어나고 반전이 시작되는 전환점에 이르게 됩니다. 무엇을 하겠다고 표현하면서 나는 지금 무엇을 반복하고 있을까요? 나의 하루 일과에는 무엇이 들어 있을까요? 내가 지금 반복하고 있는 일이 나를 나답게 만들어 줍니다. 내가 누구인지는 내가 지금 무엇을 하고 있는지를 살펴보면 됩니다. 내가 앞으로 무엇이 되고 싶은지는 지금 내가 무엇을 하고 있는지를 보면 알 수 있을 것입니다.

우리는 이 대목에 집중할 필요가 있습니다. 침체된 청소년 교육의 활성화를 위해 새로운 것을 찾거나 다른 곳에 시선을 돌려서는 안 됩니다. 우리가 가진 고유의 정체성을 상실하거나 가고자 하는 방향성을 잃을 우려가 있습니다. 대신 우리가 가진 것으로 우리가 잘 하는 것으로 그동안 집중해 왔던 것에 근간을 두고 청소년들이 '꿈'을 찾을 수 있는 진로 교육 콘텐츠를 개발해야 합니다. 단위학교에서 진로 프로그램과 진로 동아리를 운영함에 협력하고 지원해 나가야 합니다. 그러나 이는 학교만으로는 어렵습니다. 여러 청소년 단체나 종교계도 이를 지원하고 시스템을 갖춰 가면 좋을 듯합니다. 또한 지역에서도 진로 체험이 가능하도록 작업장을 개방하는 것도 좋을 것입니다.

꿈과 끼를 키우는 행복한 진로 교육의 이상 구현

교육부나 교육청은 교육 정책의 핵심 과제로 학생들의 꿈과 끼를 키우는 행복 교육을 내세웁니다. 이를 위해 인성 교육을 강화하고 과도한 성적위주의 학교 풍토를 개선하고 진로교육을 강화해 각자의 소질과 적성을 찾아 계발할 수 있도록 한다고 합니다. 교육에서 청소년들의 꿈과 끼를 키우고, 마침내 행복을 누리게 하는 것은 당연한 과제입니다. 여기에 이의를 제기할 사람은 없을 것입니다. 그러나 이것은 거창한 구호에 불과하고 실제 우리 교육의 현실은 그렇지 못한 것이 사실입니다. 꿈과 끼를 키우기 전에 당장 입시라는 현실에서 헤어나지를 못합니다. 그러다 보니 행복을 누릴 수가 없습니다. 학생들은 학생들대로, 교사와 학부모까지 행복하지 못합니다. 우리 교육의 근본적인 문제가 입시에 따른 서열화, 선발과 배제로 볼 때 그 어떤 교육 정책도 실효를 거두기는 어렵습니다. 입시 교육을 어떻게 풀어가야 할지에 대한 근본적인 논의가 선행되어야 합니다. 그렇지 않고 제시되고 추진되는 모든 정책은 처음부터 한계를 지닐 수밖에 없습니다.

최근 입시 교육에서 탈피해 보려는 노력 중 하나로 우리 교육에서 그동안 등한시해 왔던 진로 교육이 강조되는 것은 바람직한 일입니다. 학생들이 미리 진로 이해를 하고 탐색하고 결정해 보게 하는 것은 중요합니다. 진로 교육은 학생들이 저마다의 소질과 적성을 찾아 계발할 수 있도록 실시하는 것입니다. 그런데 문제는 학교 현장에서는 진로 교육이 제대로 실시되지 못한다는 사실입니다. 그것도 진로 교육이라기보다는 직업 교육에 가깝습니다. 학교는 교육 당국이 제시한 교육 지침에 따라 진로 시간을 실시해야 합니다. 교과 수업 시수 맞추기가 빠듯한데 이런 저런 교육 시간을 반드시 확보하라고 하니 울며 겨자먹기 식으로 시간 편성을 하고 교육을 실시합니다만, 이에 따른 전문가도 부족한 실정에 시간도 할애해야 하고 없는 예산을 쥐어짜야 하다 보니 제대로 진로 교육이 되지 않는 것이 현실입니다.

전교생을 대상으로 유명인이나 성공한 직업인을 초대해서 특강을 실시합니다. 학교에서 직업체험으로 제과제빵이나 미용, 혹은 수제 초콜릿 만들기, 치즈 만들기 등 프로그램도 실시합니다. 이들 프로그램은 학생들이 지루한 수업이 아니라 실제로 체험을 하다 보니 좋아들 합니다. 하지만 이는 엄밀한 의미에서 진로 교육이라 말하기 어렵습니다. 물론 직업인과 학생들이 만남을 통해 진솔한 대화가 이뤄질 수 있고, 직업인 멘토와 학생 멘티의 관계를 형성해 진로 탐색 활동에 도움을 주기도 합니다. 직업 체험도 자신의 소질을 미리 엿볼 수 있다는 장점도 있습니다. 그러나 이것은 직업 준비 교육이지 꿈과 끼를 키우는 행복한 교육으로 보기는 어렵습니다.

이러다 보니 교실에는 엉뚱한 일들이 벌어지기도 합니다. 요즘 학생들의 학교 생활이 엉망이라는 지적은 어제와 오늘이 아닌데 이를 더욱

부채질하는 것 같습니다. 수업 시간에 엎드려 자고, 학업에 별 관심도 없고, 제시하는 수행평가도 제대로 참여하지 않습니다. 해서 선생님이 독려했더니 자신은 꿈이 가수, 탤런트, 제과제빵사 이런 것이기 때문에 그런 것이 필요 없다는 이야기를 하기도 합니다. 교실에는 이런 아이들이 많습니다. 이 학생들에게 그래도 교양을 쌓아야 한다고 해도 아랑곳하지 않습니다. 이런 꿈을 정한 학생들에게 복잡한 교과의 전문적인 내용은 흥미를 끌지 못합니다.

이렇게 비교육적인 생각을 하게 된 이유는 학생들에게도 책임이 있지만, 결국 교육이 제대로 되지 않은 점도 있습니다. 꿈과 끼를 키웠지만 그것의 근본적인 의미와 토양을 일깨워주지 않고 실용성에만 급급한 것이기 때문입니다. 꿈과 끼를 키우기 위한 롤 모델로 성공한 스포츠 스타나 연예인들을 예로 듭니다. 그 대표적인 경우가 김연아, 이상화, 박지성, 류현진 선수나 유재석과 강호동과 같은 스타들과 아이돌 스타들입니다. 그들의 화려한 성공담과 수입은 학생들에게 충분히 부러운 대상입니다. 하지만 그들이 꿈을 이루기 위해 흘린 땀과 눈물과 눈에 보이는 성공 이외의 역량은 알지 못합니다. 이들의 몸에 밴 굳은살과 실패의 아픔들이 얼마나 쌓인 것인지를 보지 못합니다. 몸으로 실천하는 것이 꿈인데 그것을 모르고 있습니다. 더욱이 성공 사례 이면에 이들에 버금가는 실력을 지녔으나 빛을 보지 못한 수많은 이들이 있는 것도 보지 못합니다. 꿈은 반드시 자신의 꿈이어야 합니다. 다른 사람의 꿈이 자신의 것이 될 수는 없습니다. 그리고 꿈이란 가만히 꾸는 게 아닙니다. 계속해서 키워나가는 것입니다.

진정한 진로 교육은 진로의 바른 이해와 이를 이루기 위한 기초로서 인문학적 소양 교육이 수반되어야 합니다. 그리고 혼자만의 꿈이 아니라 더불어 함께 살아가는 공동체 의식과 섬김과 나눔의 의미로서 꿈의 소중함도 일깨워 주어야 하고, 꿈을 키우고 그것을 실천하는 과정에 따른 인내와 성실함과 조화도 가르쳐야 합니다. 흔히 노력이라는 말을 많이 합니다. 노력은 사전적 의미로 '힘써 애씀'을 말합니다. 이를 구체적으로 표현하면 목표를 세우고 지속적으로 실천한다는 뜻입니다. 그 과정에서 특히 자신과의 싸움이 계속되어야 합니다. 그리고 새로운 것에 대해 끊임없이 관심을 가져야 합니다.

끼에 대한 의미도 제대로 새겨 볼 필요가 있습니다. 끼는 국어사전에 "연예에 대한 재능이나 소질을 속되게 이르는 말"로 풀이하고 있습니다. 실제로 끼는 사람들이 가지고 있는 성향 중에 대중 앞에서 발휘하는 재능으로 여기는 경우가 많습니다. 그러다보니 끼를 키우는 교육을 할 때, 세계적으로 유명한 가수 싸이 같은 사람을 예로 듭니다. 그러나 모든 사람이 남을 휘어잡는 끼를 가지고 있는 것은 아닙니다. 여기서 끼를 키우는 것은 개인이 지니고 있는 재능을 발견하라는 것입니다. 그리고 꿈을 향한 도전을 하듯, 재능도 발견했으면, 꾸준한 노력을 기울여 완성해야 한다는 의미를 담고 있습니다.

경쟁도 안 하고, 땀도 안 흘리고 행복을 얻을 수 있으면 얼마나 좋을까요? 그러나 행복은 손을 놓고 바라만 본다고 얻어지는 것이 아닙니다. 스스로 노력해야 얻을 수 있는 열매입니다. 과도한 경쟁을 하면 안 되겠지만, 함께 노력해야 하는 것은 분명합니다. 너도 나도 결과만 보고, 그 배후에 숨어 있는 과정은 보지 않고 있습니다. 자연히 오해가 생깁니다. 우리 학생들이 안쓰럽다고 지나치게 보호하려는 태도를 보여서는 안 됩니다. 학생들에게 성실해야 함을 분명하게 가르쳐야 합니다. 성실은 새로운 성취의 원동력이고, 후회 없는 내일을 보장합니다. 현재 자신에 대해 최상의 성실을 다하는 것은 최상의 결과를 거둘 수 있는 유일한 길입니다. 학생들이 감당해야 하는 도전조차 배려라는 핑계로 감싸는 것은 좋은 교육이 아닙니다. 좋은 교육은 절망의 벼랑에서 처절하게 신음하면서도 포기하지 않고 일어서는 법을 가르쳐 주는 것입니다.

제가 자주 학생들에게 들려주는 이야기 중 하나로, 우공이산이라는 이야기가 있습니다. 중국의 태행太行과 왕옥王屋 두 산맥은 오래전엔 북산北山을 사이에 두고 지금과는 다른 곳에 있었습니다. 북산에 살고 있던 우공愚公이라는 노인이 높은 산에 가로막혀 왕래하는 데 겪는 불편을 해소하고자 두 산을 옮기기로 하였습니다. 둘레가 700리에 달하는 큰 산맥의 흙을 퍼 담아서 왕복하는 데 1년이 걸리는 발해만勃海灣까지 운반하는 작업을 하는 우공愚公의 모습을 보고, 친구 지수智搜가 그만둘 것을 권유하자 우공愚公이 말했습니다.

"나는 늙었지만 나에게는 자식과 손자가 있고, 그들이 자자손손 대를 이어나갈 것이다. 하지만 산은 불어나지 않을 것이니, 대를 이어 일을 해 나가다 보면 언젠가는 산이 깎여 평평하게 될 날이 오겠지."

산신령에게 이 말을 전해들은 옥황상제가 두 산을 멀리 옮겨 주어 노인의 뜻은 성취되었습니다.

중국 마오쩌둥은 중국공산당 7차 당대회(1945. 4. 23.~1945. 6. 11.)의 폐회사에서 이 전승을 인용하며 말했습니다. "중국 인민의 머리를 짓누르는 두 거대한 산이 있습니다. 하나는 제국주의이고, 다른 하나는 봉건주의입니다. 중국 공산당은 일찍이 이 둘을 파 내기로 결심했습니다. 우리는 반드시 이를 계속해야만 하고, 반드시 계속 일해야 합니다. 그러면 우리도 하늘님을 감동시킬 수 있습니다. 그 하늘님은 바로 다른 것이 아니라 모든 중국의 인민대중입니다."

중국에서 스옌+堰 시의 한 공무원이 중장비 등의 도움없이 마을 주민들과 함께 5년에 걸쳐 400m에 이르는 터널을 뚫었습니다. 거듭되는 민원에도 빈약한 시의 재정으로는 공사를 감당할 수 없었던 것을 주민에 대한 모금 활동을 통해 노임을 마련하여, 중장비 대신 폭약과 삽으로 공사를 완수했습니다.

인도의 다시랏 만지Dashrath Manjhi는 열악한 교통 환경 탓에 제때 치료 받지 못한 부인을 추모하기 위해 22년에 걸쳐 망치와 정으로 산을 깎아 길을 만들었습니다.

산에 오르기 위해서는 내려가는 법도 배워야 합니다. 마냥 올라가기만 해서는 정상에 다다를 수 없기 때문입니다. 때로는 능선을 따라 걸어가야 하고, 가파른 바위를 타고 넘어야 할 때도 있습니다. 올라가고 싶어도 어쩔 수 없이 내려가야만 하는 때도 있습니다. 그렇게 오르내리다 보면 어느새 정상이 저만치 보입니다. 요즘 학생들은 이전 세대에 비해 의지가 약하고 끈기가 부족하고 자기 스스로 해 보려는 자기주도성이 약합니다. 아무리 어둡고 힘난한 길이라도 나 이전에 누군가는 이 길을 지나갔을 것이고, 아무리 가파른 고갯길이라도 나 이전에 누군가는 이 길을 통과했을 것입니다. 아무도 걸어본 적이 없는 그런 길은 없습니다. 그러니 포기하지 말고 꾸준히 가고 또 가다 보면 언젠가는 성공할 것입니다. 이를 가르쳐야 합니다.

이런 점에서 우리가 바람직한 교육 강국으로 여기면서 본받으려고 하는 핀란드의 진로 교육은 시사하는 바가 큽니다. 핀란드의 진로 교육 수업은 전체 222단위 중 2단위에 불과합니다. 1단위의 연간 수업은 38시간입니다. 그렇다고 기초 학교 9년 동안 76시간의 수업만으로 진로 교육을 하는 것은 아닙니다. 핀란드에서 진로 교육의 목표는 세 가지로 매우 포괄적입니다. 첫째는 자아정체성 확립, 장점의 발견, 타인과의 차이에 대한 이해 등을 주제로 하는 '학생의 성장과 발전 지원'입니다. 다음은 학습 능력의 배양, 과목 선택 및 학습 계획 수립 지원, 상급학교 진학에 필요한 기초 학습 지원을 목표로 하는 '학습과 학업 능력 지도'입니다. 마지막으로 상급학교 진학지도와 직업 선택에 필요한 체험을 중심으로 하는 '직업과 삶의 계획 지도'입니다.

이런 목표에 따라 핀란드의 진로 교육은 유치원에서부터 시작됩니다. 기초학교 6학년까지의 진로 교육은 학습 활동과 학교 생활 적응을 지원하는 데 초점이 있습니다. 진로와 직업에 대한 탐구와 체험이 기초학교 고학년에 속하는 7~9학년 과정에서 본격적으로 이뤄질 뿐입니다. 이처럼 학생 학습지도와 진로 교육에는 일정한 시기가 정해져 있지 않습니다. 학교에 입학하는 순간부터 대학에 입학하고 사회에 진출하는 날까지 개인 맞춤형 진로 교육이 지속적으로 이뤄집니다.

집중적인 진로 교육은 유치원에서 기초학교 입학, 기초학교 6학년에서 7학년 진급, 9학년에서 상급학교 진학 등 세 번의 과도기에 시행합니다. 진로지도 교사는 기초학교 1~2학년, 3~6학년, 7, 8, 9학년에서 정해진 주제들을 참조해서 지도합니다. 이를테면 우리나라의 중학교에 해당하는 7~9학년의 교장, 진로전담교사, 특수교사는 기초학교 6학년생들을 찾아가 사례를 중심으로 고학년 과정에서 학교생활의 변화를 소개해야 합니다. 6학년 담임교사는 학생들의 원활한 고학년 생활을 위해 학생 개개인의 강점, 학습 지원 필요 등 개별 학생에 대한 정보를 담은 차트를 고학년 방문자들과 함께 작성합니다.

4~5월에는 6학년 학생들이 8월에 시작되는 고학년 학교에 대비하기 위해 7~9학년의 학급 동료, 과목담당 교사, 진로담당 교사들과 사전 만

남을 갖습니다. 미리 충분한 정보를 획득해 쉽게 적응할 수 있도록 돕기 위함입니다.

인문계고와 직업학교를 선택하는 과도기에 속하는 기초학교 졸업 전의 9학년생들은 직업생활 탐구TET=työelämään tutustuminen에 참여합니다. 9학년생들은 2주 동안 학교에 가지 않고 직장인들이 근무하는 직업 현장으로 향합니다. 이 제도는 학생들에게 직업 현장 체험을 통해 미래의 직업을 탐구해 보는 기회를 제공하겠다는 취지로 운영되고 있습니다. 직업생활 탐구 과정을 거치면서 학생들은 미래에 선택하고 싶은 직업 현장에서 무슨 일을 해야 하고, 어떤 능력이 필요한지를 깨닫게 됩니다. 현장 체험을 통해 학생은 선택한 직업에 종사하기 위한 준비를 시작할 수도 있습니다.

이처럼 핀란드는 아주 어려서부터 체계적인 과정으로 진로 교육을 실시합니다. 특별히 진로 교과 시간이나 단편적인 직업 체험 맛보기 교육이 아닙니다. 교육 전반에서 먼저 자신을 이해하게 하고 나아가 공동체와 사회를 이해하며 자신의 꿈과 끼를 발견해 찾아가는 행복을 만들게 합니다. 우리나라의 진로 교육도 유치원, 초등, 중학교, 고등학교가 유기적으로 연계되도록 하고 종합적인 이해에서 진행되도록 해야 합니다. 진로 교육은 담당 교사나 교과 시간만이 아니라 교육 전반에서 유기적으로 이루어져야 합니다.

장점 중심의 교육으로 의식 전환

　제가 신학대학에 다닐 때 수강한 교과목 중에 '기독교교육학'과 '목회
상담학'이 있었습니다. 이들 교과목은 앞으로 교회목사가 될 예비 목사
들이 반드시 알아야 할 것이어서 그런지 전공필수였습니다. 이 두 과목
을 가르치시던 교수님들의 열정도 생생했고, 수강생들의 열의 또한 대단
하였습니다. 이처럼 중요하게 다뤄지기에 기대감을 갖고 수강한 기억이
납니다. 신학대학을 졸업하고 다른 대학의 신학대학원에 진학해 보니
이 두 과목뿐만 아니라 목회실천 분야로 다른 한 과목이 더 전공필수
교과목으로 제시되어 수강하였습니다. 신학대학에서 배운 내용과 크게
다르지 않은 내용이라 지루한 감이 있었지만 중요하게 여겨 그때도 열심
히 배운 기억이 납니다. 뜻한 바 있어 국어교육과에 학사편입학을 하고
보니 여기서 교사가 되기 위한 교직필수과목으로 교육심리학이 있었습
니다. 이 과목을 수강하면서 보니 신학대, 신학대학원에서 배운 내용들
과 겹치는 내용들이 많이 나왔습니다. 그리고 교양으로 배운 심리학개
론에서도 그러하였습니다. 배운 내용을 또 배우니 과제 수행이나 학점

취득에는 수월하였지만 지루한 느낌이었습니다. 그러면서 든 생각은 어디를 가나 당연시되는 프로이트의 이론이 과연 맞는 것인가 하는 의문이 들었습니다. 들으면 그럴싸하여 맞는 것 같은데 그걸 인정하자니 너무도 사람이 어릴 적 경험이 평생을 결정짓게 되니 성장기 이후의 학교 교육이나 교회 교육 등의 영향력이나 개인의 의지와 결단의 중요성이 줄어드는 것만 같아 인정해야만 하는 것인가 하는 생각이 들었습니다. 그리고 신학 분야에서 일반심리학이나 교육학 이론을 그대로 받아들여 그것을 당연시하는 것 같다는 아쉬움도 가져 보았습니다. 일반학문의 성과를 수용하여 기독교화하는 작업은 필요합니다. 그러나 그것이 지나쳐서 기독교 본연의 시각이나 입장이나 핵심이 분명하게 드러나지 않는다면 일반학문의 성과에 그냥 기독교를 일부 덧붙인 것으로 비칠 것입니다. 이런 생각을 구체화, 구조화하지 않고 그저 아쉬움으로만 여겨왔습니다.

수년 전부터 학교에서 장애인 및 특수 교육대상자 담당업무를 맡다보니 이 아이들에 대한 관심과 교육에 주의를 기울여 공부도 해 보았습니다. 그러다가 큰마음 먹고 작년부터 특수 교육대학원에 진학하여 본격적으로 학업에 임하고 있습니다. 그러면서 접한 특수 교육학 분야에서 논의되고 구체화되는 이야기에 놀라움을 갖게 되었습니다. 물론 이 이론들은 특수 교육학의 고유 이론은 아니고 여러 학문 분야의 이론을 특수 교육학화하는 작업에서 나온 것입니다. 특수 교육학에서도 주류는 프로이트로 대표되는 이론이고 얼마 전부터 학술계에서 제시되는 이론입니다. 이에 대한 학위논문과 학술논문이 최근 많이 나오는 것을 보면서 우리 기독교계도 이런 시각에서 연구하고 적용해 나가면 어떨까 하는 생각이 들었습니다.

지금까지 주류는 일반교육학이나 심리학 더욱이 기독교실천 학문에서 교육대상의 문제와 결점, 잘못된 것, 실패한 것에 주된 관심을 두어왔습니다. 표준화된 검사 도구들을 이용하여 표준에서 얼마나 일탈되어 있는지를 파악하고, 이러한 일탈의 원인을 찾아 치료하는 데 초점을 두어 왔습니다. 이는 특수 교육학도 마찬가지였습니다. 이렇게 보면 의료적 입장에 따른 장애는 질병과 같은 것이기 때문에 장애 아동은 당연히 치료의 대상이 되고 맙니다. 결손, 불능 등의 부정적인 특징을 지닌 존재로 각인됩니다. 이러한 결점 중심의 관점으로 설계된 교육은 장애 아동의 결점을 어떻게 교정하고 보상할 것인가에 초점을 맞춤으로써 치료를 교육으로 잘못 생각하게 되는 빌미가 되기도 합니다. 이러한 입장은 장애 아동의 긍정적 측면보다는 부정적 측면을 강조함으로써 전문가가 가치의 중립을 유지하지 못한 채, 자신의 관점에 따라 아동을 파악하게 됨으로써 부정적인 자기 충족적 예언을 갖게 됩니다. 이러한 표상으로 인해 장애 아동 자신과 장애 아동을 둘러싼 환경이 가지는 무궁한 능력과 잠재력, 자원, 가능성 등은 무시되고 비관적이고 부정적인 기대를 가지게 됩니다.

　　레프 비고츠키Lev Semenovich Vygotsky는 교육의 중요한 목적이 사람 본래의 심리학적 기능을 촉진시키고 강화시킴으로써 중요한 장애를 보상하는 일뿐만 아니라, 심리학적이고 교육학적인 수단을 통해 이차적인 장애를 예방하는 일이라고 보았습니다. 그의 말대로 병리적 접근은 일차적인 장애에만 초점을 둔 치료적 접근이라는 한계를 지니고 있습니다. 또한, 장애인 당사자뿐만 아니라 장애인과 함께하는 사람들에게 비관적이고 부정적인 기대를 갖게 함으로써 이차적인 장애를 예방하는 기회를 마련해 주지 못하게 되는 접근 방법입니다. 이처럼 문제나 결점, 병리,

비정상에 초점을 둔 병리적 모델의 문제점들이 부각되고 이러한 접근 방법의 한계가 드러나면서 많은 연구자들은 병리적 접근이 아닌 다른 관점으로 문제에 대해 접근할 필요가 있음을 강하게 제기하기 시작하였습니다. 아브람스 스텍Abrams, E. L. steck은 장애가 개인의 병리적인 조건이 아니라 그를 둘러싼 조직이 가지는 병리적 산물로 보았습니다. 이것은 장애를 학생의 병리가 아닌 교육이나 사회의 병리로 바라보기 때문에 장애 아동 개인을 변화시키려는 노력보다는 사회나 학교가 개인의 욕구에 맞게 변화해야 함을 강조한 것입니다.

이러한 발상의 전환들은 최근 제기되는 여러 학문의 성과들을 특수교육학화하면서 나온 것들입니다. 긍정심리학은 마틴 셀리그만Martin E. P. Seligman이 주창하는 심리학으로 사람의 근본적인 문제와 단점, 제한된 잠재력에 초점을 둔 기존의 심리학에서 벗어나 개인의 장점까지 볼 수 있는 새로운 응용 심리학적 모델입니다. 긍정심리학에서는 모든 사람이 자신이 직면한 어려움에도 살아남고 성장할 수 있는 회복력을 가지고 있다고 보고, 이러한 회복력과 개인의 장점, 낙관주의, 긍정적인 가치관을 촉진할 수 있는 환경조성 등을 강조합니다. 긍정심리학의 목표는 최악의 사태들을 해결하는 데 골몰하던 것에서 벗어나 사람의 긍정적인 특성들을 개발하고 향상시키는 방향의 변화를 촉진하는 것입니다. 즉, 위기에 처한 사람의 장점과 잠재력에 초점을 두고 이러한 것들을 찾아내고 확대시키고 긍정적인 가치관을 가지도록 함으로써 문제와 위기를 극복하고 예방할 수 있다고 봅니다. 문제를 제거하는 것, 그 자체로는 건강한 사람을 만들 수 없습니다. 건강한 삶을 위해서는 긍정적인 경험을 할 수 있도록 기회를 제공해 주어야 합니다.

긍정적인 감정을 많이 느낀 경우 부정적인 감정으로 인해 나타날 수 있는 신체적, 정신적 손상을 감소시킬 수 있을 뿐만 아니라 미래에 긍정적인 느낌을 가질 가능성도 높아집니다. 위험 요소를 없애주는 것만으로는 부족합니다. 긍정적인 자극을 돕는 환경과 놀 수 있는 기회, 관계를 형성할 수 있는 기회, 어려움을 이겨낼 수 있는 기회 등의 긍정적인 경험을 제공하는 것이 중요합니다. 그러므로 아동이 가진 장점을 이해하고 이를 활용함으로써 어릴 때부터 긍정적인 정서를 가질 수 있는 다양한 경험을 할수록 건강하고 긍정적인 삶을 누릴 수 있을 것으로 가정할 수 있습니다.

단순히 틀린 것, 문제가 되는 것을 고치는 것이 아니라 옳은 것을 형성해 나가는 것이 중요합니다. 부정적인 정서나 문제가 감소되는 것이 자동적으로 긍정적인 정서나 심리적인 안녕으로 귀결되지는 않습니다. 즉, 장점을 개발하고 긍정적인 특성을 강화하고 아직 드러나지 않은 긍정적인 측면들을 찾아서 이를 활용함으로써 행복 등의 긍정적인 정서를 경험할 수 있는 다양한 기회를 많이 제공할 수 있어야 합니다.

높은 수준의 낙관주의를 강조하면서 긍정적인 관점이 개인의 자아상을 향상시키는 데 큰 역할을 하고, 자신이 가치 있다는 것을 느끼면 긍정적인 경험을 하게 될 가능성이 높습니다. 전문가가 문제를 나타내는 사람을 낙관적인 시선으로 바라보는 것이 이들이 자신에 대한 낙관적인 관점을 갖도록 하는 데 도움을 줄 수 있습니다. 자신의 능력과 가능성에 대한 긍정적인 인식이 이전의 성공이나 실패보다 성취를 더 잘 예언할 수 있다는 점을 미루어 볼 때, 교사나 부모가 아동을 '문제가 있는 존재, 무능한 존재, 가능성이 없는 존재'라고 생각하는 것보다 성공을 위한 잠재력과 재능, 능력을 가진 존재로 바라볼 때 미래의 성공 가능성은 더욱 높아질 것입니다.

긍정심리학은 긍정적인 언어를 사용하며, 환경을 강조한다는 특징이 있습니다. 장점 지향적인 언어를 사용하는 것은 교사와 아동 모두가 긍정적이고 낙관적인 사고를 하도록 하기 때문에 중재의 효과를 높일 수 있습니다.

다음으로 가드너Gardner의 다중지능이론입니다. 지능은 유전적인 요인이나 출생과 관련된 뇌손상이나 장애, 개인의 생활사, 문화와 역사적 배경에 따라 달라질 수 있습니다. 이처럼 지능은 고정, 불변하는 것이 아니라 경험이나 환경에 의해 변화 가능하다는 점은 시사하는 바가 큽니다. 어떤 환경에서 어떤 경험을 하느냐에 따라 지능이 다르게 개발될 수 있다고 보기 때문에, 가급적 빨리 개개 아동의 장점 지능과 잠재되어 있는 지능을 파악하고, 이를 개발할 수 있는 풍부한 교육적 환경을 제공한다면 장애 아동도 장점 지능을 포함한 다른 지능도 개발될 수 있습니다. 다중지능이론의 관점에서 볼 때, 장애 아동은 비록 언어나 논리-수학 지능 등의 전통적인 지능에서는 어려움을 보이더라도, 음악이나 신체-운동 지능 등의 다른 지능 영역에서는 뛰어난 능력을 보이거나 개발 가능한 잠재력이 있는 지능 영역이 있습니다.

이러한 지능들은 교육적, 문화적인 경험과 지원에 의해 장래성 있게 발전할 수 있습니다. 각각의 장점 지능을 활용할 수 있는 교재를 배치하는 방법과 여러 가지 지능을 증진시킬 수 있는 다양한 게임과 활동을 개발하는 방법 등을 통해서 아동들의 장점 지능을 신장시키는 학습이 이루어질 수 있습니다. 다중지능이론은 아동의 결함보다는 장점을 중심으로 이해하고자 하는 관점으로의 전환과 개인의 장점과 잠재력을 이끌어 낼 수 있는 이론이기 때문에 장애 아동의 교육에 새로운 방법으로 접근할 수 있습니다. 많은 연구들이 다중지능을 특수 교육 현장에 적용할 수 있다는 가능성을 제기하면서 다양한 적용 방안과 예상되는 효과를 제시하고 있습니다.

1980년대를 전후하여 대두된, 좀 더 인간적이며 다양성을 존중하려는 노력 중 하나가 '해결 중심 상담'입니다. 미국 위스콘신 주 안의 도시 밀워키의 단기 치료 센터의 베르그Berg와 드 세이저De Shazer 등에 의해 개발된 비병리적인 접근 방법입니다. 해결 중심 접근은 문제를 다룰 때 과거의 성공적인 해결 경험, 문제의 예외 상황 등에 일차적인 초점을 두기 때문에 결함이나 장애보다는 건강함과 장점, 자원, 능력을 더욱 강조합니다. 사람의 부족한 점보다는 가지고 있는 것, 단점보다는 장점을, 못하는 것보다는 잘 할 수 있는 것에 관심을 두고 있습니다. 문제의 근본 원인에 대한 탐색은 문제를 더 지속시키거나 심화시키는 결과를 초래하기 때문에 문제를 제쳐두고 처음부터 해결 방안을 찾아가는 것부터 시작합니다. 사람들이 어떤 것을 볼 때, 자신들의 마음속에 있는 것, 자신이 찾고자 하는 것을 더 쉽게 보는 영향이 있기 때문에 장점과 능력, 할 수 있는 것을 찾고자 하는 자세는 매우 중요합니다. 부러진 것, 없는 것, 부족한 것, 할 수 없는 것, 실패했던 것 등의 결핍언어를 사용하는 것이 정신병리학의 큰 단점으로 보는 해결 중심 상담에서는 사람을 새롭게 해 줄 수 있는 강화언어의 중요성을 강조합니다.

언어는 큰 힘이 있기 때문에 말을 하는 사람과 듣는 사람 모두에게 긍정적인 영향을 미칠 수 있는 긍정적인 언어의 사용은 매우 중요합니다. 학업 성취와 긍정적인 목표 성취, 학습 전략을 넓히는 데 긍정적인 영향을 미칠 수 있는 긍정적인 언어를 사용하는 것은 교육 환경에 영향력이 매우 클 것입니다.

해결 중심 상담에서는 문제에 대해 성공이었던 과거의 경험에 일차적인 초점을 두고 있으며, 원하는 목표를 이루기 위해서 이미 가지고 있는 기술이나 지식, 믿음, 동기, 행동, 사회 관계망 등에서의 장점을 파악하여 활용합니다. 여기서는 모든 사람을 장점, 성장하고 발전할 수 있는 잠재력과 자원을 가지고 있는 존재로 보고 과거에 성공했던 해결 방안을 통해 문제 중심적 사고에서 벗어나 좀 더 바람직하고 성공적인 행동을 할 수 있도록 합니다. 즉, 장점이나 자원을 계속적으로 찾아내서 이것은 인정하고 칭찬하고 예외적인 것을 근거로 새로운 해결 방안을 모색하는 것에 초점을 둡니다. 자신을 성공할 수 있는 능력을 가진 존재로 바라보는 긍정적인 시각이 생기고, 이러한 긍정적인 시각은 긍정적인 행동을 이끌 수 있는 원동력이 됩니다. 모든 사람은 장점, 성장하고 발전할 수 있는 잠재력과 자원을 가지고 있다고 보고, 과거의 성공적이었던 해결 방안에 관하여 생각하도록 함으로써 문제 중심적 사고에서 벗어나도록 합니다. 성공적이었던 해결 방안에 초점을 두게 되면, 이미 가지고 있는 자신의 능력, 지식, 기술, 장점을 탐색하고 발견하여 인식하게 되고, 동기가 증대되고 능력이 향상됩니다. 이처럼 해결에 초점을 둔 접근법은 성장가능성이 크게 열려있는 학령기 아동의 장점이나 능력, 가능성을 찾아 긍정적인 언어를 통해 희망을 갖도록 함으로써 낮은 자아 존중감이나 학습된 무기력을 겪고 있는 장애 아동을 변화시킬 수 있는 좋은 접근 방법입니다.

이러한 이론을 특수 교육학으로 활용하는 장점 중심 특수 교육에서는 문제를 보이는 사람과 그가 속한 환경, 현재 처한 상황 등을 다르게 보는 시각에서부터 출발해야 한다고 봅니다. 즉, 문제와 문제의 원인데 초점을 두던 시각에서 벗어나 장점과 가능성을 중요하게 생각하는 시각의 변화를 강조합니다. 모든 개인과 집단, 지역사회에 여러 장점이 있고 이러한 장점이 삶의 질을 향상시키는 원동력이 되기 때문에, 이러한 장점과 사람들이 생각하는 삶의 방향을 존중해 주어야 합니다. 이를 위해서 끊임없이 장점을 강조하고 부각시킴으로써 동기를 키워 나가야 합니다. 장점 관점은 모든 사람과 그를 둘러싼 환경에는 장점과 자원이 있으며, 이러한 장점을 발견하고 부각시킴으로써 삶의 질을 향상시키도록 동기 부여할 수 있는 관점으로의 전환을 한다고 봅니다.

장점 관점에서는 장점과 손상은 같은 연속체의 양 극단에 위치하고 있는 것이 아니라 분리되어 구성된 것으로 봅니다. 이것은 아무리 장애가 심하다고 하더라도 장점을 가지고 있으며, 경우에 따라서는 평균에 가깝거나 평균을 월등히 넘어서는 장점을 보일 수 있다는 것을 의미합니다. 이처럼 문제보다는 장점에 초점을 두는 것은 장애 아동을 다른 시각으로 볼 수 있는 계기가 됩니다. 없는 것을 증가시킬 수 있고, 다른 재능이나 능력을 개발할 수 있는 수단이 됩니다. 장점 관점에서는 사람이 자신의 어려운 상황을 해결하기 위한 장점과 잠재력을 가지고 있을 뿐만 아니라, 장점에 초점을 둠으로써 이러한 장점을 증가시킬 수 있다고 봅니다. 능력과 흥미, 과거의 성취 경험, 생존기술과 능력, 상호작용 기술, 지식, 유머감각 등과 함께 영성과 믿음, 희망과 꿈 등도 훌륭한 장점이 될 수 있습니다. 이러한 개인의 내적인 요소 이외에도 개인이 속한 환경도 큰 자원이자 장점이 될 수 있으며, 환경적인 자원들로는 친구나 가족 등의 인적 환경과 물리적인 환경도 포함될 수 있습니다.

일상생활 속에서 누구나 경험할 수 있고, 수행하고 있는 것들을 장점으로 인식하고, 이러한 장점들에 새로운 의미를 부여하여 성장과 변화를 촉진하기 위해 활용할 수 있어야 합니다. 이는 문제의 초점이 아동이 아니라 환경에 있다고 보기 때문에, 문제행동을 보이는 아동을 고치려던 시각에서 벗어나 교사나 부모가 바뀌어야 하고 아동에게 제공하는 환경이 바뀌어져야 한다고 봅니다. 그러므로 환경은 고도의 회복력과 뇌의 가소성의 기본적인 윤활제 역할을 할 수 있기 때문에 아동의 장점과 가정이나 학교 등의 환경 분석을 통해 자원을 파악하는 것을 중재의 기본으로 합니다. 환경의 중요성을 인식하고 특정일과나 활동, 사람, 음식, 장난감 등의 선호도와 같이 환경의 자원을 파악하는 것이 중요합니다. 개인의 장점뿐만 아니라 환경에 대한 장점까지도 모두 찾아내는 것을 중재의 시작점으로 보고 있습니다. 또한 긍정적인 언어의 사용을 강조합니다. 긍정적인 장점 중심의 언어는 왜곡하고 제한하며 억제하는 병리적인 언어가 아닌, 가능성에 초점을 두고 희망적이며 긍정적입니다. 긍정적인 언어의 힘을 믿고 아동에게 희망을 줄 수 있고 가능성을 믿으며 긍정적인 자기 충족적 예언을 할 수 있도록 하는 것이 중요합니다.

모든 사람이 나름대로의 장점과 잠재력을 지니고 있으며, 그들의 삶에는 문제만이 아니라 장점과 가능성, 환경적인 자원 등도 있기 때문에, 이것들을 활용함으로써 문제를 극복할 수 있다고 봅니다. 교육 환경에서도 가능성에 초점을 두고 아동과 그의 환경, 현재의 상태에 대해 보는 긍정적인 시각을 갖추는 것이 매우 중요합니다. 이러한 시각은 교사가 장애 아동을 보는 눈과 태도를 바꿀 수 있고, 이러한 변화는 장애 아동이 학교 환경에서 성공할 가능성을 높여줄 수 있습니다. 긍정적인 시각으로 장점과 가능성을 파악하고 이것을 지지하는 방식으로 이루어지는 지원은 현재의 문제 상황에 초점을 두지 않고 행복한 삶을 누를 수 있도록 할 수 있습니다.

가족 지원도 중요합니다. 모든 가족은 자신의 필요를 충족시키고 목적을 달성하고 가족의 웰빙을 위해 사용할 수 있는 장점을 가지고 있다고 믿습니다. 그러므로 장애 아동의 웰빙뿐만 아니라 장애 아동 가족 구성원들의 웰빙을 위해서도 장점을 활용하도록 강조하고 있습니다. 가족은 아동에게 있어 가장 중요하고 지속적인 유용한 자원이며, 아동의 장점과 필요, 선호도 등에 대해 가장 잘 알고 있는 사람입니다. 가족의 맥락과 그 맥락 속의 경험은 아동의 발달에 매우 결정적입니다. 그러므로 효과적인 사정과 중재를 위해서는 가족이 중재의 시작 단계에서부터 의미 있는 방법으로 참여해야 할 필요가 있습니다.

긍정적 행동지원도 필요합니다. 여기서는 아동이 가지고 있는 선호도, 흥미 영역에 대한 파악을 중요시합니다. 아동이 정말 좋아하는 음식이나 간식, 활동, 주변 사람, 장난감이나 물건 등과 자신에 대해 가장 자랑스럽게 여기는 것에 대한 정보를 모으고 교사를 위한 기능평가 체크리스트에서 최소한 3가지 이상의 장점이나 학교에 기여하는 바를 쓰도록 하고 있습니다.

이상의 이론들을 정리하면 다음과 같습니다. 첫째, 인간 문제의 해결을 위한 접근법으로서 단점 중심의 접근에는 한계가 있습니다. 긍정심리학에서는 사람의 문제나 단점, 제한된 잠재력에 초점을 두는 것은 주변 사람들의 기대치를 낮출 수 있는 문제점이 있음을 지적하고 있으며, 해결 중심 상담에서는 문제의 근본 원인에 대한 탐색에 초점을 두는 것은 문제를 더 지속시키거나 심화시키는 결과를 초래할 뿐이라고 언급하고 있습니다. 긍정적 행동 자원은 장애 아동의 문제행동 자체에만 초점을 두었던 기존의 행동 수정 전략을 비판하면서 대두되었습니다. 이들 연구에서 탐색한 대부분의 관련 문헌들에서는 인간 문제이 해결을 위해 단점에 초점을 두고 접근하는 것이 사람의 부정적 측면을 강조하게 되고, 이로 인해 문제 이외에도 가지고 있는 사람의 다양한 잠재력, 자원,

가능성을 지나치게 되는 제한적인 접근법임을 밝히고 있습니다.

둘째, 인간 문제의 해결을 위해서는 문제나 결점보다는 장점에 초점을 두는 긍정적인 관점을 가져야 합니다. 긍정심리학에서는 모든 사람이 자신이 직면한 어려움에도 살아남고 성장할 수 있는 회복력을 가지고 있다고 보고, 이러한 긍정적인 관점이 개인의 자아상을 향상시키는 데 큰 역할을 하고, 자신이 가치 있다는 것을 느끼면 긍정적인 경험을 하게 될 가능성이 높아진다고 하였습니다. 다중지능이론에서는 장점 지능을 활용함으로써 장점 지능을 더욱 강화시킬 수 있을 뿐만 아니라 약점 지능을 보완할 수 있다고 보았습니다. 해결 중심 상담에서는 문제를 해결할 수 있는 힘이 이미 개인의 과거 경험 속에 존재하고 있으므로 과거의 성공적이었던 해결 경험이나 문제가 되지 않았던 예외 상황에 초점을 두고 이를 활용해야 함을 강조합니다. 장점 관점에서는 이미 존재하며 나타나고 있는 긍정적인 능력에 초점을 두는 것이 성장을 증가시킬 수 있고 또 다른 재능이나 능력을 개발할 수 있는 수단이 된다고 보았습니다. 이러한 내용을 종합해 보면, 장점은 인간 문제의 해결을 위한 원동력이며 장점에 초점을 두는 긍정적인 관점을 가질 때 장점을 더욱 강화시킬 수 있을 뿐만 아니라 단점을 보완할 수도 있게 됩니다.

셋째, 모든 사람은 다양한 장점을 지니고 있습니다. 다중지능이론에서는 기존에 지능이라고 일컬어진 언어 논리적 지능 이외에도 사람은 다양한 지적 능력을 지닌 존재이며, 적절한 자극이나 교육을 통해 각각의 지능들을 적절한 수준까지 발달시킬 수 있다고 봅니다. 개인의 흥미, 과거의 성취 경험, 희망과 꿈 등과 같이 일반적으로 장점이라고 생각하지 않고 있었던 것들도 훌륭한 장점이 될 수 있다고 보았습니다. 이렇게 장점을 활용하고자 하는 여러 연구들에서는 그동안 장점으로 생각하지 않았던 것들까지도 새로운 의미를 부여함으로써 모든 사람이 다양한 장점을 지니고 있음을 밝혀주고 있습니다.

넷째, 사람이 지닌 장점은 개인 내부에 있는 것만이 아니라 환경까지도 포함된다는 개인 내적인 요소 외에도 개인이 속한 환경도 큰 자원이자 장점이 될 수 있으며, 환경적인 자원들로는 친구나 가족 등의 인적환경과 물리적인 환경도 포함될 수 있습니다. 긍정심리학에서도 역시 아동이 가진 장점과 환경이 가진 장점을 활용하여 긍정적이고 즐거운 경험을 많이 하도록 해 주는 것이 건강한 삶을 누리는 데에 도움이 될 수 있습니다. 가족지원에서는 모든 가족은 아동의 장점과 필요, 선호도 등에 대해 가장 잘 알고 있는 사람이기 때문에 아동에게 있어 가장 중요하고 지속적인 유용한 자원이라고 보았습니다.

다섯째, 중재나 교육은 장점을 찾는 것에서 시작되어야 합니다. 이를 초기 단계에서 이루어져야 하는 일임을 밝히고 있습니다. 장점 관점에서는 아동이 성공하고 있을 때 어떤 일이 일어나는지를 파악하여 행동을 성공적으로 만드는 선행적이고 맥락적인 요소와 가장 좋은 상황, 예외 상황에 대한 탐색을 통해 이러한 상황이 반복해서 나타나도록 하는 방법을 사용하기 때문에 바람직한 행동과 태도와 가치를 관찰하려고 노력하고 이러한 것을 발견하는 일이 효과적인 방법임을 밝히고 있습니다. 가족 지원에서는 가족의 맥락과 그 맥락 속에서 경험이 아동의 발달에 매우 결정적이기 때문에 효과적인 사정과 중재를 위해서는 가족이 시작 단계에서부터 의미 있는 방법으로 참여해야 할 필요가 있다고 보았습니다. 긍정적 행동지원에서는 교사를 위한 기능평가 체크리스트에서 아동의 장점이나 학교에 기여하는 바를 쓰도록 하여, 아동의 선호도나 흥미, 현재 할 수 있는 행동이나 기술 등의 장점을 파악하고 이를 중재의 자원으로 활용하고자 하였습니다. 중재나 교육이 장점을 찾는 일로부터 시작된다면, 아동을 긍정적인 시각으로 바라보게 되고 이러한 긍정적인 시각은 긍정적인 행동을 이끌 수 있는 원동력이 될 수 있을 것입니다.

여섯째, 능력을 발휘할 수 있는 기회를 제공하여 긍정적인 경험을 갖도록 하는 환경을 조성하는 것이 중요합니다. 장점 관점에서는 문제의 초점이 아동이 아니라 환경에 있다고 보기 때문에 문제를 보이는 아동을 고치려던 시각에서 벗어나 교사나 부모가 바뀌어야 하고 아동에게 제공하는 환경이 바뀌어져야 한다고 보았습니다. 다중지능이론에서도 여러 가지 지능은 고정·불변하는 것이 아니라 경험이나 환경에 의해 변화 가능하다고 보았습니다. 긍정심리학에서도 문제를 제기하는 것 그 자체로는 자동적으로 건강한 사람을 만들 수 없기 때문에 건강한 삶을 위해서는 긍정적인 경험을 할 수 있도록 기회를 제공해야 함을 강조하였습니다. 또한 가족지원에서도 가족이나 가족 구성원이 능력을 드러내지 못하는 것은 결점의 표시가 아니라 능력을 보여 줄 기회가 없었기 때문이라고 봄으로써, 가족이 가지고 있는 장점과 능력을 발휘할 수 있는 기회를 제공함으로써 긍정적인 경험을 하게 하는 환경을 조성하는 것이 무엇보다도 중요함을 밝히고 있습니다.

일곱째, 장점을 신장시키기 위해서는 다양한 긍정적인 전략을 활용해야 합니다. 다중지능이론에서는 장점지능에 초점을 맞추고, 학습자의 학습유형이나 성향을 고려한 실천 전략을 구체적으로 제시하는 것이 매우 중요하다고 보았습니다. 긍정심리학에서는 장점지향적인 긍정적인 언어를 사용하는 것이 교사와 학생 모두가 긍정적이고 낙관적인 사고를 하도록 하기 때문에 중재의 효과를 높일 수 있다고 보았고, 해결 중심의 효과를 높일 수 있다고 보았습니다.

청각 장애 학생도 행복한 교육을 꿈꾸며

해마다 4월이면 장애인의 날(매년 4월 20일)을 맞아, 장애 인식 교육을 하라는 공문이 옵니다.※ 이 공문에 따라 특수 교육을 담당하는 저는 전교생에게 잘 모르면서 장애 인식 교육을 해 왔습니다. 그동안 저는 장애인의 장애 유형을 이해하여 이를 돕자는 취지로 장애의 유형과 장애 발생 이유 등을 정리한 자료를 제공하였습니다. 그리고 장애 체험을 학생들에게 시켜 보았습니다. 그러면서 이것밖에 없는 건가 하는 아쉬움이 들곤 하였습니다. 그런데 요즘 특수 교육을 제대로 공부하기 시작하면서 제가 참 어리석었음을 알게 되었습니다. 이런 교육은 '안 함'만 못

※ 장애인에 대한 용어로 특수 교육계에서는 장애인과 대비되는 말로 일반인이라는 말은 장애인이 일반인이지 않고 부족한 존재로 인식되니 바람직하지 않다고 봅니다. 그에 따라 장애인에 대비되는 말은 비장애인일 수 있습니다. 이는 장애인을 먼저 생각하는 말입니다. 최근에는 장애인을 '반건강인'이라고 하기도 합니다. 그러니 비장애인은 '건강인'일 것입니다. 이는 장애인을 배려하는 것에서 더 나아가 누구나 나이가 들거나 질병으로 불편한 신체나 정신이 있을 수 있기에 장애라는 용어를 없애자는 취지에서 나온 말입니다. 반건강인은 고령화로 잦은 질병에 시달리는 노년층이나 장애판정은 아니지만 몸이 아픈 이들도 해당되는 용어입니다. 이렇듯 장애에 대한 용어가 명확하게 정리되지 않은 게 현실입니다. 이 글에서는 통상 장애인으로 통일하고자 합니다.

한 그야말로 의욕은 앞서나 오히려 해가 되는 비전문가의 교육이었습니다. 최근 강조되는 심리학 이론인 긍정심리학의 비판처럼 장애를 불편, 부족으로 규정하고 이를 불쌍히 여기는 마음으로 접근한다면 우리는 한없이 돕고 이들은 한없이 받아들이는 것으로 인식될 뿐입니다. 이것은 바람직하지 않습니다. 먼저 장애 인식 교육은 비장애인을 교육 대상으로 하여 제대로 교육해야 합니다.

사람들은 지렁이를 참 싫어합니다. 싫은 이유는 간단합니다. 너무 이상하게 생겼기 때문입니다. 하지만 지렁이는 땅을 정화하는 일을 합니다. 우리 인간에게 없어서는 안 될 생명체입니다. 그런데도 우리는 지렁이를 싫어합니다. 깨끗한 생명체임을 알고 있으면서도 흙에서 지렁이를 보면 화들짝 놀라기부터 합니다. 장애인은 지렁이와 같습니다. 장애인도 지렁이처럼 인간 세상에 이로움을 주는 생명체인지는 잘 모르겠지만, 하나님이 허락하시어 세상에 보낸 생명체이기에 소중한 존재임에 틀림없습니다. 생긴 모습들은 지렁이처럼 이상하지만, 그래도 이 세상에서 잘 살고 하나님 나라로 오라는 특명을 받고 세상에 파견된 하나님의 선택받은 사람들입니다. 어차피 하나님의 뜻을 이루고자 다 살아내야 끝날 인생이라면, 이 땅에서도 보람차고 아름답게 살고 싶습니다. 장애인도 고귀하고 아름다운 생명입니다.

청각 장애에 대한 인권적 개념과 같은 좀 더 전문적인 이해 교육뿐만 아니라 장애를 불편이나 부족이 아니라 다른 영역의 잘함, 새로운 방식의 장점 살리기를 인식시키는 긍정성을 드러내야 합니다. 이를 통해서 특수 교육 대상 학생을 특별한 외계인 취급이나 비문명인 취급의 부족한 사람으로 의식하는 편견과 비인간적인 의식을 타파하는 게 우선 과제입니다. 그리고 한 걸음 더 나아가서 부족함이 아니라 또 다른 강점이 있음을 인정하고 바라봐 주는 교육적 풍토가 중요합니다.

모두가 행복한 학교를 위한 특수 교육 대상 학생이 원하는 교육, 교수 학습 환경은 무엇일까요? 학교 공동체 안에 들어온 특수 교육 대상 학생들은 관심 밖에 있는 사람들인 것을 종종 느끼게 됩니다. 실제로 제가 재직하는 학교에서 2년 전 청각 장애 3급인 학생이 학교 부적응으로 다른 중학교로 전학을 가고 말았던 뼈아픈 기억이 납니다. 명색이 기독교학교라는데 청각 장애 학생에 대한 배려와 이해와 공감이 부족하여 스스로 떠나게 한 것입니다. 이 일로 지금까지도 저의 마음은 무겁습니다. 좀 더 이해하고 좀 더 공감하고 이 학생과 건청◉ 학생들이 함께하도록 해 줄 수는 없었을까 하는 아쉬움이 큽니다. 이는 일반학교에서 청각 장애 학생이 교육 활동에서 자유로운 커뮤니케이션이 이루어지지 못해서, 또한 편견에서 오는 소외감 때문이라고 볼 수 있습니다. 청각 장애는 듣는 기능을 상실한 것을 말하는데, 이것은 신체적 장애로 분류되기는 하지만 실제로는 그 장애 요소가 커뮤니케이션 영역에 큰 영향을 미칩니다. 의사소통을 원활하게 하는 도구로 언어가 사용되는데 듣는 기능을 상실한 청각장애인에게 있어서 언어 습득이 음성어로부터의 격리로 인하여 학습하는 데 어려움을 겪게 됩니다.

이들의 장애를 낮은 것으로 여겨 이들의 학습 역량까지 낮게 보는 것은 이들의 역량을 위축시키는 것으로 이러한 편견은 반드시 타파해 나가야 합니다. 부족한 청각을 치료의 대상으로 하여 고치려고 하는 방식이 아니라 그것을 있는 모습 그대로 받아들이고 그것보단 다른 방식의 긍정적인 측면에서 다양한 매체를 활용하는 방식으로 대체능력을 신장

◉ 청각 장애가 없는 건강한 청각 기능이 원활한 사람을 말합니다.

하는 방안을 찾게 해 나가는 교육이 중요합니다. 이를 위해서는 교사 중심의 청각 장애 교육이 아니라 이들의 입장에서 이들의 강점을 부각시켜 나가는 방향에서 교수 학습 방법을 계발하고 공유하는 것이 좋습니다. 사람은 자신의 약점을 감추고 싶어 하고 강점을 드러내고 싶어 하는 경향이 강합니다. 청각 장애를 개선해야 하는 것으로 자꾸 드러내어 상처나 약점을 각인시키기보다는 청각 장애임을 잊게 하는 강점을 부각하는 것이 더 효과적일 것입니다. 이에는 교육 시스템의 개선과 다양한 매체의 활용도 필요합니다. 공감을 위한 관심과 경청의 자세로 이들의 이야기에 귀 기울이고 이들의 장점을 살려 나가도록 지지해 주고 이들과 함께하려는 노력이 필요합니다.

교사와 학생의 1:1의 만남과 사귐이 중요합니다. 교사가 청각 장애 학생을 이해할 수는 없습니다. 청각 장애 학생을 자신의 생각으로 이해시키려고 한다면 오히려 부담을 주고 잘못된 길을 제시할 수도 있습니다. 청각 장애 학생을 만나면 먼저 그의 입장을 들어보는 게 중요합니다. 진정한 이해는 만남에서부터 시작됩니다. 그리고 진심으로 그 가능성을 믿고 긍정해 주고 주어진 상황, 신체 조건에서 가능한 방법을 찾아나가는 자세가 중요합니다. 어설픈 치료라는 용어나 장애 극복이라는 것이 아니라 장애를 인정하고 그 장애를 부정하는 방식이 아니라 장애를 그대로 인정하면서 다른 방식을 찾아 나가도록 하는 자기긍정과 창의성을 부여하는 게 중요합니다. 이런 발상의 전환을 교육 현장에서 인식시켜 주는 게 진정한 행복교육일 것입니다.

어느 교사의 방법은 인상적입니다. 진지함과 친절함이 묻어납니다. "가능한 한 자연스럽게 이야기하도록 애쓰고 제스처도 자연스럽게 하되 얼굴을 마주 보며 말하도록 합니다. 그리고 말을 할 때는 꼭 완전한 문장으로 말해 줍니다. 알아듣지 못했을 때에도 한두 단어만 말하지 않고 전체 문장을 다시 반복하거나 바꾸어 말해 줍니다. 과제물을 말할 때는 꼭 칠판에 적어줍니다." 이는 청각 장애 학생의 입장을 이해하고 주의 집중하는 관심입니다. 이러한 교사의 주의 깊은 관심은 청각 장애 학생에게 사랑으로 존중으로 받아들여질 것입니다. 그러나 조심스러운 점은 자칫 통합 학습 과정에서 청각 장애 학생에게 주의 집중함이 건청 학생들에게 어떻게 받아들여질지를 고려해야 합니다. 교실 현장은 교사만이 아니라 건청 학생들의 역할도 중요합니다. 왜냐하면 이들의 사랑과 격려와 함께함이 교사의 노력 못지않게 중요하기 때문입니다.

현재 저는 학교 내의 지적 장애* 학생 3명을 돕는 또래 상담 학생들의 결연으로 효과를 보고 있습니다. 또래 상담 결연 학생들을 교육하고 이들의 활동에 격려와 시상으로 지지하니 반응이 좋습니다. 교과 시간 이외에는 학생들을 접하기 어려운 한계를 보완하기 위해서는 담임교사와 건청 학생들의 협력이 매우 중요합니다. 청각 장애 학생에게 필요한 교수 학습 환경으로, 좌석은 소음에서 멀고 교육 활동이 진행되는 곳과 가까워야 합니다. 학생은 교사를 정면으로 바라볼 수 있도록 배치되어야 합니다. 교실 안팎의 소음은 가능한 줄여야 합니다. 수업 시 학생을 위한 시각적 자료를 부가적으로 제시해 주는 것이 좋습니다. 독화나 보청기를 통한 청음을 도울 수 있도록 주변 환경과 교사의 행동을 조절해야 합니다.

청각 장애 학생이 있는 경우, 이를 이해하는 교육으로 창의적 체험

---

* 정신지체라는 용어는 다소 비하하는 의미가 담겨 있기에 지적 장애로 하고자 합니다. 최근 특수 교육학계에서는 정신지체가 굳어지다보니 법령과 교과목에 정신지체가 쓰이고 있으나 지적 장애로 개정하려고 합니다.

활동 시간 등을 통해 '청각 장애 체험'의 날을 해 보는 것도 좋습니다. 비디오를 소리 없이 시청하고, 소집단으로 이뤄 몸짓만으로 토의하게 하는 등의 활동을 하면 어떨까요? 학생들이 이 활동을 지루하지 않도록 프로그램을 구조화하여 짜고 학생들의 참여를 유도해야 합니다. 이런 교육은 청각 장애만이 아니라 시각 등 기타 장애 학생의 이해를 위한 교육으로도 유익할 것입니다. 청각 장애 학생을 위한 전문성은 청각 장애 학생 오직 한 사람을 위한 주의집중과 관심이 중요합니다. 어떤 상황인지, 무엇을 잘하는 지, 원하는 지를 파악해 보아야 합니다. 그래야 맞춤형 교육이 가능합니다. 학교 현장에서 청각 장애 학생의 숫자는 소수이니 이것은 가능합니다. 특수학급 운영비나 통합학급운영비가 따로 책정되니 이를 활용하면 좋습니다.

청각 장애 학생들의 가정 환경과 주어진 신체 조건으로 살아갈 시대는 열등감에 사로잡힐 수 있습니다. 그러나 객관적으로는 외부의 힘이나 상황의 변화가 없어도 이를 스스로의 결단과 의지로 극복해 나갈 수 있습니다. 이것이 바로 자아존중감입니다. 자아존중감은 청각 장애 학생이 자신의 주어진 환경과 상황에서 부딪치는 여러 가지 경험을 지각하고, 해석하는 방법에 영향을 주며 그 결과 행동에 영향을 미칩니다. 그러므로 성장기에 나타나는 문제행동들은 청각 장애 학생의 자존감과 깊은 관련이 있습니다. 학생들이 자신을 건강하게 평가하고 잘 적응하고 성공적이고 행복한 삶을 사는 어른으로 성장하기를 바란다면 학생들의 자존감 형성에 깊은 관심을 가져야 합니다. 자존감이 높은 학생이 공부도 잘해 나갈 수 있습니다.

몇 년 전 알게 된 청각 장애 학생은 시를 참 잘 썼습니다. 세상의 잡다한 소리에 둔감하다 보니 나름대로 자신이 사는 농촌의 소소한 일상들을 주의 깊게 바라보고 그것을 글로 표현하곤 하였습니다. 글샘을 길어 올리는 역량이 건청 학생보다 상대적으로 우수하였습니다. 아마도 청각의 부족을 시각의 부지런함으로 채우고, 말을 잘 안하는 것을 글의 꾸준함으로 채워나간 듯합니다. 이를 칭찬하고 격려하니 학교 내 국어 수행평가와 교내 백일장대회 및 교육청 글짓기대회에서 우수한 성적을 낼 수 있었습니다. 이를 잘 살려주면 자존감도 높아지고 자신의 진로를 긍정적으로 탐색해 나가는 장점이 될 것 같았습니다. 그 학생이 결국 학교를 떠난 것은 그땐 제가 장애에 대한 이해가 적었고 담임 선생님과 건청 학생들도 그러하였습니다. 마치 하나의 섬처럼 덩그러니 존재하는 아픔이 결국 다른 학교로 간 것 같습니다. 청각 장애 학생을 위한 교육은 교수 학습 환경 못지않게 교실의 분위기와 학교의 모습도 중요합니다.

청각 장애 혹은 농인聾人들의 경우 건청인들 입에서 '귀머거리', '벙어리', '병신' 등과 같은 말로 거침없이 표현되어 왔습니다. 이제는 장애인에 대한 인식과 시각을 개선해 장애인들이 사회 전반에서 장애를 겪지 않고 사람답게 살아갈 수 있는 법과 제도를 구미선진국 수준 못지않게 구축해야 합니다. 이를 위해서는 장애인을 폄하하는 용어 사용을 지양하고 적절한 용어를 사용해 나가는 언어순화가 중요합니다. 이를 위한 노력에 우리의 교회들과 기독교학교들이 앞장서 나가면 좋겠습니다. 이를 위해 최근 강조되는 '오디즘Audism'이라는 말의 이해가 필요합니다.

이 말은 피부 색깔이나 성별을 가지고 차별을 하는 것처럼, 들을 수 있느냐? 들을 수 없느냐? 듣기 능력에 근거해서 차별하는 것을 말합니다. 인종차별주의Racism는 인종에 근서한, 피부 색깔에 근거한 차별을 밀하고 여성 차별은 성별에 의한 차별을 말하듯이, 오디즘은 듣기 능력에 근거하며, 청인 중심의 들을 수 있는 사람들이 듣지 못하는 사람인 농인을 억압하고 차별하는 것을 말합니다. 이 말은 라틴어로 '듣다'라는 'Audire'에 '-ism'(이즘)이 결합된 것입니다. 일련의 어떤 태도나 신념이나 행동, 실제들의 체계를 말합니다. 오디즘은 다음과 같이 정리할 수 있습니다. 오디즘은 어떤 사람을 평가할 때 들을 수 있는 사람인지 즉, 청인 혹은 청인처럼 행동하거나 들을 수 있는 능력이 있는지에 근거해서 우수함과 열등함을 평가하는 것을 말합니다. 듣는 사람은 더 우수하고, 듣지 못하는 농인은 열등하다는 생각, 신념, 그런 행동방식, 그러한 태도, 그러한 실제 생활에서의 수많은 실제들을 말합니다. 이 정의는 1977년에 험프리Humphries가 정의내린 것입니다.

또 다른 정의를 보면, 1997년에 펠카Pelka가 내린 것이 있습니다. 그는 세 가지로 보다 체계적인 정의를 내렸습니다. 첫째, 듣지 못 하는 삶, 듣는 것이 없는 삶, 들을 수 없는 삶은 굉장히 끔찍하고, 무익하고, 시시하고, 하찮고, 별 볼 일이 없는 삶이라는 신념을 의미합니다. 오디즘에서는 듣지 못하는 삶은 '미저러블Miserable 하다'고 말합니다. 미저러블이라는 말은 로브 라이너 감독의 〈미저리Misery〉(1990)라는 영화가 떠오르게 합니다. 주인공은 연기를 잘하는 여자로, 소설가를 납치해서 괴롭히고 소설 내용과 결말을 바꾸라고 괴롭히는 내용의 영화였습니다. 이 영화에서 듣지 못하는 삶, 농인들의 삶은 굉장히 끔찍하고 쓸데없고 시시하고 하찮은 삶으로 그리고 있습니다. 이런 신념이 첫째 신념입니다. 둘째, 듣지 못한다는 것은 비극이고 인류에게 내려진 또는 한 개인에게 내려진 천벌, 재앙이라는 것입니다. 죄를 지어서 벌을 받고 있는 것이라는 것입니다. 실제로 많은 청각 장애아를 두신 부모님이나 청각장애인들이 생각하기를 내가 또는 우리 아이가 무슨 죄를 졌기에 청력손실이 발생했는지에 대해서 기도와 탄식, 원망을 많이 하시기도 하십니다. 실제로 성경에도 그런 표현들이 있어서 종교인들 중에도 많이들 잘못된 신념을 갖고 있고. 불교에서도 청각장애인을 포함한 많은 장애인들의 장애를 인과응보에 의해서, 전생에 잘못을 저질렀기 때문에 현생에서 벌을 받고 있는 것이라고 설명하는 경우가 많습니다. 셋째, 청각장애인들은 악착같이 죽어라고 노력을 해야 합니다. 가능한 한 건청인처럼 되기 위해서 악착같이 목숨 걸고 노력해야 합니다. 이게 셋째 신념입니다. 청각장애인들이 더 나은 존재가 되고, 행복해지기 위해 청각장애인들이 해야 하는 가장 중요한 일은 건청인처럼 살고 건청인 비슷하게 되어야 한다는 것입니다. 그게 가능한지 모르겠지만. 영어에서 'Struggle'이라는 말은 노력하는 정도가 어느 정도냐 하면 뒤에서 사자나 호랑이가 뒤쫓아서 나를 잡아먹으려고 달려올 때 죽어라고 달리는 상태를 말하는 표현입니다. 목숨 걸고, 여기서 잘못해서 넘어지거나 천천히 달리면 호랑이나 사자한테 잡아먹힌다고 해서 달리는 상태를 말합니다.

하이디 리드Heidi Reed와 하르트무트 토이버Hartmut Teuber는 청각 장애 운동가입니다. 청각장애인을 위해서 일하는 'D.E.A.F Inc'라고 하는 회사가 있습니다. 이 회사는 보스턴에 있는 청각장애인 공동체를 대상으로 하는 서비스 지원 및 지지모임으로 압력단체이기도 합니다. 이들 두 사람은 오디즘을 에이블이즘Ableism의 아주 특별한 경우로 봅니다. 에이블이즘은 장애인 차별주의를 말합니다. 신체 능력에 근거한 차별을 말합니다.

"나는 걸을 수 있는데 너는 못 걷네."

"나는 볼 수 있는데 너는 못 보네."

"나는 책상을 들어서 옮길 수 있는데 너는 못하네."

이런 식으로 신체 능력에 근거한 차별을 에이블이즘이라고 말합니다.

이러한 에이블이즘 중에 듣기 중심으로 한 케이스가 '오디즘'입니다. 듣기 능력에 근거한 차별주의자들, 그게 건청인이든 농인이든 건청인만 있는 것은 아닙니다. 청각장애인 중에도 'Audist'가 있습니다. 듣기 능력에 근거해서 듣지 못하는 다른 청각장애인을 차별하는 청각장애인들입니다. 이들은 청각장애인 문화와 수화 사용을 멀리하고, 본인도 그렇지만 주변 사람들도 농문화나 수화의 사용을 허락하지 않거나 사용하지 않습니다. 리드와 토이버는 청각장애인들에게 강제로 잔존 청력과 음성언어와 독화를 사용하도록 억압하는 것도 오디즘으로 보았습니다.

정리하면, 오디즘은 세 가지 신념이 있습니다. 듣지 못하는 것은 끔찍한 것, 청력 손실은 신이 인간에게 내린 처벌이며 비극, 청각장애인들은 건청인과 비슷해지려고 끊임없이 노력해야 한다는 것입니다. 유능함과 무능함에 근거하고 신체 능력에 근거한 장애인 차별의 특별한 경우이며, 듣기 능력에 근거한 차별주의자들은 그것이 청각장애인이든 건청인이든, 이들이 강조하는 것은 청각장애인들이 반드시 잔존 청력을 활용해서 보청기를 착용하고 독화를 해야 한다는 강한 강박관념에 사로잡혀 있는 사람들을 말합니다. 이런 사람들이 많습니다.

1995년에 발표된 험프리Humphrey와 알콘Alcorn의 정의를 보겠습니다. 이들은 어떠한 '태도'에 초점을 둡니다. 이는 병리학적인 사고Pathological Thinking에 근거한 태도입니다. 이 병리학적인 사고의 특징을 보면, 듣지 못하는 사람들에 대해서 부정적인 수치심 또는 특성을 가져오게 되는 특징이 있습니다. 듣지 못하는 청각장애인들을 부정적인 존재, 수많은 무능력과 결함, 지체를 가진 존재로 바라보는 병리학적인 사고에 근거한 태도가 바로 오디즘입니다. 그래서 오디즘을 이해할 때 핵심적인 키워드가 병리학적인 관점, 병리학적인 사고입니다.

피부 색깔에 근거한 차별, 성별 차이에 의한 차별(주로 여성에 대한 차별)처럼 오디즘은 어떤 사람이 들을 수 있느냐, 말할 수 있느냐에 근거해서 한 인간을 판단하고 명명하고 억압합니다. 이 사람은 들을 수 없으니까 말을 못 하니까, 어떤 사람이고 공부는 못 할 것이다, 취업은 못 할 것이다, 이런 일은 못 할 것이다, 그거에 맞춰서 '청각장애인', '농아인', '농인'이라고 부정적 특성의 이름을 붙이고, 한 개인의 삶을 가둡니다.

벼룩은 자기의 키에 비해서 몇 십 배, 몇 백 배를 뛴다고 합니다. 벼룩을 음료수 병이나 성냥갑에 몇 시간 동안 넣어두면 몇 백 배를 뛰던 놈이 성냥갑 높이만큼 뛴다고 합니다. 그런 것처럼 청각장애인들을 듣지 못하는 사람이라고 한정하는 것입니다.

"너는 여기서만 살아야 돼."

이런 식으로 말입니다. 코끼리를 길들일 때 처음에는 쇠사슬로 묶어야 합니다. 그렇지 않으면 좁은 우리 안에 갇혀 있지 않고 주인의 말을 듣지 않습니다. 그런데 차츰 나이가 들고 어른 코끼리가 되면 쇠사슬이 아니라 심지어 고무줄로 묶어 놔도 도망가지 않는다고 합니다. 처음에는 쇠사슬도 뚫고 도망가던 어린 코끼리가 '나는 해 봐야 소용없다.'라고 생각해 버립니다. 이것을 '학습된 무력감Learned Helpless'이라고 합니다. 'Helpless'란 것은 전혀 도움을 못 받는 상황입니다.

"내가 뭘 해도 아무도 날 도와주지 않을 거야."

"결과는 바뀌지 않아."

"나는 내 삶을 통제할 수 없어."

"나는 정말 홀로 외딴 섬에서 내가 무슨 짓을 해도 정말 아무리 해도 세상은 변하지 않아."

이런 상태에서 느끼는 무력감입니다. 이 무력감은 보통 성공보다 반복된 실패의 경험을 통해 내재화됩니다. 실패만 많이 한다고 무력감이 생기는 것이 아니라, 반복된 실패에 잘못된 결과에 대한 해석이 더해질 때 생깁니다. 내가 공부도 안 하고 노력도 안 하고 시험을 보러 가지 않았다면 무력감이 생기지 않습니다. 내가 통제할 수 있는 원인이 아니라 내가 굉장히 노력했음에도 고통이나 부정적인 결과가 얻어질 것이라는 것에다 통제감 상실에 또 실패의 원인이 자기 안에 있다고, 나 때문에, 내 능력이 떨어지고 재능이 없어서 그렇다고 생각하는 것입니다. 더욱이 일상적인 원인에서 답을 찾으면 문제는 더욱 심각해집니다. 계속 그런 일이 일어날 것이라고 하는 것을 내재화하고 일반화합니다.

"너는 전문직에 종사할 수 없어. 너는 단순직밖에 근무할 수 없어. 네가 의사나 약사 같은 전문사가 될 수 있다고? 웃기지마!"

이렇게 듣기능력에 근거해서, 한 개인의 삶을 이해하고 규정하고 이름 붙이고 한계 짓기 시작하면 학습된 무력감에 빠지기 쉽습니다. 청각장애인들 중에, Deaf Activist●도 학습된 무력감 상태에 빠지게 되면 여기서 벗어나기가 어렵습니다. 마치 어른 코끼리처럼 쇠사슬에 묶여 있는 것도 아닌데, 조그만 밧줄에 묶여 있어서 자기 힘으로 끊고 도망갈 수 있는데도 도망갈 생각을 안 하게 되는 것입니다.

주먹 쥔 오른손을 머리 옆에 붙였다가 들어 올리면서 다섯 손가락을 폅니다(잊어버리다). 엄지와 중지를 동그랗게 말고 검지를 펼친 뒤 입에 갖다 댑니다(안 된다). 왼손 엄지를 오른손 새끼손가락으로 감쌉니다(꼭). 주먹을 쥔 오른손을 머리 옆에 붙입니다(기억하다). 양손을 바삐 움직이면 이런 문장이 완성됩니다.

● 적극적으로 움직이는 사람 또는 실제로 세상을 변화시키려고 움직이는 사람이라는 의미.

"잊어버리면 안 돼요. 꼭 기억하세요."

외국어 공부처럼 수화 학습도 어렵습니다. 수화 사전에 올라 있는 단어만 6,000개에 이릅니다. 실제로 청각장애인들이 쓰는 단어는 3만 8,000개 이상이라고 합니다. 지역마다 '수화 사투리'도 있습니다. 청각장애인은 원래 이름 말고도 수화로 표현하기 쉬운 짧은 이름을 따로 갖고 있습니다. 수화를 할 땐 감정을 더 잘 전달하기 위해 일부러 표정을 풍부하게 해야 합니다. 청각장애인과 함께 있을 때 입을 가리고 말하는 것은 예의가 아닙니다.

15만여 명에 달하는 청각장애인은 소통에 목이 마릅니다. 청각장애인도 은행, 경찰서, 백화점 등 비장애인이 가는 모든 곳을 다니는데 통역해 줄 사람들이 부족합니다. 2014년 기준으로 국가공인 비장애인 수화통역사는 1,245명, 청각장애인 수화통역사는 447명에 불과합니다.

언어권은 생명권과 함께 인간의 기본적인 권리로서, 언어 없이 문화는 존재할 수 없고, 언어와 문화는 민족의 단위를 형성하는 결정적 요인입니다. 이미 뉴질랜드, 핀란드 등에서는 헌법에 수어를 공식 언어로 인정하고 미국, 영국, 독일 등 40여 개 국가에서는 개별법으로 사회 전반에 수화통역을 제공하도록 보장하고 있는 데 반해 우리나라는 아직까지도 법 제정이 이루어지지 못한 실정입니다. 농인의 제1언어인 수어를 공식 언어로 인정해 수어사용자로서 겪는 차별을 해소하고 농인의 사회 참여 증진과 인권을 보장받는 데 반드시 필요한 법안입니다. 다행히 농아인의 날*을 맞아, 한국수화언어법 제정에 대한 공감대가 확산되고 있으니 그나마 다행입니다.

---

* 농아인의 날은 조선농아협회가 설립된 1946년 6월을 기념하는 것입니다. "6"과 귀의 모양을 형상화한 "3"이 결합되어 농아인의 날을 6월 3일로 제정한 것입니다.

엘살바도르의 순교자 로메로Romero 대주교는 가난한 이들, 소외된 이들과 늘 함께 했습니다. 그는 가난한 이들에게 먹을 것, 입을 것을 주는 자선 사업에 힘을 기울였습니다. 하지만 그가 가장 중요하게 여겼던 일은 자선 사업이 아니었습니다. 그는 가난한 이들이 늘 도움만 받아야 하는 무기력한 사람들이 아님을, 그리고 스스로 자신의 삶을 가꾸어갈 역량을 지니고 있는 사람들임을 모든 이들에게 주지시키는 일을 하였습니다. 가난한 이들 스스로가 자신의 운명을 결정해 나갈 수 있다는 사실을 인식시키고, 또 다른 이들에게도 선포하며 그럴 수 있는 환경을 만들어 주는 일이 옳다고 믿고, 또 그렇게 실천해 나갔습니다.

장애인들을 '도와주어야 하는 존재'로만 여기지 않고, 스스로 자립해서 설 수 있는 사람들로 여기며, 우리 사회에서 기를 펴고 다닐 수 있는 시설을 마련해 줄 수 있었으면 좋겠습니다. 우리가 장애인에게 말없이 배려해 줄 때, 우리는 거기에서 함께하는 행복을 느끼게 됩니다. 장애인들은 사회를 전쟁터로 여기고 힘들게 살아가야 하지만, 그 안에서만큼은 사람 대접 받고 싶어 합니다.